职业教育新形态教材·财经商贸类

人际沟通与冲突管理

主　编　张岩松

副主编　郑添天　何慧鑫

清华大学出版社
北京交通大学出版社
·北京·

内 容 简 介

本书是职业教育新形态教材，是微课+电子活页式教材。本书将人际沟通与冲突管理两方面内容有机整合，形成了独特的内容体系。全书分为人际沟通与冲突管理两大项目，下设认识人际沟通、沟通技能、工作沟通、职场沟通，以及认识冲突、冲突管理基本问题探讨、冲突管理的流程、策略和方法 7 项任务，每项任务由学习目标、任务导入、自我认知测试、知识巩固与训练、电子活页等栏目构成，突出应用性、实践性和职业性。在任务中穿插了近 200 个"微课""小故事""小案例""小贴士""小幽默""课堂互动""视野拓展"等，适应碎片化阅读需求，增强趣味性和可读性。电子活页栏目介绍了语言沟通、非语言沟通、书面沟通、网络沟通 4 种人际沟通方式和情绪调控、理性思考、战胜"怒瘾" 3 个冲突管理技巧，丰富了教材内容，扩充了教材容量。为了突出高铁、民航服务专业特点，全书每个项目下分设"特色专题"：高铁客运服务沟通技巧和民航服务冲突对策分析。全书将在推进理实一体化教学，强化学训结合，不断提升学生人际沟通和冲突管理能力上发挥重要作用。

本书可作为职业院校各专业学生提高人际沟通与冲突管理能力的公共基础课程教材和财经商贸类、公共管理与服务类等相关专业课程教材，也可作为开放大学等各类成人高等院校相关专业的教材，还可作为企业各级管理人员的培训用书和参考用书。

本书封面贴有清华大学出版社防伪标签，无标签者不得销售。
版权所有，侵权必究。侵权举报电话：010-62782989 13501256678 13801310933

图书在版编目（CIP）数据

人际沟通与冲突管理／张岩松主编. -- 北京：北京交通大学出版社：清华大学出版社，2024.7. -- ISBN 978-7-5121-5272-4

Ⅰ.C912.11

中国国家版本馆 CIP 数据核字第 2024J2W616 号

人际沟通与冲突管理
RENJI GOUTONG YU CHONGTU GUANLI

责任编辑：郭东青

出版发行：	清 华 大 学 出 版 社	邮编：100084	电话：010-62776969	http://www.tup.com.cn
	北京交通大学出版社	邮编：100044	电话：010-51686414	http://www.bjtup.com.cn
印 刷 者：	北京鑫海金澳胶印有限公司			
经　　销：	全国新华书店			
开　　本：	185 mm×260 mm	印张：15.5	字数：397 千字	
版 印 次：	2024 年 7 月第 1 版	2024 年 7 月第 1 次印刷		
印　　数：	1—1 500 册	定价：49.00 元		

本书如有质量问题，请向北京交通大学出版社质监组反映。对您的意见和批评，我们表示欢迎和感谢。
投诉电话：010-51686043，51686008；传真：010-62225406；E-mail：press@bjtu.edu.cn。

前 言

习近平总书记在党的二十大报告中指出："教育、科技、人才是全面建设社会主义现代化国家的基础性、战略性支撑。必须坚持科技是第一生产力、人才是第一资源、创新是第一动力，深入实施科教兴国战略、人才强国战略、创新驱动发展战略，开辟发展新领域新赛道，不断塑造发展新动能新优势。"新时代要求广大教师承担起教育者的神圣职责，在教学全过程中一定要深入贯彻党的二十大精神，落实党的二十大报告的各项要求，不断强化课程思政意识，对学生进行社会主义核心价值观教育，强化学生顾全大局意识、责任担当意识、团队合作意识和诚信守法意识，切实提高学生的道德水准和职业素养，促进学生的全面发展。

当今社会，人际沟通与冲突管理已经成为一个人心理正常发展、个性保持健康、生活具有幸福感和取得事业成功的重要条件之一。对于即将步入社会的大学生，尤其是财经商贸类、公共管理与服务类专业的大学生来说，他们需要经常与各类人员（包括工作对象、服务对象等）打交道，进行人际沟通和交流，因此提高人际沟通和冲突管理能力，有效化解各类冲突，顺畅地进行沟通与交流，打造和谐的人际关系和团队关系，赢得交往对象、服务对象的认可和接受，提高职场竞争力是非常必要的和重要的。目前，许多职业本科院校、应用型本科院校、高职高专院校以及开放大学等成人院校开始把"人际沟通与冲突管理"作为各专业学生尤其是财经商贸大类、公共管理与服务大类相关专业以及铁道交通运营管理、高速铁路客运服务、空中乘务、民航运输服务等专业学生的一门重要课程予以设立和建设。本教材正是顺应此需求而尝试编写的。

本书是职业教育新形态教材、是微课+电子活页式教材。本书编写着力突出五大特色：

一是突出职业教育特色。坚持以提高学生综合职业素质为目标，着力培养学生的知识应用能力和实际操作能力，不断提升人际沟通和冲突管理能力。全书内容涵盖了人际沟通和冲突管理的主要知识和技能，可教可学，可用可练。

二是体现课程思政特色。作为大连职业技术学院课程思政教材培育项目的最新成果，全书突出了"课程思政"建设，为师生提供贴近教材的课程思政元素，将思政教育潜移默化地融入人际沟通与冲突管理课程教学始终，以构建"价值引领、知识传授和能力培养"三位一体的育人体系，发挥协同效应，促进学生思想道德水平的提升。

三是按照"先进""精简""实用"的原则编写教材。"先进"就是采用人际沟通与冲突管理的新知识、新标准、新技术、新方法、新经验、新成果和新材料；"精简"就是体现职业教育"必要""够用"的原则，重点提出人际沟通"沟通什么""怎么沟通""怎么沟通好",冲突管理"管理什么""怎么管理""怎么管理好";"实用"就是教材应用型特色鲜明,编写体例丰富,突出可操作性,强调人际沟通和冲突管理的基本要求和基本技巧,并配以大量针对性训练和丰富的实训项目。

四是坚持校企"双元"合作开发。本教材以实践育人为核心,通过学校教师与企业管理专家通力合作,校企深度融合,共同研讨、共同开发课程标准,形成全书独到的内容体系和编写体例,使人际沟通与冲突管理的知识和技能在一线管理实践中融会贯通,使教材内容与职场内容无缝衔接,从而不断提升学生的职业能力,使其快速适应未来工作岗位,迈出职业生涯稳健步伐。

五是实现纸质教材与数字资源的完美融合。坚持教材建设与时俱进,不断创新的原则,以"互联网+"思维打造出微课+电子活页式立体化教材,以二维码形式链接微课、小故事、小案例、小贴士等精彩内容,大大扩充了教材容量。同时,提供与本教材配套的PPT课件、电子教案、课程教学大纲、模拟试卷等丰富的教学资源,助力教与学。

本书由张岩松担任主编,郑添天、何慧鑫担任副主编。具体编写分工如下:任务1和任务6由张岩松编写;任务3~任务5由郑添天编写并完成教学大纲、PPT课件、电子教案、模拟试卷等教学资源建设;任务2和任务7由何慧鑫编写并完成全书微课小视频的制作。全书由郑添天统稿。

本书在编写过程中参阅了大量文献,有些材料是参考互联网上发布的或转发的信息,在此向各位作者深表谢忱。

因受编者时间精力等所限,书中不足之处在所难免,敬请读者批评、指正。

编 者
2024年5月

目 录

项目1 人际沟通

任务1 认识人际沟通 ··· 003
  学习目标 ··· 003
  任务导入 ··· 003
  1.1 沟通的内涵与过程 ·· 004
    1.1.1 沟通的内涵 ··· 004
    1.1.2 沟通的过程及要素 ··· 005
    1.1.3 有效沟通的条件 ·· 007
  1.2 人际沟通的内涵、特点与作用 ·· 010
    1.2.1 人际沟通的内涵 ·· 010
    1.2.2 人际沟通的特点 ·· 011
    1.2.3 人际沟通的作用 ·· 013
  1.3 人际沟通的原则与影响因素 ·· 015
    1.3.1 人际沟通的原则 ·· 015
    1.3.2 人际沟通的影响因素 ·· 019
  自我认知测试 ··· 021
  知识巩固与训练 ·· 023
  电子活页：语言沟通 ·· 027

任务2 沟通技能 ··· 029
  学习目标 ··· 029
  任务导入 ··· 029
  2.1 倾听 ·· 030
    2.1.1 倾听的作用 ··· 030

  2.1.2 倾听的障碍 ······ 032
  2.1.3 有效的倾听 ······ 033
 2.2 面谈 ······ 037
  2.2.1 面谈概述 ······ 037
  2.2.2 面谈计划的制订 ······ 041
  2.2.3 面谈的实施 ······ 044
 自我认知测试 ······ 048
 知识巩固与训练 ······ 051
 电子活页：非语言沟通 ······ 055

任务3 工作沟通 ······ 057

 学习目标 ······ 057
 任务导入 ······ 057
 3.1 与领导沟通 ······ 058
  3.1.1 与领导沟通的原则 ······ 058
  3.1.2 与领导沟通的方法 ······ 060
  3.1.3 请示与汇报的技巧 ······ 062
  3.1.4 妥善处理领导的误解 ······ 065
 3.2 与同事沟通 ······ 066
  3.2.1 与同事沟通的要求 ······ 066
  3.2.2 与同事沟通的方法 ······ 069
  3.2.3 劝慰同事的技巧 ······ 071
 3.3 与下属沟通 ······ 072
  3.3.1 与下属沟通的意义 ······ 072
  3.3.2 与下属沟通的技巧 ······ 073
 自我认知测试 ······ 075
 知识巩固与训练 ······ 076
 电子活页：书面沟通 ······ 079

任务4 职场沟通 ······ 081

 学习目标 ······ 081
 任务导入 ······ 081
 4.1 面试沟通 ······ 082
  4.1.1 面试沟通的原则 ······ 082
  4.1.2 面试沟通的技巧 ······ 084

4.2 团队沟通 ·· 089
      4.2.1 团队沟通概述 ·· 090
      4.2.2 团队沟通的策略 ·· 093
   4.3 会议沟通 ·· 096
      4.3.1 组织会议 ·· 096
      4.3.2 主持会议 ·· 101
      4.3.3 参加会议 ·· 104
   自我认知测试 ·· 106
   知识巩固与训练 ·· 108
   电子活页：网络沟通 ·· 113
   特色专题：高铁客运服务沟通技巧 ·· 115

项目 2　冲突管理

任务 5　认识冲突 ·· 129
   学习目标 ··· 129
   任务导入 ··· 129
   5.1 冲突的概念、内涵与特征 ··· 130
      5.1.1 冲突的概念 ··· 130
      5.1.2 冲突的内涵 ··· 132
      5.1.3 冲突的特征 ··· 132
   5.2 冲突分析的要素和程序 ·· 133
      5.2.1 冲突分析的要素 ·· 134
      5.2.2 冲突分析的一般程序 ··· 134
   5.3 冲突的类型 ··· 136
      5.3.1 按照冲突的性质划分 ··· 136
      5.3.2 按照冲突其所处的阶段划分 ·· 136
      5.3.3 按照主体差异和客体内容不同划分 ··· 136
      5.3.4 按照冲突产生的方向划分 ··· 137
      5.3.5 按照冲突发生对组织产生的结果划分 ··· 137
      5.3.6 按照工作之间与个人之间的关系划分 ··· 139
      5.3.7 按照冲突的等级划分 ··· 139
   5.4 冲突的形成过程 ·· 140
      5.4.1 第一阶段：潜在冲突期 ··· 141

        5.4.2 第二阶段：认知冲突期 …………………………………………… 142
        5.4.3 第三阶段：行为意向期 …………………………………………… 143
        5.4.4 第四阶段：冲突行为期 …………………………………………… 144
        5.4.5 第五阶段：冲突结果期 …………………………………………… 144
    5.5 企业组织冲突研究的回顾 ………………………………………………… 145
        5.5.1 西方早期组织冲突研究回顾 ……………………………………… 145
        5.5.2 西方现代组织冲突研究回顾 ……………………………………… 147
    自我认知测试 …………………………………………………………………… 149
    知识巩固与训练 ………………………………………………………………… 151
    电子活页：情绪调控 …………………………………………………………… 155

任务6 冲突管理基本问题探讨 …………………………………………………… 157
    学习目标 ………………………………………………………………………… 157
    任务导入 ………………………………………………………………………… 157
    6.1 冲突管理的内涵、目标和原则 …………………………………………… 158
        6.1.1 冲突管理的内涵 …………………………………………………… 158
        6.1.2 冲突管理的目标 …………………………………………………… 159
        6.1.3 冲突管理的原则 …………………………………………………… 160
    6.2 冲突管理的条件、意愿和时机 …………………………………………… 161
        6.2.1 冲突管理者需要具备的条件 ……………………………………… 162
        6.2.2 当事方有接受冲突管理的意愿 …………………………………… 162
        6.2.3 冲突管理的时机 …………………………………………………… 162
    6.3 冲突管理的影响因素 ……………………………………………………… 164
        6.3.1 管理风格对冲突管理的影响 ……………………………………… 164
        6.3.2 组织文化对冲突管理的影响 ……………………………………… 164
        6.3.3 管理者的管理能力对冲突管理的影响 …………………………… 164
    6.4 冲突管理研究的回顾 ……………………………………………………… 165
        6.4.1 西方早期冲突管理回顾 …………………………………………… 165
        6.4.2 西方近代冲突管理回顾 …………………………………………… 167
    自我认知测试 …………………………………………………………………… 170
    知识巩固与训练 ………………………………………………………………… 171
    电子活页：理性思考 …………………………………………………………… 173

任务7 冲突管理的流程、策略和方法 …………………………………………… 175
    学习目标 ………………………………………………………………………… 175

任务导入 ··· 175
7.1 冲突管理的流程 ··· 176
　7.1.1 冲突认知环节 ·· 176
　7.1.2 冲突诊断环节 ·· 178
　7.1.3 冲突处理环节 ·· 181
　7.1.4 冲突效果环节 ·· 183
　7.1.5 冲突反馈环节 ·· 184
7.2 冲突管理的策略 ··· 184
　7.2.1 调适与上司的冲突 ··· 185
　7.2.2 应对同级间的冲突 ··· 189
　7.2.3 协调与不同类型下属的冲突 ··· 192
　7.2.4 管理下级间的冲突 ··· 194
　7.2.5 平息与客户间的冲突 ··· 202
7.3 冲突管理的方法 ··· 206
　7.3.1 谈判 ·· 206
　7.3.2 第三方干预 ··· 215
自我认知测试 ··· 222
知识巩固与训练 ··· 222
电子活页：战胜"怒瘾" ·· 225
特色专题：民航服务冲突对策分析 ·· 227

参考文献 ·· 232

项目1

人际沟通

与人言，宜和气从容。气忿则不平，色厉则取怨。

——〔明〕薛瑄

交心不交面，从此重相忆。

——〔唐〕白居易

如果你有一个苹果，我也有一个苹果，彼此交换，我们每个人仍然只有一个苹果；如果你有一种思想，我有一种思想，彼此交换，我们每个人就有了两种思想。

——〔英〕萧伯纳

假如人际沟通的能力也是同糖或咖啡一样的商品，我愿意付出比天底下任何东西都昂贵的价格来购买这种能力。

——〔美〕洛克菲勒

任务1　认识人际沟通

■ 学习目标

掌握沟通的内涵和过程；了解人际沟通的内涵、特点和作用；掌握人际沟通的原则，并能在沟通中加以运用，了解人际沟通的影响因素。

■ 任务导入

高铁列车长春运期间的一天

每年的春运都是铁路职工最繁忙、最劳累的时段，春运大潮涌动，让铁路职工又一次承受着春运的沉重与艰辛。

3月6日，长沙南开往烟台的G1848次列车，全程运行2 082 km，运行10 h12 min，担任这趟列车的列车长是中国铁路济南局集团有限公司青岛客运段长沙二组的彭甜甜。

8:10，G1848次列车开始放行，熙熙攘攘的人流在站台上穿梭，列车长彭甜甜正在和车站值班员办理交接，一位旅客慌慌张张地找到她说："列车长，我的车票丢了，忘在自己的座位上了，刚刚在车门口还有……"列车长彭甜甜了解情况后，一边安慰，一边用对讲机喊来列车员帮助旅客寻找。从站台楼梯下到车门口不足50m的路程找了两遍，没见车票的踪迹。

8:30，G1848次缓缓起动离开长沙南站，列车长彭甜甜让旅客王某仔细找找，旅客坚持说车票丢了，这时旅客王某的手机响了，他打开手机皮套突然车票从里面滑落出来，旅客王某不好意思地对列车长彭甜甜说："不好意思，自己疏忽了。"

赤壁北站开车30 min后将到武汉车站，彭甜甜巡视完16节车厢，匆匆赶到5号车厢门口，脸颊上挂满汗珠，她立岗准备和站台值班员交接。

3 min短暂的交接，列车起动。"报告车长，3车有位短途旅客不给刚上来的旅客让出座位，请过来一下。"列车长迅速赶到3号车厢，经询问，原来该旅客到郑州东，手持短途车票不肯让座，经过列车长耐心解释他才让出座位，按章补办车票，列车长把该旅客带到列车员的边座坐下。

"报告车长，2车有位旅客不舒服，需要红十字救护员救助。"接到通知，列车长彭甜甜到5号车厢拿上药箱迅速赶到2号车厢。经询问原来该旅客肚子不舒服，经过处理旅客并无大碍。

彭甜甜除了心细、嗓门大，给我们留下的印象还有"腿快"，30 min内除了处理事务，整列车厢也巡视了2遍。彭甜甜说:"现在高铁速度快,车厢环境好,旅客不拥挤,但是我们必须提高服务质量,保证旅客在春运中平安到家。"

13:17,G1848到达商丘车站。列车长彭甜甜匆忙赶到6号车厢帮助一位残疾人下车,而她已经提前联系商丘站准备了轮椅,交接完毕,她又匆匆回到车厢瞭望旅客上车,完毕,呼叫司机关门开车。

就这样一站又一站,忙得厉害的时候她连午饭都来不及吃,有的旅客看到她在车厢里来回穿梭,就问她累不累?

"我年轻,不累,现在春运,一定盯在车厢,安全第一,盯每位职工,每列车平平安安是对我最好的安慰。作为一名高铁列车长,履行好列车长的职责是我的本职,看到旅客平安快乐了,我觉得很幸福!"彭甜甜总是笑着说。

就这样一直到18:42列车到达烟台站,一天的工作才算结束。

春运期间在高铁列车上,列车长彭甜甜为旅客服务的一天就是与旅客和工作伙伴相伴的一天。其实我们每天都在和不同的人进行着各种沟通,很多工作内容本身就是与人的各种沟通,沟通看似稀松平常,但很多时候我们的沟通却是低效沟通,学会进行有效沟通是管理和服务的永恒主题。

思考题:请分析一下列车长在一天之中都进行了哪些沟通。

1.1 沟通的内涵与过程

1.1.1 沟通的内涵

沟通是各种技能中最人性化的技能之一。社会就是因人与人之间互相沟通而形成的网络。沟通渗透于人们的一切活动之中,人们已经习惯于生活在沟通的"汪洋大海"中,很难想象,如果没有沟通,人们该怎样生活。美国相关机构曾经对25名优秀的管理人员进行了一次调查,发现他们有76%的工作时间是用于沟通的。

> **课堂互动**
> 根据你的理解,请给"沟通"下个定义。

所谓沟通,就是信息发送者与信息接收者之间为了达成一定的目的而运用一定的符号或动作,进行信息传递与交流的过程。沟通过程涉及沟通主体(信息发送者与信息接收者)和沟通客体(信息)的关系,以及信息发送者为传递信息而使用的符号或动作。在沟通过程中,信息以怎样的方式传递?信息如何传递给信息接收者?信息接收者如何解读信息?信息最终以怎样的方式被理解?这些问题都与沟通过程中沟通主体所使用的符号或动作密切相关。具体地说,要正确理解沟通的含义,应从以下几点来把握。

第一,有效的沟通既要传递事实,又要传递信息发送者的价值观及个人态度。

第二,有效的沟通意味着信息不仅被传递,而且被理解。

第三,有效的沟通在于双方能准确理解彼此的意图。

第四，沟通是一个双向的、动态的反馈过程。这种反馈并不一定要通过语言表现出来，信息接收者也可以通过表情、身体姿势等形式将信息反馈给信息发送者，从而使信息发送者知道信息接收者是否接收与理解了他发出的信息。

小故事
土著人的最高礼节

1.1.2 沟通的过程及要素

沟通过程是指信息发送者利用一定的通道将信息传递给信息接收者的过程。沟通的具体过程如下。

微课
沟通的过程及要素

第一步，信息发送者获得某些观点或事实（即信息），并且有把这些信息传送出去的意向。

第二步，信息发送者将这些观点、事实以言辞来描述或以行动来表示（即编码），力求不使信息失真。

第三步，信息发送者将这些信息通过某种通道传递给信息接收者。

第四步，信息接收者经由通道接收这些信息。

第五步，信息接收者将获得的信息解码，转化为其主观理解的意思。

第六步，信息接收者根据其主观理解的意思对信息加以判断，并做出不同的反应。

由此可见，一个看起来简单的沟通过程实际上包含了许多环节，这些环节都有可能产生沟通的障碍，从而影响沟通目的的实现。现在你应该可以理解，为什么你每天都可能遇到因沟通不当而引发的误解、尴尬，甚至是矛盾和冲突的事件了。

沟通过程模型如图1-1所示。

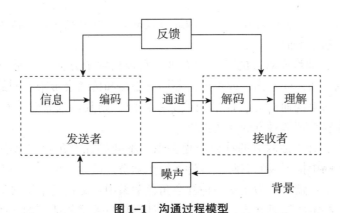

图1-1 沟通过程模型

要想取得更好的沟通效果，必须把握沟通过程中的要素，主要包括以下几个方面。

1. 信息发送者与信息接收者

沟通的主体是人，任何形式的信息交流都需要有两个或两个以上的人参与。由于人与人之间的信息交流是一种双向互动的过程，所以，把一个人定义为信息发送者而把另一个人定义为信息接收者只是相对而言的，这两种身份可以相互转换。在沟通过程中，信息发送者产生、提供用于交流的信息，是沟通的初始者，处于主动地位；而信息接收者则被告知事实、观点或被迫改变自己的立场、行为等，处于被动地位。信息发送者和信息接收者都对沟通过程有重要的影响。

2. 编码与解码

编码是指信息发送者将信息转换成可以传递的信号的过程。解码就是信息接收者将获得的信号转化为其主观理解的意思的过程。编码过程和解码过程是影响沟通成败的关键。最理想的沟通，应该是经过编码与解码后，信息接收者所理解的信息与信息发送者所发送的信息完全吻合，也就是说，编码与解码完全"对称"。"对称"的前提条件是双方拥有相似的知识、经验、态度、情绪和感情等。如果双方的知识、经验、态度、情绪和感情等的差异较大，编码、解码过程往往就会不可避免地出现误差和产生障碍。

3. 信息

在沟通过程中，人们只有通过"符号—信息"的联系才能理解信息的真正含义，由于不同的人往往拥有不同的"符号—信息"系统，因而信息接收者的理解可能与信息发送者的意图存在偏差。

4. 通道

通道是信息发送者把信息传递给信息接收者时借助的媒介。口头交流的通道是声波，书面交流的通道是纸张，网上交流的通道是互联网，面对面交流的通道是口头语言和身体语言。在各种通道中影响力最大的仍然是面对面交流的通道，因为沟通双方通过它可以最直接地发出及感受彼此对信息的态度与情感。因而，即使是在通信技术高度发达的美国，总统竞选时，候选人也总是四处奔波，到众多选民中发表竞选演讲。

5. 背景

背景就是指沟通所面临的环境，任何沟通方式都必然受到各种环境因素的影响。沟通的背景通常包括以下几个方面。

（1）心理背景，即沟通双方的情绪和态度。它包括两个方面：一是沟通双方的心情和情绪，或兴奋、或激动、或悲伤、或焦虑，不同的心情和情绪会带来不同的沟通效果；二是沟通双方的态度，如果沟通双方彼此敌视或关系淡漠，则其沟通常常会由于偏见而出现误差，双方都较难准确地理解对方的真实意思。

（2）社会背景，即沟通双方的社会角色关系。不同的社会角色关系有着不同的沟通模式。比如，上级可以拍拍下级的肩膀，告诉下级要勤奋、敬业，但下级一般不能拍上级的肩膀，告诉上级要乐于奉献。因为在每一种社会角色关系中，无论是上下级关系，还是朋友关系，人们都有一些特定的沟通方式，只有采取与社会角色关系相适应的沟通方式，才能得到对方的认可。

（3）文化背景，即沟通双方的价值取向、思维模式、心理结构的总和。文化背景影响着每一个人的沟通过程，影响着沟通的每一个环节。当不同文化发生碰撞、交融时，人们往往能较明显地发现这种影响。例如，由于文化背景的不同，东方人和西方人在沟通方式上存在着较大的差异：东方人重礼仪，多委婉；西方人重独立，多坦率。东方人多自我交流、重心领神会；西方人少自我交流、重语言沟通。东方人认为和谐重于说服，西方人认为说服重于和谐。这种文化差异使得不同文化背景下的沟通双方在沟通时遇到了不少困难。

（4）物理背景，即沟通发生的场所。特定的物理背景往往会营造出特定的沟通气氛。如在能容纳千人的大礼堂里演讲与在自己的办公室高谈阔论，其气氛和沟通过程是大相径庭的。在嘈杂的市场里听到一则小道消息与接到一个特意告知你一则小道消息的电话,给你的感受也是截然不同的:前者表现的是随意性,而后者体现的是神秘性。

6. 噪声

噪声就是妨碍信息沟通的因素,噪声存在于沟通过程的各个环节。典型的噪声包括以下几种。

(1)影响信息发送的噪声。表达能力不佳、词不达意;逻辑混乱、艰深晦涩;知识经验不足,对编码造成阻碍;信息发送者不守信用、形象不佳等。

(2)影响信息传递的噪声。信息遗失,外界噪声干扰,缺乏现代化的通信工具进行信息传递,沟通媒介选择不合理等。

(3)影响信息接收和理解的噪声。知觉的选择性使人们习惯于对某一部分信息敏感,而对另一部分信息"麻木不仁""充耳不闻";信息接收者的选择性理解是指信息接收者往往根据自己的理解和需要对信息进行"过滤",造成信息在传递过程中出现偏差;信息量过于巨大,使信息接收者无法分清主次,对信息的解码处于抑制状态。

7. 反馈

反馈是指接收者将信息返回给发送者,并对信息是否被理解进行核实,它是沟通过程的最后一个环节。通过反馈,沟通变成一种双向的动态过程,这时沟通双方才能真正提高沟通的有效性。如果反馈显示信息接收者接收并正确理解了信息的内容,这种反馈为正反馈,反之则为负反馈。反馈可以检验信息传递的程度、速度和质量。获得反馈的方式有很多种,如信息发送者可以直接向信息接收者提问,或者观察信息接收者的面部表情。但只借助观察来获得反馈还不能确保沟通的效果,还要将观察信息接收者的表情与直接提问的方式结合起来才能够获得更为可靠、完整的反馈信息。

> **课堂互动**
>
> 请你通过电子邮件联系朋友并说出在这一沟通过程中,沟通的各个要素是什么?

1.1.3 有效沟通的条件

1. 高情商是有效沟通的先决条件

长久以来,高智商一直被认为是一个人在事业和生活方面成功的先决条件。后来人们发现,仅有高智商是远远不够的,高情商在事业的发展和生活的幸福中也扮演着重要的角色。在美国,曾有人追踪过哈佛大学一些毕业生在中年时的成就,从薪酬、社会成就和社会地位等诸多方面的考察来看,在校考试成绩好的毕业生不见得后来的社会成就就高。拿一个40岁左右的中年人来说,其智商与其社会地位有一定的关系,但对其社会地位影响更大的是其处理挫折、控制情绪、与人相处的能力。在社会中生存,每个人都必须面对各种纷繁复杂的关系,情商往往决定了人一生的发展方向,与外界沟通的有效程度取决于人的情商的高低。社会交往能力较差的人,常常觉得活得很累,他们活没少干,力没少出,辛苦没少费,却时常事与愿违,得不偿失。即使他们获得了成功的机遇,最后也可能因为不会沟通、不善交往而错失机遇,功败垂成。因此,沟通能力的优劣往往可以决定一个人成功与否,而情商的高低又决定了沟通能力的优劣。要想提升沟通能力，首先要提高情商。

【小案例】

注重心灵的沟通

4月2日，阳光明媚。列车长小张值乘G10次列车，途中遇到一位腿部残疾的小姑娘坐在地上，她脸色苍白且神情冷漠。

小张主动迎上去，微笑地对她说："你好！欢迎乘车，请问有什么可以帮助你的吗？"

小姑娘微微抬头看了小张一眼，没有说话，当小张准备扶她起来时，小姑娘竟然冷冷地说："我能行，不需要你的帮助。"此时，她的眼睛里已充满泪光，小脸也涨得通红。小张意识到，小姑娘是一个非常敏感的孩子。在整个旅程中，小张始终关心和照顾着小姑娘。小张留意到，小姑娘的脸转向窗外时会双眸发亮，于是和她攀谈起来。

"小妹妹，你的老家在哪里？""扬州。""扬州城里？""嗯，就在富春茶社西边。""哇，富春茶社可是扬州最有名的百年茶店。"

"你也知道？"

"我去过呀，茶社独家配制的'魁龙珠'茶非常有名，由西湖龙井、安徽魁针和本地珠兰合而为一制成，色香味俱全而且耐泡。"

"一杯绿茶、两三位好友、四五种点心，可在茶社泡上半天，这就是扬州人的精致生活。"小姑娘脱口而出，用自豪的眼神看着小张。

"瞧，外面的风景多美，阳光是金色的、天空是蔚蓝的、油菜花是黄灿灿的，田野翠绿，河流清澈，大自然就是这样五光十色，但这样的美景我们并不是每天都可以看到……"

"为什么？"小姑娘疑惑的目光一闪，问道。

"因为工作，我们每天要为所有的旅客提供服务，无暇顾及沿途风景，但并不觉得可惜，旅客的笑脸比云彩和阳光更好看。所以，姐姐现在最希望看到的就是你的笑脸，你的笑脸比云彩和阳光可绚烂多了。"

小姑娘终于露出了笑容，人也慢慢变得活跃起来，临下车时他们还相互留了手机号。两天后，小张收到了小姑娘发来的短信："姐姐，你好，我现在很开心、很快乐，谢谢你。"

【点评】在本案例中，高情商的列车长小张注重与这位腿部残疾的小姑娘心灵沟通，用微笑和热情感染着旅客，让人感受到了小张不计个人得失、全心全意为旅客着想的优质服务形象，这正是良好的高铁客运服务形象的体现。高铁客运服务是一个全方位的概念，从满足基本要求，让旅客满意，到感动旅客，再到旅客感谢客运服务人员，高铁客运服务的内涵和层次，就是在这一过程中不断得以提升的。

2. 良好的文化素养是有效沟通的前提

沟通是包罗万象的。在沟通的过程中，你不仅在传递信息，而且在表达情感、提出意见。要想有效地与他人沟通，就必须具备一定的文化素养。沟通手段的运用，社交礼仪的展现，言语表达的技巧，处理问题时对"度"的把握，都是一个人的文化素养的体现。

3. 语言表达能力是有效沟通的重要基础

人际沟通主要是通过语言进行的，语言表达能力直接影响着人际沟通的效果。提升语言表达能力首先要培养自己的语感。语感是指人对语言的感知和反应能力。语感强的人具有很强的语言感知能力和语言反应能力，前者是指当一连串的呈线性结构的语言通过听觉或视觉传入人的大脑的时候，人能迅速而准确地领会其含义；后者是指当某种事物呈现在眼前，或某种意念产生于脑海时，人能快速地找到准确而生动的词语，并进行语言的编码，将其连贯、有序地表达出来。

提升语言表达能力还要注意语言的简洁精练，这是语言表达的基本功。语言的简洁精练能够体现出说者快速分析问题、深刻洞察事务的能力，是其感知能力和反应能力的表现。简洁精练的语言能使听者在较短的时间内获得较多的有用信息，有助于博得对方的好感。要做到这一点，头脑里必须储存一定数量的素材，并且能在临场交流时选用恰当的词语表达，做到思路清晰、层次分明。

提升语言表达能力还要注意语言的生动形象。生动形象是语言魅力的基本表现，能提升语言的感染力，吸引听者的注意力。要善于运用各种修辞方法，把深刻的道理寓于具体的事实中，使之通俗易懂。同时，幽默风趣的语言能使你广受欢迎。幽默也是一种智慧，是人的内在气质在语言运用中的外显，在人际沟通过程中能活跃气氛、化解尴尬。

此外，委婉含蓄这一语言技巧在沟通中的作用也是很大的。在自我表达时，可绕过一些难以直言的内容，在拒绝对方的要求、表达与对方不同的意见或批评对方时，委婉含蓄的语言可以维护对方的自尊，给对方留足面子。

【小案例】

李莉与爱心候车区

李莉是一名铁路车站客运员，其主要负责"爱心"候车区的服务工作。某一天，客运值班主任电话通知：将有一名坐轮椅的残疾旅客来服务台，其准备乘坐15：38开往上海的G1306次列车，要求李莉做好接待工作，护送残疾旅客上车。已经临近开车的时间了，这名残疾旅客迟迟未来。李莉着急了，脱口而出："该来的怎么还不来？"这时一位老年旅客听到这句话，不高兴了，心想："看来我是不该来的？"于是就生气地走了。李莉很后悔自己说错了话，连忙对着旁边带幼童的旅客和怀孕的旅客解释说："不该走的怎么走了？"带幼童的旅客心想："原来该走的是我。"于是她带着幼童也走了。这时怀孕的旅客对李莉说："你真不会说话，把旅客都气走了。"李莉辩解说："我说的又不是他们。"怀孕的旅客一听，心想："这里只剩我一个人了，原来是说我啊！"她头也不回地去总服务台投诉了。

【点评】沟通作为极其重要的人际交往手段，在日常工作、生活中的运用非常广泛。良好的、有效的沟通提高了工作、生活效率，促进了社会的和谐与发展。然而有效沟通是有条件的！沟通不畅贻误了各项工作的顺利开展，糟糕的沟通甚至对事物的发展起反作用。上面案例中人际矛盾的产生便是李莉糟糕的沟通能力造成的。

课堂互动

请看图 1-2 所示的漫画，然后回答下面的问题。

问题：
(1) 该漫画说明了什么？
(2) 应如何避免此类问题的发生？
(3) 在生活中，你有没有遇到过类似的情形？你是如何处理的？

图 1-2　课堂互动漫画

1.2　人际沟通的内涵、特点与作用

1.2.1　人际沟通的内涵

所谓人际沟通，是指人与人之间进行信息传递和情感交流的过程。通过人际沟通，人们交流思想、观点、情感、态度和意见，从而达到交流信息、调节情绪、增进友谊、加强团结的目的。在现代社会中，人际沟通的广度和深度不仅是人们生活质量的重要体现，而且是组织沟通、团队沟通的前提和基础。可以说，有效的管理都是通过有效的人际沟通来实现的。

实际上，人际沟通内涵广泛、错综复杂。但它最基本的内涵只涉及内容和关系两个方面。所谓内容是指人际沟通中的信息，所谓关系是指沟通双方在互动中建立的联系。这两者紧密相连，不可分割，共同构成人际沟通内涵的基本框架，使每次人际沟通均包含一定的内容及其建立的相应的关系。因此，研究人际沟通的规律，从剖析、理解、处理其内容与关系之间的内在联系入手，是十分重要的。

视野拓展
人际沟通的层次

小故事
教授的裤子

微课
人际沟通的内涵、特点与作用

1. 内容与关系对人际沟通的作用与影响

任何一个欲交流的信息都是携带着相应的内容和一定的关系在信息发送者和信息接收者之间传递的。它的效果和稳定状况则自始至终与其内容和关系的相互作用及影响密切相关。事实上，同样的沟通内容可能有不同的关系水平，以致产生不同的沟通效果。反之，同样的关系水平也可能有不同的沟通内容，但通常也可以维持相对稳定的沟通。

例如，护士甲和护士乙一起在某医院工作，一天护士甲对护士乙说："请与我一起给病人送药好吗？"显然，从该信息的关系层面来看，甲向乙提出这个请求，是从与乙平等的地位出发的，说明两人为对等关系，因而该请求易被乙接受，与甲一起给病人送药。如果甲继续维持与乙的这种对等关系，那么无论甲请求与乙一起为病人做什么（注射、导尿、灌肠、测血压等），均可能得到相应的合作。倘若甲对乙的说法变为："你想与我一起给病人送药吗？"尽管这两种说法的内容均为"一起给病人送药"，但后一种说法表明甲、乙两人之间的关系呈互补状态，两人所处的地位也存在一定的差异。于是甲的要求易被乙拒绝，难以达成"一起给病人送药"的目的。

可见，指导、帮助沟通双方正确处理彼此之间的关系，合理利用内容与关系的相互作用与影响，对客观认识人际沟通规律，掌握人际沟通规范，准确运用人际沟通的技巧是大有裨益的。

2. 内容与关系的实质

人际沟通实质上就是沟通双方建立起真正的关系。因此，紧扣人际沟通的真实含义，以建立关系为主线，揭开表象、剖析事实、克服偏见、反复实践，是学会沟通的有效途径。具体来说，应做到以下几点。

（1）沟通双方首先要确保获得对方的好感，尽可能在充满善意或好感的认知基础上，开展友好、有效的人际沟通。

（2）积极建立关系、营造融洽的感情，努力使沟通双方能自觉地为对方着想，以良好的人际关系增进友谊、加强信任、弥补过失、消除误解，切实保障人际沟通的正常进行。

（3）从内容和关系的双重角度加深沟通双方对信息的正确理解，即通过在沟通双方之间构建可靠的关系，影响彼此对内容的理解和认同。

【小案例】

两次效果迥然不同的裁员

受全球经济危机的影响，一家网络公司的经营遭到严重打击，最终决定裁员。

第一次裁员。

地点：公司的会议室。

方式：通知全部被裁人员到会议室开会，在会上宣布被裁人员名单，并且要求每个人立即带走自己的东西，离开公司。

效果：公司所有被裁人员都感到很沮丧，离开后到处诉说对原公司的不满，对该公司造成了较坏的社会影响；留用人员人人自危，极大地影响了公司的士气。

第二次裁员。

地点：咖啡厅。

方式：人事专员在咖啡厅单独约见每个被裁人员，耐心、细致地向他们解释公司的决策，因为公司的现状，让其暂时失去了这份工作，请其谅解，并给其一个月的时间寻找下一份工作；同时表示，如果公司的运营情况好转，需要聘请人员，会优先聘请这些被裁人员。

效果：被约谈的被裁人员得知情况后，都接受了事实，并且表示，如果公司需要他们回来，可随时通知，他们会毫不犹豫地回到公司；留用人员听说后，觉得公司尊重员工，感到颇为欣慰，公司的凝聚力由此增强。

【点评】沟通方式决定沟通效果。沟通方式不同，沟通效果也不同。正确的沟通方式能够让人感到被尊重，从而可以取得意想不到的效果。

1.2.2 人际沟通的特点

人是有思想、有感情的高级动物，人际沟通与其他形式的沟通相比，具有以下五个特点。

1. 人际沟通双方都是交流活动的积极参与者

人际沟通双方积极参与交流活动，其前提在于人际沟通双方有共同的动机。在人际沟通的过程中，每一个主体都是积极的参与者。双方之间的沟通是一个相互作用的互动过程。

2. 人际沟通受到人际关系的影响

"酒逢知己千杯少，话不投机半句多"，人际沟通总是在一定的人际关系下进行的，人际关系水平直接影响人际沟通的深度、广度和方向。

3. 人际沟通会出现障碍

在人际沟通的过程中，沟通双方的社会文化因素和心理因素，包括沟通双方的社会地位、文化水平、风俗习惯和社会传统，以及个人的需要、动机、情绪、兴趣、价值观、个性、经验与知识结构等，都会使人际沟通出现障碍，使信息被误会和曲解，从而妨碍人际沟通的正常进行，这是人际沟通过程中一种特有的现象。这种现象在中国传统文化背景下显得尤为突出，俗语"逢人只说三分话，未可全抛一片心"说的就是沟通双方的社会文化因素和心理因素对人际沟通的影响。

4. 人际沟通的主要工具是语言

除了书面语言，人际沟通还经常通过口头语言进行。在口头沟通过程中，除了语言符号系统，语音、语调、停顿、重音以及语速等辅助语言符号系统也能传递大量的信息和丰富的情感，同时，表情、姿态、手势等非语言符号系统在口头沟通过程中也会起到很大的作用。因此，口头沟通过程常常会出现言外之意。

5. 人际沟通信息传递迅速，形式与内容的随意性较强

人际沟通是人与人之间直接的信息传递，不经过第三者，因此信息的传递速度比较快，信息传递的数量也较少受限。特别是当人际沟通只限于两个人时，其传递效果往往是比较好的。但是人际沟通也有另一方面的特点，那就是人际沟通的形式与内容的随意性较强，双方可以根据具体情景对人际沟通的形式和内容进行调整。如果人际沟通的链条过长，其信息传递效果将明显变差。据有关研究，第一个信息传播者将信息传递给第二个人时，第二个人掌握的信息量只有第一个人掌握的信息量的70%；第二个人将信息传递给第三个人时，信息量只有原来的55%；第三个人将信息传递给第四个人时，信息量只有原来的30%。

【小案例】

一次不欢而散的沟通

汪大伟正和下属李明春谈话，内容是对李明春经常迟到和缺勤的第二次警告。李明春争辩道：在同事中，他的工作做得最多、业绩最好。汪大伟知道李明春是一名很好的员工，但不能容忍他违反公司的制度。

汪大伟："小李，你知道今天早上为什么叫你来吗？上个月我们讨论过你的问题，我以为你正设法改进。但当我检查月度报告时，我仍发现你迟到了四次，并且多了两天病休。这说明你根本没把我的话当回事。小李，你的业绩很好，但态度不佳。我再也不能容忍你这样的行为了。"

李明春："我知道我们上个月谈过，我也努力准时上班，但是最近的路况非常拥挤。而且工作的时候我是十分投入的，你应该多注意我的工作效率，与我们组的老王相比，我的工作量要大得多。"

汪大伟："现在不谈老王的事，是谈你的事。"

李明春："不，应该谈老王和其他几位同事的事。我比大多数同事做得都好，而我却在这儿被批评，这不公平。"

汪大伟："小李，我承认你的工作做得很出色，但公司的制度也需要遵守。你平均每月迟到四至五次，你不能总是这样。我该怎么样处理你呢？我真不愿对你发出正式警告，你知道那意味着什么。"

李明春："是的，我知道正式警告意味着什么，我以后会更加注意的，但我认为我比其他人工作更努力，应该有所回报。"

汪大伟："好的，小李。如果没有这些问题，你的出色业绩会得到回报的，如果你想挣更多的钱或被提升，你就应该按时上班，遵守公司的规章制度。"

李明春："好的，我认为你是对的，但是对于你这样的处理方式，我仍持保留态度。"

汪大伟："小李，如果你下个月仍不遵守规章制度，我将发出正式警告。"

李明春："好的，但是我还是认为这不公平。"

【点评】两个人的争论中没有赢家！一个端着"领导架子"，另一个居功自傲。两人争来争去，不仅没有解决问题，反而激化了矛盾。领导对下属不满，下属对领导不服，谈话不欢而散。沟通时要让对方觉得自己被接受、被理解，让人觉得你将心比心、善解人意才会有好的效果。

1.2.3 人际沟通的作用

人际沟通除信息的传递外，还包括情感、思想、知识和经验等多方面的交流，它对于改善人际关系、调整和转变人的行为都具有十分重要的意义和作用。具体来说，人际沟通的作用主要表现在以下五个方面。

1. 人际沟通有助于增长知识、开阔视野、丰富经验

在人际沟通过程中，个体可以从对方那里吸取对自己的工作、学习和生活有意义、有价值的知识与经验，以别人的长处来弥补自己的不足，可以借鉴别人的优势来弥补自己的劣势，学习他人的成功经验，吸取他人的失败教训，以此扩充自己的知识面，更好地提升自己对环境的适应能力。

2. 人际沟通有助于改善人际关系

有效的人际沟通可以使沟通双方的思想、情感、信息产生充分的、全方位的交换，从而达到增加共识、增进了解、联络感情的效果，有效改善人际关系。世界上最美的东西之一就是人与人之间的情感联络，而人与人之间的情感联络就是通过人际沟通来实现的。沟通的过程使积极的情感体验加强，使消极的情感体验减弱，从而使人际关系不断得以改善。

3. 人际沟通有助于正确地自我定位

人们在与他人的沟通过程中，在理解别人的同时，也认识了别人眼中的自己。人们从他人对自己的反应、态度和评价中，发现自己的长处和短处，找到适合自己的社会位置，为自我的设计、发展、完善创造了有利条件。离开了人际沟通，人们就无法客观地认识他人，也无法真正地了解自己。

4. 人际沟通有助于保持心理健康

沟通与交往是人类最基本的社会需要之一。根据美国管理学家马斯洛的需求层次理论，每个人都有归属和社交的需要，通过彼此间的沟通和交往，可以诉说各自的喜怒哀乐，这样就增进了彼此之间的思想和情感交流，促使彼此之间产生依恋之情。人际沟通有助于人保持

心理健康，正如有人所说的那样："当我们快乐时，把我们的快乐告诉朋友，我们的快乐会加倍；当我们痛苦时，把我们的痛苦告诉朋友，我们的痛苦会减半。"

5. 人际沟通有助于提高团队的工作效率

人际沟通是组织管理的基础，离开了人际沟通，管理功能的发挥以及管理目标的实现都是不可能的。良好的人际沟通能够把团队内每个成员的知识、专长和经验融合在一起，使每个成员更好地与他人合作，从而构建一个高效的工作团队，取得事业上的成功。

【小案例】

沟通的作用

11月5日，在G36次列车商务车厢。"女士，请问还有什么需要效劳的吗？"在一位女旅客面前，列车员小郑收拾好她用过的午餐用具后，含笑问道。"我需要休息，请中途不要来打扰我。"她说。"好的。"小郑欣然应允。可是不一会儿，这位女旅客突然站了起来，生气地对小郑喊道："你们商务座这么吵让我怎么午休，你赶紧让后面那男的把声音关掉。"原来后面旅客正在看电影，可能声音吵到她休息了。

"先生对不起，声音调小点可以吗？"小郑连忙与那位先生商量能否把音量调低一些，先生显得有些不乐意。不一会儿，女旅客又生气地把小郑叫过去，说："你能不能让他使用耳机，吵得我无法休息。"

"对不起，打扰您休息了，我再和那位先生协商一下。"

等小郑再跟那位男旅客商量的时候，那位先生有点不耐烦地朝小郑嚷道："这声音还叫大啊，我自己都听不到，何况她呢！我不喜欢用耳机。"

小郑情急之下灵机一动："这位先生，要不我帮您拿行李到后面几排的位置上，那样，您就可以安心地看电影了。"看到后排人少，无人打扰，那位男旅客满口答应。等小郑把这位男旅客安顿好，又微笑着来到女旅客面前："这位女士，现在没有人打扰您休息了，您好好休息吧，有问题可以随时叫我。"

女旅客终于对小郑露出了微笑："谢谢你！"

【点评】随着动车组列车的运行，铁路客运服务的标准和要求也在不断提升。发现旅客的需求，了解旅客的心理，消除旅客的顾虑，尊重旅客的意愿，影响旅客的行为，这一切都离不开与旅客的沟通，唯有真诚的沟通，才能打动旅客，化解矛盾和冲突，打造和谐的高铁客运服务环境。

课堂互动

在生活中，你有没有因为沟通不当而影响人际关系或者因为沟通顺畅而获得成功的经历？请与同学分享。

1.3 人际沟通的原则与影响因素

1.3.1 人际沟通的原则

人们在社会生活中进行人际沟通和人际交往时,不仅要有良好的、正当的动机,遵循普遍的社会道德规范,还需要采取正确的方法并遵循一定的原则。

1. 尊重原则

人人都有自尊心,都有受人尊重的需要,都期望得到别人的认可、注意和欣赏。这种需要被满足会增强人的自信心和上进心;反之,则会使人失去自信,产生自卑心理,甚至会影响其人际关系。因此,在沟通中首先要遵循尊重原则。尊重原则要求沟通双方讲究言行举止的礼貌,尊重对方的人格,尊重对方的文化背景。这里既包括要善于运用相应的礼貌用语,如称呼语、迎候语、致谢语、致歉语、告别语、介绍语等;也包括遣词造句的谦恭得体、恰如其分,如多用委婉征询的语气;还包括平易近人、亲切自然的态度。当然,对对方的尊重不仅表现在沟通形式上,更表现在沟通中所交换的信息和思想观念上,即要把对方放在平等的地位上,以诚相待,摒弃偏见,讲真话。

【小案例】

意外收获

福斯米德先生受命为公司新落成的办公楼采购 320 台空调。他下决心要把这件事办好,一定要让领导满意。经过考虑,他决定在确定供货方之前,进行一次充分的调查。除考察价格和质量外,他认为还应该考虑供货方的售后服务情况。因为售后服务在成交之前只能靠供货方的承诺来判断,可是仅有承诺不足以规避风险。他要找到一家真正关心顾客利益的供货方。对于那些只做"一锤子买卖"、对顾客的利益漠不关心的供货方,他坚决不与他们合作。

福斯米德先生开始走访那些空调专卖店和综合电器商场。他隐瞒了自己的身份,闭口不提采购空调的事情。他一家一家地推开那些商家的店门,当那些满脸笑容的店员问他是否要购买空调的时候,他立即告诉他们:"不,我只是想为家里那台空调配一个空调罩,不知你们能否卖给我一个?"

他发现在听到这句话之后,几乎所有的店员脸上的笑容都立即"冷却"下来,他们对这种小买卖没有丝毫兴趣,而福斯米德对他们的态度变化也早有心理准备。

后来,他只好扩大自己的走访范围。他在一家规模稍小的空调商店受到了自始至终的热情接待。那家商店的员工并没有因为他购买一个空调罩而表现出不耐烦,他们很热情地向他推荐了各种款式的空调罩,供他选择。几天之后,福斯米德把这笔巨额订单交给了那家愿意卖给他空调罩的商店,并允许商店在两个月之内把 320 台空调分三批送到公司。对于那家商店而言,他们因为对一位只是想购买一个空调罩的顾客热情相待,而意外地获得了一笔巨额订单。

【点评】尊重每位顾客是这家商店赢得福斯米德先生的信任的秘诀。这是一个再简单不过的秘诀,但是世界上为数不少的商家忽视了这一秘诀的重要作用。尊重是不分对象的,学会善待每个人，有时会有意外的收获。

2. 简洁原则

良好的人际沟通一定是简洁的，用很少的文字就能传递大量的信息。无论对谁，简洁都是一个基本原则。每一个人的时间和精力都是有限的，没有人喜欢不必要的烦琐交谈和没完没了又毫无结果的会议。宝洁公司对简洁做了规定：每份交给高级经理审阅的文件不得超过两页。

3. 理解原则

理解原则就是要求沟通双方善于换位思考，站在对方的立场上考虑问题，体会对方的心理状态与感受，这样才能与对方达成一致；同时还要耐心、仔细地倾听对方的意见，准确领会对方的观点、依据、意图和要求。这样既能表现出对对方的尊重和重视，也能更加深入地理解对方。沟通不仅是信息的传递，更是对信息的理解和把握，准确地理解信息是良好沟通的基础。

【小案例】

理　解

一家电梯公司与某酒店签有维修合同。酒店经理不愿让电梯停运两个小时以上，因为这样会给客人造成不便，但这次维修起码需要8个小时。电梯公司的代表给酒店经理打了电话，不过他并没有先在时间上讨价还价，而是说："我知道你们酒店生意很好，不愿让电梯停太长时间，这样会给客人带来不便，我理解你。我们一定尽力使你满意。可是我们检查后发现电梯需要大修，否则将带来更大的损失，那样电梯就得停运更长的时间。我想你更不愿给客人造成几天的不便吧？"最后酒店经理同意停运八个小时，因为这比停运几天更能让他接受。正因为这位代表对酒店经理不给客人造成不便的立场表示理解，他才能够说服酒店经理接受他的主张，且没有引起酒店经理的不悦。

【点评】理解是人际沟通的"润滑剂"，凡事只要被理解，一般就能顺畅进行。人们常说"理解万岁"，懂得理解的人，其沟通能力一定强，并且处处受欢迎。电梯公司的代表就是这样的人。

4. 宽容原则

宽容原则是指沟通双方要心胸开阔、宽宏大量，把原则性和灵活性结合起来，只要不是原则性的重大问题，应力求以谦恭容忍、豁达超然的态度来对待各种分歧、误会和矛盾，以诙谐幽默、委婉劝导等与人为善的方式，来缓解紧张气氛、消除隔阂。事实证明，在沟通过程中心胸开阔、态度宽容、谦让得体、诱导得法，会使沟通更加顺畅并能赢得对方的配合与尊重。

【小案例】

特殊的房子

贝聿铭是著名的华裔建筑设计师。在一次正式的宴会中，他遇到了这样一件事。当时的宴会嘉宾云集，在他的邻桌坐着一位美国百万富翁。在宴会中，这位百万富翁一直在抱怨："现在的建筑师不行，都是骗钱的，他们老骗我，根本没有水准。我要建一个房子，很简单嘛，可是他们做不到，他们不能满足我的要求，都是骗钱的。"贝聿铭听到后，没有直接反驳这位百万富翁，而是问："那你提出的是什么要求呢？"百万富翁回答："我要求这个房子是正方形的，房子的四面墙全部朝南！"贝聿铭面带微笑地说："我就是一个建筑设计师，你提出的这个要求我可以满足，但是我建出来的这个房子你一定不敢住。"这位百万富翁说："不可能，你只要能建出来，我肯定敢住进去。"贝聿铭说："好，那我告诉你我的建筑方案，它就是在北极的极点上建这座房子。因为在北极的极点上，所以这个房子的四面墙都是朝南的。"

【点评】在这种正式场合，贝聿铭恪守了人际沟通的宽容原则，没有使矛盾升级，而是很委婉地指出了这个百万富翁的问题，化解了矛盾。

5. 准确原则

良好的人际沟通是以准确为基础的。所谓准确，是指沟通所用的符号和传递的方式能被信息接收者正确理解。在沟通中典型的不准确信息有数据不足、资料解释错误、存在自己没有意识到的偏见，以及对信息的夸张等。传递的信息如果不准确、不真实，不仅会给沟通造成极大的阻碍，而且会失去对方的信任和理解。因此，为了保证沟通的准确性，在信息收集过程中应注意选择可靠的信息来源，用准确的语言或精确的数字客观地记录原始信息；在信息加工过程中，应采用科学的方法，尽可能排除人为因素（如加工者的偏见、智力或技术水平的不足）对信息内容及其价值的客观性的干扰。

6. 及时原则

坚持沟通的及时性原则，就是要求在信息传递和交流的过程中注意信息的时效性，既要注重传递信息的主要内容，又要注意传递的信息产生与发生作用的时间范围及条件，做到信息及时传递、及时反馈，不使信息因时间流逝而失真。

7. 真诚原则

日本著名国际化电器企业松下电器公司的创始人松下幸之助有这样一句名言："成就伟大的事业需要用一颗真诚的心与人沟通。"松下幸之助正是凭借这种真诚的人际沟通艺术，驾轻就熟于各种职业、身份、地位的客户之中，赢得了客户的信赖、尊重和敬仰，使松下电器成为全球电器行业的"巨人"。

有人做过一个统计，当要求人们从描述人品的词语中选出自己认为最重要的几个词时，"真诚"被选择的次数最多。崇尚真诚是时代的主旋律。在沟通过程中，最基本的心理保证是安全感，没有安全感的沟通是难以维系的，只有抱着真诚的态度与人沟通，才会给人安全感，才会得到自己想要的结果。

【小案例】

高铁列车员的真诚致歉

在一趟北京至哈尔滨的高铁列车上，一等车厢满客，有三名VIP旅客。1F号座位上是一位外籍旅客，列车行驶后一直在睡觉。这时，列车员在为旅客提供餐饮服务忙碌着。两小时后，这名外籍旅客怒气冲冲地走到列车长办公席，大发雷霆，用英语对列车长投诉："两小时的时间里,你们竟然不为我提供任何服务,甚至连一杯水都没有!"说完就返回座位了。旅客突如其来的愤怒使列车员们很吃惊。头等车厢列车员很委屈地说:"列车长,他一直在睡觉,我不便打扰他呀!"说完立即端了杯水送过去,却被这位旅客拒绝了。接着她又送去一盘点心,旅客仍然不予理睬。

眼看着将进入停车靠站阶段,为了不让旅客带着怒气下列车,列车员灵机一动,用水果制作了一个委屈脸型的水果盘,端到客人的面前,慢慢蹲下来轻声说道:"先生,我非常难过!"旅客看到水果拼盘制成的脸谱很吃惊。"真的?为什么难过呀?""其实在行车过程中我们一直都在关注您,列车开行后,您就睡觉了,我们为您盖上了毛毯,关闭了通风孔,后来我发现您把毛毯拿开了,继续在闭目休息。"旅客情绪开始缓和,并微笑着说道:"是的!你们如此真诚,我误解你们了,或许你们也很难意识到我到底是睡着了还是闭目休息,我为我的粗鲁向你们道歉,请原谅!"说完他把那片表示难过的西红柿片旋转180°,立即展现了一个开心的笑容果盘。

【点评】俗话说:"真诚是水,因为它会洗去一切误解。"在服务关系中,也难免会存在乘客对高铁客运服务人员的服务不满意或产生误解的现象,这就要求服务人员要学会用真诚打动顾客,用真诚化解误会,得到服务对象的理解与原谅。

8. 互动原则

沟通不是一方的事,需要双方共同参与。有传递有反馈,有说有听,才有双方意见的交流,在来来回回的互动中达成共识。那么,如何实现互动呢?共享说话的权利是互动的前提。在与人交谈时,口齿伶俐固然是件好事,但是用力过猛,独自一人滔滔不绝地大发议论,可就不"识趣"了。谈话不该是一个人唱的独角戏,每个人都有表现的本能,所以共同支配时间对沟通来说尤为重要。在交流时,不可盲目地自我吹嘘,这种吹嘘会影响你的形象,适当的神秘感反而会增加你的魅力。

要想得到对方的反馈,需要使用一定的策略。罗斯福的方式很简单,就是在与人接触的前一个晚上,花点时间研究一下这人的背景,于是一见面时,两人就有共同的话题,谈话自然能顺利进行。

此外,将自己的愿望变成对方的愿望,也不失为得到对方的反馈、达到双赢的好方法。

【小案例】

善于沟通,难事不难

12月18日清晨,初冬的玄武湖已略有寒意,朝阳照耀在湖面上宁静得出奇,此时,G7037次列车刚从南京南站开出。

列车员小高像往常一样巡视车厢、整理行李架。回到1号车厢,见观光区商务座上有两位旅客,便过去核对车票。

旅客甲:"我们是一起的。"

旅客乙:"我是3号车厢的,可以坐在一起吗?"

"现在没人,可以坐,3号车厢也是商务车厢,票价是一样的,要是有人来,您就要让座了。"小高微笑道。

"可以。"旅客乙答应得很爽快。

到了杭州东,一位戴眼镜的旅客找到小高,说他座位上有人。小高看了他的车票,心里已经明白,问道:"里面两位旅客是同行的,想坐在一起。3号车厢也是商务座车厢,您愿意交换吗?"戴眼镜的旅客表示不愿意。

小高连忙过去对旅客乙说:"先生,对不起,这个座位的旅客来了,您回到自己的座位好吗?"

旅客乙突然发起火来:"我买这么贵的车票,让你做件小事都做不好,不去!"。

小高很委屈,可脸上还是保持微笑,说:"先生,3号车厢还有十几个空座,过了杭州商务座一般不会有旅客上来,再说今天客流也不大。要不这样,你们一起去3号车厢?"

旅客乙想了想,有些为难:"我们东西太……"

小高:"没关系,我来帮您们拿。"

两位旅客不好意思了,连忙起身。

【点评】服务无小事,细节见真情,善于沟通,难事不难。在这鲜活的案例中,客运服务人员小高正是从旅客的角度看待和处理问题,想旅客之所想、急旅客之所急,及时发现旅客需求,主动、周到地为旅客协调和沟通,从而圆满地解决了问题,赢得了旅客的满意和感动。为小高点赞!

课堂互动

请问"见人说人话,见鬼说鬼话"是否正确?为什么?

1.3.2 人际沟通的影响因素

人际沟通是一个连续、动态的变化过程,始终受到沟通双方的生理、心理和社会方面的多重因素的影响。因此,正确认识这些复杂的因素及其对人际沟通产生的各种影响,对于消除沟通障碍、改善沟通效果具有积极的意义。人际沟通的影响因素主要有以下五个。

微课
人际沟通
的影响
因素

1. 移情

所谓移情是指沟通双方都从对方的角度感受、理解和分享其情感的过程。它是人际沟通的一个重要的影响因素,对促进沟通双方的相互理解发挥着关键作用。实际上,站在对方的角度理解对方,并及时向对方表达这种理解,既是移情的具体表现,又是开展有效的人际沟通的基本前提,应当引起重视。

2. 信任程度

人际沟通效果还取决于沟通双方的信任程度。在现实生活中,凡是自己信任的人所传递的信息,比从其他渠道得到的信息更容易被相信和认同。沟通双方的信任程度,主要与对方的权威性、信誉、领导才华、语言魅力以及目的一致性(即判断其是否与自己的目的和价值观一致)等因素有关。

3. 控制能力

控制能力是指一个人引导和确定沟通对象与自己产生某种人际关系时的支配力度。它所建立的关系包括互补关系、对称关系和平等关系三种。在互补关系中,由于沟通双方地位不平等,一方常以支配的方式要求另一方顺从,显然,此时支配方的控制能力最强。在对称关系中,沟通双方因地位平等,会以竞争方式争夺控制权,结果是谁也不能控制谁,双方的控制能力呈动态平衡状。在平等关系中,沟通双方的控制能力介于上述两种关系之间,任何一方能否取得控制权,需根据当时的沟通状况来确定。

【小案例】

自乱阵脚

在高铁列车上,列车员张涛对一名吃瓜子的旅客大声说道:"先生!让你不要乱丢瓜子壳,你听到了吗?你听到了吗?"

"听到了!"旅客回答。

见旅客仍在不停地乱丢瓜子壳,列车员张涛控制不住自己的情绪,暴跳如雷,开始咆哮。其他旅客对列车员张涛投来异样的目光,显然他因情绪失控让自己乱了章法。

【点评】在高铁客运服务中,保持好自己的情绪是至关重要的。像列车员张涛这样缺乏控制能力,掌控不住情绪,不管三七二十一发泄一通,结果导致场面十分难堪。生活中,每个人都难免会碰到"擦枪走火"的状况,但是,理智的人会将情绪马上"收回来",不会让坏情绪左右自己。

4. 自我显示

在人际沟通过程中,自我显示是沟通双方有意向对方叙述自己真实情况的一种沟通行为,它有利于双方加深了解,促进和发展双方的人际关系,常以主动性、有意性、真实性和独特性等特点影响人际沟通的效果。

5. 沟通者的自身状况

(1)生理因素。如沟通者过度疲劳、身患疾病或聋哑、失语等,均会直接影响人际沟通的效果。

(2)情绪因素。情绪是一种具有感染力的感情因素,它对沟通的有效性可产生直接影响。一般来说,轻松愉快的情绪能提升一个人的沟通能力,而紧张忧虑的情绪可干扰一个人传递或接收信息。

(3)智力因素。若沟通双方在受教育程度、知识水平、使用的语言或对事物的理解等方面存在明显差异,往往就会产生沟通障碍。

(4)性格因素。通常,性格内向的人因经常独思单处,与他人沟通的动机薄弱,而不善于进行人际沟通。但有时也可与少数知心人建立稳定、有效的沟通渠道,从而与之形成深厚的情感和友谊。性格外向的人由于机敏活泼、乐于表现,与他人沟通的动机强烈,往往善于沟通,但其沟通程度并不一定都很深。

(5)感觉和态度等因素。首先,在沟通时,信息发送者因需保密或对信息接收者缺乏信任而将信息删除、更改或保留,常导致信息接收者对其所传递的信息拒收或无法理解,造成沟通困难。其次,当沟通双方的生活经验、社会阅历、价值观念、理解方式等存在较大差别时,他们往往难以对传送的信息形成准确、恰

视野拓展
帕金森定律

当的共识,从而使沟通无法顺利进行。

自我认知测试

你是一个善于沟通的人吗

你是一个善于沟通的人吗?通过下面的测试,你会对自己的沟通能力有所了解。

1. 你刚刚跳槽到一个新单位,面对陌生的环境,你会怎样做?(　　)
   A. 主动向新同事了解单位的情况,并很快与新同事熟悉起来
   B. 先观察一段时间,逐渐接近与自己性格合得来的同事
   C. 不在意是否被新同事接受,只在业务上下功夫

2. 你一个人随着旅游团去旅游,一路上你的表现是怎样的?(　　)
   A. 既不请人帮忙,也不和人搭话,自己照顾自己
   B. 有兴致时才和别人交谈几句,但也只限于同性
   C. 和所有人说笑、谈论,也参与他们的游戏

3. 因为你在工作中的突出表现,领导想把你调到你从未接触过的岗位,而这个岗位你并不喜欢,你会怎样做?(　　)
   A. 表明自己的态度,然后听从领导的安排
   B. 认为自己做不好,拒绝
   C. 欣然接受,有挑战才更有意义

4. 你与爱人的性格爱好颇为不同,当产生矛盾的时候,你会怎样做?(　　)
   A. 把问题暂时放在一边,寻找你们的共同点
   B. 妥协,假意服从爱人
   C. 非要弄明白谁是谁非不可

5. 假设你是一个部门的主管,你的下属中有两人因为不合而常在你面前互相说对方坏话,你会怎样处理?(　　)
   A. 当着一个下属的面批评另一个下属
   B. 列举他们各自的长处,称赞他们,并说明这是另一方告诉你的
   C. 表示你不想听他们说这些,让他们回去工作

6. 你认为对于青春期的子女的教育应该是怎样的?(　　)
   A. 经常发出警告,请老师协助
   B. 严加看管,限制交友,监听电话
   C. 朋友式对待,把自己的过去讲给孩子听,让他自己判断,并找些书给他看

7. 你有一个依赖心很强的朋友,经常打电话与你聊天,当你没有时间陪他的时候,你会怎样做?(　　)
   A. 问他是否有重要的事,如果没有,告诉他你现在正忙,回头再打给他
   B. 马上告诉他你很忙,不能与他聊天
   C. 干脆不接电话

8. 你犯下的一次小小的失误在同事间产生了不好的影响,你会怎样做?(　　)
   A. 走人,不再看他们的脸色

B. 保持良好心态，寻找机会挽回影响

C. 自怨自艾，与同事疏远

9. 有人告诉你某某人说过你坏话，你会怎样做？（   ）

   A. 从此处处提防他，不再与他来往

   B. 找他理论，同时揭他的短

   C. 有则改之，无则加勉。如果觉得他的能力很强，则主动与他交往

10. 看到与你同龄的人都已小有成就，而你尚未有骄人的业绩，你的心态如何？（   ）

    A. 人的能力有限，我已做了最大努力，可以说问心无愧了

    B. 我没有那样的机遇，否则也能成功

    C. 他们也没有什么真本领，不过是会溜须拍马

11. 你虽然只是公司的一名普通员工，但你的责任心很强，你如何把自己的意见传达给最高领导？（   ）

    A. 写一封匿名信给他

    B. 借着送公文的机会，把自己的建议写成报告一起送去

    C. 在全体员工大会上提出

12. 在同学会上，你发现只有自己还是一事无成，你的情绪会是怎样的？（   ）

    A. 表面若无其事，实际心情不佳，兴趣全无

    B. 并无变化，像来时一样兴致勃勃，甚至和同学谈起自己的宏伟计划

    C. 一落千丈，只顾自己喝闷酒

13. 在朋友的生日宴会上，你结识了朋友的同学，当你再次看见他时你会怎样做？（   ）

    A. 匆匆打个招呼就离开

    B. 一张口就叫出他的名字，并热情地与之交谈

    C. 聊了几句，并留下联系方式

14. 你刚被聘为某部门的主管，你知道还有几个人关注这个职位，上班第一天，你会怎样做？（   ）

    A. 把问题记在心上，但立即投入工作，并开始认识每一个人

    B. 忽略这个问题，让它消失在时间的流逝中

    C. 与个别人谈话，以确认关注这个职位的人

15. 你和小王一同被领导请去吃饭，回来后你会怎样做？（   ）

    A. 比较隐晦地和小王交流几句

    B. 同小王热烈谈论吃饭的情景

    C. 绝口不谈，埋头工作

【计分方法】计分方法见表1-1

结果分析

表1-1　计分方法

选择	题号														
	1	2	3	4	5	6	7	8	9	10	11	12	13	14	15
A	2	0	1	2	0	1	2	0	1	2	0	1	0	2	1

续表

选择	题号														
	1	2	3	4	5	6	7	8	9	10	11	12	13	14	15
B	1	1	0	1	2	0	1	2	0	1	2	2	2	1	0
C	0	2	2	0	1	2	0	1	2	0	1	0	1	0	2

知识巩固与训练

1. 案例分析

请扫描二维码，阅读案例原文，然后回答每个案例后面的问题。

2. 思考与训练

案例原文

（1）沟通的内涵是什么？

（2）据你的理解，谈谈什么是人际沟通？

（3）人际沟通的特点是什么？它有哪些原则？

（4）请联系自身实际，谈谈人际沟通的作用。

（5）试列举出影响人际沟通的因素。

（6）请回忆和分析一个自己沟通失败的例子，以书面的形式提交并复印十份，同学之间相互传看、借鉴交流。要求：① 具体描绘那次沟通的情景；② 逐条分析沟通不成功的原因；③ 根据本章内容，指出自己当初该怎样做才会取得好的沟通效果。

3. 实训项目

（1）折纸。

【任务目标】

① 使学生体会到单向沟通的局限性。

② 提高学生对双向沟通重要性的认识。

【任务内容与要求】

① 每个学生通过两次折纸、撕纸的活动，了解单向沟通和双向沟通的特点。

② 每个学生要遵守活动规则，第一次折纸时不可以提问。

③ 学生要认真体会两次折纸、撕纸的结果带给自己的启示。

④ 认真参加讨论。

【任务组织】（见表1-2）

表1-2 折纸训练任务组织表

任务项目	具体实施	时间	备注
沟通方式训练	给每位学生发一张纸； 教师发布指令 ——大家闭上眼睛； ——全过程不许提问； ——把纸对折；	10 min	提前在教室内准备好足够数量的废纸（16开），每人两张

续表

任务项目	具体实施	时间	备注
沟通方式训练	——再对折； ——再对折； ——把右上角撕下来，转180度，把左上角撕下来； ——睁开眼睛，把纸打开，比较一下大家撕出来的图样是否相同。 再发一张纸，重复上面的指令。不同的是，这次允许学生提问。 对比两次折纸、撕纸的结果，组织学生讨论。 ① 两次折纸、撕纸的结果有什么不同？原因是什么？ ② 双向沟通的优点是什么？	10 min	提前在教室内准备好足够数量的废纸（16开），每人两张

【任务评价】（见表1-3）

表1-3 折纸训练任务评价表

评价指标	评价标准	分值	评估成绩
对单向沟通、双向沟通的理解	1. 对单向沟通的局限性的理解	20	
	2. 对双向沟通的重要性有充分的认识	10	
	3. 讨论认真，积极发言	10	
	4. 有自己深刻的体会	10	
	5. 遵守活动规则	10	
	6. 效果明显	10	
	7. 活动评估	30	
教学过程	出勤、态度和热情	100	
小组综合得分			

（2）有效的沟通是什么样的。

【训练目的】让受训者明白沟通到底是什么，有效的沟通是什么样的。

【训练地点】不限。

【训练时间】20 min。

【参与人数】集体参与。

【训练道具】姓名牌。

【训练程序】

第一步：

① 给每一个人都做一个姓名牌，让每个人在进入教室之前先在名册上核对一下自己的姓名，然后给他一个别人的姓名牌；

② 要求所有人在三分钟之内找到姓名牌上的人，同时向其他人做自我介绍。

第二步：
① 主持人做自我介绍，然后告诉受训者："我很高兴来到这儿！"
② 主持人快速在教室内走一圈，问："如果你今天不在这儿，你会在做什么自己不情愿做的事情呢？"
③ 注意让问答保持在一个轻松活泼的氛围之中。

【训练体验】
① 当你在寻找你拿到的姓名牌上的人的时候，你是不是也同时认识了很多人？通过这个游戏，你是不是感觉大家的距离近了许多？
② 在第二步中，当你们谈到自己可以不用做自己不情愿做的一些事情时，你有没有发现在这里训练是一件比较惬意的事情？

【分享重点】当今社会无处不强调沟通。有效的沟通是怎样的？

电子活页：语言沟通

一、认识语言沟通

1. 有声语言的特性　　2. 有声语言沟通的优点和缺点

二、语言沟通的技巧

1. 积极表达期望　　2. 注意推论与事实

3. 进行委婉表达　　4. 使用模糊语言　　5. 不妨幽默表达

学生工作页

人际沟通方式 1——语言沟通

任务一	结合实际分析如何成为一个善于言辞的人?
任务二	某俱乐部举行的一次招待会上,服务员倒酒时,不慎将啤酒洒到一位宾客的头上,服务员吓得手足无措,目瞪口呆。这位宾客却微笑着说:"……。"如果你是这位宾客,你怎么说?
任务三	如果你在公共场所排队等候时有人插队,假设插队的人分别是青年学生、中年女工人、中年男知识分子和农村老大爷,你应如何劝说他们不要插队?
任务四	一位主持人在报幕的时候不慎将《猎人舞曲》报成了《腊八舞曲》,如果当时你是这位主持人的搭档,你会说:"……。"
任务五	请以"我看语言沟通"为题写一篇文章,谈谈你对语言沟通的看法。
班　级	学　号　　　　　　姓　名

学生自评

我的心得:

建议或提出问题:

教师评价

任务2 沟通技能

■学习目标

认识倾听的重要性；明确阻碍倾听的因素并克服；运用倾听的技巧实现有效的倾听。了解面谈的含义、特性和作用；熟悉三种类型的面谈；能够制订面谈计划；能够顺利有效地实施面谈。

■任务导入

乔·吉拉德的教训

有一次，一个客人到乔·吉拉德那里去买车，乔·吉拉德向他推荐了一个新型车，一切都进行得非常顺利，眼看就要成交了，突然间这个顾客说："我不要了。"明明这个顾客很中意这部车，为何突然间变卦？乔·吉拉德对此一直懊恼不已，百思不得其解。

当天晚上11点，他实在忍不住拨通了这位顾客的电话：

"您好，今天我向您推销的那一款车，眼看就要签字了，不晓得您为什么突然间走了？很抱歉，我知道现在已经11点了，但我检讨了一整天，实在想不出错在哪里，因此我特地打电话来向您请教。"

"真的吗？"

"真的。"

"是肺腑之言吗？"

"是肺腑之言。"

"很好，你在用心听我说话吗？"

乔·吉拉德回答："是的，我在用心听您说话。"

于是这个顾客说："可是今天下午你并没有用心听我说话呀，就在签字之前我提到我的儿子即将进某个大学就读，我还提到我儿子的运动成绩以及他将来的抱负，我以他为荣，但是我发现你没有任何反应。"

乔·吉拉德记得这个顾客的确是说过这件事，但当时他根本就没有注意听，也没有在乎。

"你根本就不在乎我说什么，我看得出来，你正在听另外一个推销员讲笑话，这就是你失败的原因。"

从此，乔·吉拉德明白了销售人员永远要学会倾听，去倾听对方的谈话内容，尊重对方的心绪，这样就成功了一半。他最终成为世界级推销大师。

思考题：

(1) 结合本案例谈谈与人沟通时为什么要注意倾听？倾听有什么作用？
(2) 在人际沟通中，怎样才能做到有效的倾听？
(3) 本案例对你有哪些启示？

2.1 倾听

2.1.1 倾听的作用

听是人类最基本的能力之一，是指用耳朵接收声音。国际倾听协会是这样定义倾听的：倾听是接收口头及非言语信息、确定其含义和对此做出反应的过程。在口语交际中，听的重要性并不被多数人认同。很多人认为听是一种被动的行为。在听的过程中，他们很可能会感到烦闷，如果他们不参与谈话还可能会无精打采。这显然是不正确的。

古今中外很多谚语和传说都表明了听的重要性，如"听君一席话，胜读十年书。"俗话又说："会说的不如会听的。"可见人们多么看重听了。

对大多数人来说，倾听是从我们听到别人讲话的声音时开始的，但倾听与听有什么区别呢？一般学者认为，"听"是指人体的感觉器官接收到声音；或者换句话说，"听"是人的感觉器官对声音的生理反应。只要耳朵接收到声音，你就是在听。想想你在听到电影中的外语对话而不明白真实含义时，你就会明白，听到了并不意味着理解了。

倾听虽然以听到声音为前提，但更重要的是我们必须对声音有所反应，必须主动参与，在这个过程中，人必须接收、思考、理解信息，并做出必要的反馈。同时，倾听的对象不局限于声音，还包含理解对方的语言、手势和表情等。在此过程中，我们不能只听对方说话，更要注意对方的眼神及感情等。

课堂互动

请根据自己对倾听的理解，谈谈在课堂上应如何做到有效倾听。

倾听的作用表现为以下几个方面。

1. 倾听是获取信息、开阔视野的重要途径

"听君一席话，胜读十年书。"这句俗语说明了倾听是获取信息、开阔视野的重要途径。有数据显示，在我们获取信息的途径，即听、说、读、写中，听的时间占到了53%。然而当今网络化时代，面对面沟通被有些人忽视，由此产生的"宅男""宅女"现象越来越使人们担忧，这从另一个角度说明了倾听的缺失对现代人造成的不良影响。与其将自己封闭在一个狭小的空间里，还不如走出家门倾听来自各界的声音，那样对自己的未来才会更有帮助。

2. 倾听是对别人表达尊重和鼓励的特殊方式

你都知道，人们往往对自己的事更感兴趣，对自己的问题更关注，更喜欢表现自我。一旦有人专心倾听你讲话，你就会感到自己被重视。而真诚投入地倾听他人的话语，恰到好处地做出反应，同样是表达对他人的尊重和鼓励的最好方式

小故事
"听"来的钢盔

之一。

3. 倾听是为自己争取主动的关键

在时机未到时，选择倾听并保持沉默是一种"大智若愚"的艺术。在商业活动中，多听、少说甚至不说，这样做的目的是获得最大的利益。少开口，不做无谓的争论，对方就无法了解你的真实想法，你反而可以趁机探察对方的动机，逐步掌握主动权。因此，才有"雄辩是银，倾听是金"的说法。

【小故事】

爱迪生的沉默

爱迪生发明自动发报机之后，想卖掉这项发明及其制造技术，以便用卖掉的钱建造一个实验室。因为不熟悉市场行情，也不知道这项技术能卖多少钱，爱迪生便与夫人米娜商量。米娜也不知道这项技术究竟能值多少钱，她一咬牙，发狠心地说："要两万美元吧，你想想看，一个实验室建造起来，至少要两万美元。"爱迪生笑着说："两万美元，太多了吧？"米娜见爱迪生一副犹豫不决的样子，说："我看能行，要不然，你卖时先探探对方的口气，让他先开价，然后你再出价。"当时，爱迪生已经是一位小有名气的发明家了。纽约的一位商人听说这件事情后，表示自己愿意购买爱迪生的自动发报机制造技术。在商谈时，这位商人问到了价钱。因为爱迪生一直认为要两万美元太高了，不好意思开口，于是只好沉默不语。这位商人几次追问，爱迪生始终不好意思说出口，这时他的爱人米娜不在家，爱迪生甚至想等到米娜回来以后再说价钱。最后商人终于忍不住了，说："那我先开个价吧，十万美元，怎么样？"这个价格大大出乎爱迪生的意料，爱迪生大喜过望，当场就和商人拍板成交。后来，爱迪生对他妻子米娜开玩笑说，没想到晚说了一会儿就多赚了八万美元。

【点评】 先做到倾听，不急于开口，竟让一个不熟悉市场行情的人多赚了那么多，可见倾听无疑是万般无奈时的最好选择。

4. 倾听可增进彼此的理解与信赖

表露内心的情感可以消除两人之间的误会、隔阂、不信任与敌对情绪，使彼此之间的关系更为密切。由此看来，倾听可谓沟通的桥梁，误解与愤恨常常会随着有效的倾听而化为乌有，感情也常常会伴着彼此的倾听更进一步。

5. 倾听可促进身心健康与事业成功

倾听可改善周围的人际环境，促进身心健康与事业成功。心理学家指出，善于倾听的人更能克制冲动，控制情绪，创建一个较为平和的人际环境，这对于事业成功与身心健康而言是有百益而无一害的。

课堂互动

为什么在沟通过程中倾听占有十分重要的地位？请谈谈你的体会。

2.1.2 倾听的障碍

在人际交往中并不是所有倾听都能取得理想的效果，因为在倾听过程中存在着各种各样的障碍，它们会直接或者间接地影响倾听的效果。

微课
倾听的障碍

1. 来自环境的倾听障碍

环境干扰是影响倾听效果最常见的因素之一，交谈时的环境多种多样，时常会转移人的注意力，从而影响其专心倾听。有学者通过试验证明，一个人同时听到两个信息时，他会选择接收其中一个，而放弃另一个。这样就很容易忽略另外一个信息。具体来说，环境障碍主要从以下两个方面对倾听效果产生影响。

（1）干扰信息传递过程，消减、歪曲信号。如在嘈杂的课堂上，老师的声音几乎被学生的吵闹声淹没了，坐在后排的同学根本听不到老师在说什么，这与一个安静的教室所能取得的倾听效果是截然不同的。

（2）影响沟通者的心境。环境不仅会从客观上影响倾听的效果，还会从主观上影响倾听的效果，这正是人们注重挑选谈话环境的原因。比如，领导在会议室向下属征询建议，大家会十分认真地发言，而如果换作在餐桌上，下属可能就会更随心所欲地谈自己的想法，有些自认为不成熟的想法也会在此得以表达。反之亦然，如果在咖啡厅里，领导随口问问你西装的样式，你会轻松地与他聊上几句；但若换作在办公室，领导特地走到你的办公桌前发问，你很可能会想这套衣服是否有违公司的仪容规范。这是由于在不同场合下，人们的心理压力水平和情绪各不相同。

2. 来自倾听者自身的倾听障碍

倾听者本人对倾听的效果具有举足轻重的影响，倾听者理解信息的能力和态度会直接影响倾听的效果。由于每个人都有自己的思想和经验，在倾听时往往也带有自己的感情，这就在无形中增加了倾听障碍，使倾听者可能无法准确理解对方传递的信息，从而影响倾听的效果。来自倾听者自身的障碍表现在以下几个方面。

（1）注意力不集中。如倾听者受到内部或外部因素的干扰而无法集中注意力，这是最常见的影响倾听效果的因素。当你疲倦时、胡思乱想时，或对说话者所传递的信息不感兴趣时，你就很难集中注意力。

（2）打断说话者。倾听者打断说话者也是影响倾听效果的因素之一。在回应说话者之前，应该先让他把话说完。对说话者缺乏耐心，甚至粗鲁地打断对方，是对说话者本人不尊重的表现。

【小故事】

将军怎么了？

有位将军为了显示自己对部下生活的关心，进行了一次参观士兵食堂的突然袭击。在食堂里，他看见两个士兵站在一个大汤锅前。

"让我尝尝这汤！"将军向士兵命令道。

"可是，将军……"士兵正准备解释。

"没什么'可是',给我勺子!"将军拿过勺子喝了一大口,怒斥道:"太不像话了,怎么能给战士喝这个?这简直就是涮锅水!"

"我正想告诉您这是涮锅水,没想到您已经尝出来了。"士兵答道。

将军站在原地,十分尴尬。

思考题:
是什么导致这位将军的尴尬?

(3) 缺乏自信。倾听者缺乏自信也是影响倾听效果的因素之一,缺乏自信会令倾听者产生紧张的情绪,而这种情绪一旦影响了他的思维,他就会无法把握说话者所传递的信息。也正是为了掩饰这种紧张情绪,许多倾听者总是在应当倾听时擅自发言,打断说话者。

(4) 过于关注细节。影响倾听效果的另外一个因素是倾听者过于关注细节。如果倾听者尝试记住说话者述及的所有人名、事件和时间,那么他就会觉得倾听"太辛苦"了。这种紧紧抓住信息中的所有细节而不抓要点的做法非常不可取,可能会使倾听者完全不明白说话者所要表达的观点。

(5) 排斥异议。有些人喜欢听与自己意见一致的人讲话,偏爱和自己观点相同的人。这种拒绝倾听不同意见的人,不仅失去了许多通过交流获得信息的机会,而且在倾听的过程中,因为其注意力不可能集中在讲逆耳之言的人身上,所以他不可能和任何人都愉快交谈。

(6) 心存偏见。倾听者心存偏见会在很大程度上影响倾听的效果。偏见会让倾听者无法对说话者所传递的信息保持开放和接纳的心态。这是因为,偏见使倾听者在倾听之前就已经对说话者或他所传递的信息做出了判断。

(7) 太注重说话方式与个人外表。有时,人们常倾向于根据一个人的外表或说话的方式对其传递的信息进行判断,而"听不到"他真正说了什么。有些人常被说话者的口音、外表以及行为习惯扰乱心绪,从而影响倾听的效果。

(8) 厌倦。由于大脑思考的速度比说话的速度快很多,前者至少是后者的 3~5 倍,倾听者很容易在倾听时感到厌倦。虽然人们可以接纳一个人传递的信息,但同时还有很多空余的"大脑时间",有时人们很想中断倾听过程,思考一些别的事情。"寻找"一些其他的事做,以占据空余的大脑时间,这是一种不良的倾听习惯。

(9) 臆测。臆测是指倾听者在倾听过程中,凭借自己的主观臆断,对说话者说的话进行推测或猜想。臆测是一种沟通障碍,它常常会使人产生曲解或误解。所以,倾听者要尽力避免对别人的话进行臆测。

小案例
重在倾听

课堂互动

请同学们就所学内容及自己平时的经历,交流在倾听时需要克服的障碍。

2.1.3 有效的倾听

要想做到有效的倾听,必须运用以下策略。

1. 创造良好的倾听环境

(1) 选择合适的场所。倾听的场所合适与否,直接关系到沟通双方的心理感受和外在噪声对倾听的干扰程度。在公共场合中，应避免在噪声比较大的地方交谈，如施工场所、十字路口，尽量寻找安静、舒适、典雅、有格调的咖啡厅或茶室等进行交谈，同时应尽量避免手机和他人的干扰。如果是在家中聚会，则有必要将电视的音量关小，保证室内空气清新、环境舒适；假如临近街道，还应将门、窗关闭，同时还要注意室内家具的摆放、颜色的搭配等细节问题。

（2）选择恰当的时间。公共场合都存在人流的高峰期，如公园、商场、风景区在节假日时人都比较多，咖啡厅晚上人流不息，而餐馆则在午餐和晚餐时间人较多。选择交谈场所时还应考虑对时间的选择。

（3）保持一定的距离。说话者与倾听者感情好，私下交谈时则会离得近一些，恋人之间更是如此。但在正式场合中，不论亲疏，都应保持一定的距离。距离过远，不容易听清；距离过近，则容易使说话者感到紧张。

2. 做好良好的心理准备

倾听时，倾听者要保持良好的精神状态，集中精力，随时提醒自己交谈要解决的问题。倾听时应保持与说话者的眼神接触，但应把握好眼神接触的时间；如果没有语言上的回应，只是长时间盯着对方，会使双方都感到局促不安。倾听时，应该保持开放的心态，这是提升倾听效果的重要方法。这样不但能使你在交谈时考虑得更为全面，还能疏解双方的防御心理，这种防御心理有时会极大地阻碍彼此的良好沟通。回应说话者时，即使你不同意他的观点，也应保持积极的态度。

3. 使用正确的身体语言

人的身体姿态会暗示他对谈话的态度。自然开放的姿态代表接受、感兴趣与信任。双臂交叉是日常生活中最常见的姿势之一，一般可表现出优雅，富有感染力，让人看上去信心十足。不过，这种姿势也常常意味着防御，当倾听者做出这种姿势时，大多表示的是其对对方提出的意见持保留的态度。身体向前倾的姿势是集中注意力、愿意听对方倾诉的表现；倾听时跷起"二郎腿"也许是心情很放松、身体很舒服的表现，但有时也会让说话者认为这是一种封闭性的姿势，倾听者不耐烦或高傲。

一般地，在倾听过程中应保持神态谦恭，身体应侧向于说话者，倾听过程中不要过早下结论。在倾听过程中整个身体态势应注意遵循SOFTEN法则，每个字母代表一个要点。

S-smile（微笑）：在倾听过程中应保持微笑。微笑是接纳对方的标志，让人觉得安全与舒服，可消除对方的警戒心。发自内心的微笑有一种天然的亲和力，能够让对方更加愿意表达意见。

O-open（开放）：指以开放的身体姿势面对对方，显示出你的包容和客观平和。比如张开双臂表明你愿全身心地接纳对方和拥有坦诚无私的胸怀，双手交叉于后或抱于胸前会让人感觉你的警惕与隔阂。

F-forward（前倾）：身体微微前倾，拉近你跟说话者的距离，表示你在听说话者讲话，并且很有兴趣，这不仅是对他的一种尊重，而且可以激发他继续表达的欲望。

T-touch（接触）：见面或分手时握手、拥抱，身体接触表示友好与热情。

E-eye（眼神）：眼神的交流，显示出默契与内心的交流，尤其是言语难以表达自己的内心时，此时无声胜有声，眼神的作用是巨大的，应注意谈话时眼神交流的时间和注视的区域。

N-nod（头）：点头不仅表示你在专注地听说话者说话，而且表示你理解并同意说话者的观点。心理学家研究表明：倾听者每隔一段时间向说话者做出一个点头的动作，不仅能激发说话者的表达欲望，而且可以使他比平时健谈三到四倍。

4. 掌握倾听的技巧

小幽默

上 菜

女主人特别交代了上菜员摆放菜肴的方式："记住，要用银盘来盛这条鱼，银盘四周要有精美的装饰，别忘了，嘴巴上含一片柠檬。"晚宴时宾主尽欢，宴会进行到高潮时，最后一道主菜被端了上来。然而当上菜员把那盘清蒸石斑鱼端上桌时，原本热闹的会场霎时安静了下来。石斑鱼被放在银盘当中，色、香、味俱全，银盘四周的装饰也一如女主人的吩咐，上菜员的嘴巴上含着一片柠檬——也正如女主人的吩咐。

（1）对主题或说话者产生兴趣。这样做有助于倾听者以积极的态度进行倾听。倾听时，倾听者的目标应当是从每个说话者那里获取信息，但如果你对他们不感兴趣，就很难集中注意力。因此，倾听者应当消除自己对主题或说话者的偏见，使自己对其产生兴趣。倾听时，应该关注说话者提供的信息，而不是他们的外表、性格或说话方式，不要因为这些因素轻易对他们下定论，而应该根据他们提供的论据来判断信息的价值。另外，也不要仅仅因为说话者的出色口才就立即对他们做出肯定的判断。出色的表达能力并不意味着说话者传递的信息有价值。因此，倾听者应该等到说话者完整地表述完之后，再做出判断。

（2）积极关注自己不熟悉的信息。要想提升自己的倾听能力，就要学会关注自己不熟悉的信息。如果在倾听时遇到此类信息，就更需要高度集中注意力。因为如果不这样做，就可能抓不住信息的重点。当对方传递的是自己不熟悉的信息时，可以采取下列方法来改变自己：不要因为信息复杂而气馁；使自己对学习产生兴趣；通过提问来确认对方的观点。

（3）专注于对方的主要观点。倾听时，一定要专注于对方的主要观点，为了全面理解对方言辞中包含的内容和情感，要集中精力努力捕捉信息的精髓。这样做不仅能避免对方的情绪对你产生影响，而且能使你集中精力理解对方所述内容的主要观点。

（4）不要过早下结论。要想提升自己的倾听能力，在倾听时就不能过早下结论。当你不同意对方的看法时，最自然的反应就是立即不再理会对方所说的话。尽管不需要同意对方的所有观点，但是在下结论之前，还是应该先听完对方的话。只有这样，才可以更客观地检验并评估对方的观点、论据和论证过程。

小幽默

复 印

一个刚到公司不久的小伙子抱着一摞文件站在碎纸机前发愣。经理秘书刚好从旁边经过，她看到小伙子后，低声说了句："真是菜鸟，连这个都不会用。"她随即抢过小伙子手里的文件，放到机器里按动了按钮，很快文件就被粉碎了。这时小伙子问："太谢谢你了，请问复印件从哪里出来？"

（5）增强自己话语的音辨力、记忆力、理解力和评判力。话语的音辨力（包括辨音正字和听音辨调）是倾听能力的一个重要组成部分，是倾听者对听到的信息所表达意思的理解能力。话语的记忆力是指倾听者迅速而准确地捕捉对方发出的每个语音符号，并且立即将其存储到大脑中的能力。话语的理解力是指理解说话者发出的语言信息的整体内涵，真正听懂对方的话的能力。话语的理解力是听说能力的核心，它的强弱是倾听能力的重要衡量标准。话语的评判力是对倾听能力的高层次要求，倾听者要善于分析、判断对方话语的本意及言外之意，体会对方在谈话过程中的情绪和感受的能力。以上四个方面的能力大致反映了"听进—记住—听懂—会听"这样一个完整的倾听过程。在具体的倾听过程中，这几个方面往往同时产生作用。为了增强自己话语的音辨力、记忆力、理解力和评判力，倾听者可以复述对方所传递的信息，以确定自己是否完全理解所听到的信息。复述时，倾听者可以用自己的话向对方概述听到的信息的主要内容，这样能减少对信息的误解和错误的推测。

课堂互动

你的话语理解力如何？

教师把下列问题分别念两遍，学生根据问题作答。
（1）哪一种表达更准确？9+5 是 14，9+5＝14。
（2）在一个 6 m 长、3 m 宽和 1 m 的洞里，有多少立方米的土？
（3）咖啡厅里有两个中学生，其中一个不是初中生，那么，这两人的情况是怎样的？

（6）不到必要时，不打断他人说话。善于听别人说话的人不会因为自己想强调一些细枝末节，想修正对方话中一些无关紧要的部分，想突然转变话题，或者想说完刚刚没说完的一句话，就随便打断对方。经常打断别人说话的人是不善于倾听、激进、不礼貌、难以和他人沟通的人，所以除非在不得不说的情况下，否则不应打断对方说话。

（7）尊重说话者的观点。每个人都有自己的观点，要鼓励对方说出自己的观点，而不能因为自己的主观意愿，就否定自己不同意的观点。如果不这样做，就可能错过很多学习的机会，而且无法和对方建立起融洽的关系。

（8）换位思考。要以客观的态度面对说话者，站在对方的角度去考虑他所说的话，用心去感受对方的心情，这也是倾听的最高层次。这样做可以避免因心理定式和偏见等产生沟通障碍。

（9）倾听者不应该过于拘谨。倾听者在倾听时过于拘谨会使倾听变成一种被动行为，此时，倾听者不会表达自己的观点，他们根本不参与交流，常常只是以"很好"和"我明白你的意思"之类的话来回应对方。倾听者在倾听时过于拘谨，可能是因为害羞，也可能仅仅是因为不想给对方带来麻烦。无论出于什么原因，这样的行为都会影响沟通的效果。要避免在倾听时过于拘谨；应当做到以下几点：乐于表达自己的想法；通过提问参与对话；回答问题要干脆；要多与对方进行眼神交流。

5. 运用其他沟通形式

如果只是"听"，所能记住的信息是有限的，这时候就需要借助一些其他的方法来帮助自己更好地记忆。比如做笔记,这样能更有效地记住对方所说的话,同时能有选择地记下自己认为重要的信息。

总之,经过严格、科学的训练,能够进行有效倾听的倾听者,在倾听时的表现是截然不同的。表2-1列出了两种不同的倾听者在相同情境下的倾听表现。请对照自己的倾听习惯,看看自己是不是好的倾听者。

表2-1 两种不同的倾听者在相同情境下的倾听表现

差的倾听者	好的倾听者
·寻找自己感兴趣的领域 ·关注枯燥的主题,兴趣领域很窄,忽略传递错误 ·不记录或记录不完整 ·无回应或很少有语言和非语言的回应 ·传递质量差就不认真听了;由于对方的个人特征而不接受对方的观点;过快地做出判断 ·很容易被干扰;集中精力的时间短 ·避开困难的内容,不想动脑筋解决问题 ·遇慢速说话者时注意力不集中 ·打断对方讲话,并问一些小的问题,做一些使对方分心的评述 ·把自己的精力放在两个或多个任务中 ·经常打断对方说话,喜欢以自我为中心,控制着谈话的主动权 ·容易受感情色彩强烈的话语影响,很难控制自己的情绪	·寻找对每个人有启迪的内容和信息,并能发现自己可能感兴趣的新主题 ·关注内容和含义,对其中的信息敏感 ·用多种方法记录倾听过程和细节 ·经常以点头和"哦""啊"等回应对方,展现主动的身体姿态 ·不会过快地做出判断,能耐心听对方说完,直至完成对核心信息的理解 ·能排除各种干扰;长时间集中精力 ·能用较困难的内容来刺激思想,寻求解决方案 ·利用间隙时间对信息进行总结和梳理,像关注显性的信息一样关注隐性的信息 ·请对方澄清一些信息或要求其举例,或复述对方的观点 ·一次只做一件事情 ·不会打断对方说话,一直耐心地听对方陈述,即使有不同意见也不会打断对方 ·能承受负面语言或不好的语气,能够很好地控制自己的情绪

> **课堂互动**
>
> 请同学们就所学内容及自己平时的经历,交流在倾听时的积极做法。

视野拓展
倾听的"珠穆朗玛峰"七层次

2.2 面谈

2.2.1 面谈概述

1. 面谈的含义

面谈属于面对面的口头沟通,但不能把任何一种面对面的口头沟通都称为面谈,面对面的口头沟通可以分为闲聊和面谈两种不同的形式。闲聊是指交流对象之间没有明确目的的一种口头交流活动,轻松、愉快、随意、漫无方向是闲聊的主要特征。

小案例
如此面谈

闲聊本身也并不是没有目的，人们之间闲聊的目的通常是打发时间、娱乐、联络感情。由于不具有说服的性质，闲聊过程中通常不会产生大的分歧和矛盾。由于没有明确的说服目标，在闲聊之后，大部分人都无法准确说出闲聊的内容。

面谈则是指组织中与工作有明确关系的、有目的的和受控制的两个人或多个人参与的面对面的沟通方式，是一种有组织、有计划的交换信息的活动。由于面谈是面对面的及时沟通，所以它需要比书面沟通更快的反应，在信息的组织和表达上也更灵活，对面谈者谈话内容、表情、动作等进行及时分析的技能也要求较高。

2. 面谈的特性

（1）目的性。面谈与普通的聊天、谈话是不一样的。举一个简单的例子，当你逛街的时候碰到一个朋友，你们可能就在碰面的那个地方闲聊几句，这种聊天显然不是面谈，因为它是没有任何目的性的见面打招呼。

（2）计划性。当选择与某个人进行面谈前，一般情况下人们都会事先做好准备。例如，了解对方的谈话方式、性别特点，从而选择适当的谈话策略与沟通策略。制订出一套面谈计划，既可以使自己在面谈中游刃有余，同时也能避免面谈中出现无话可说的尴尬局面。

（3）技巧性。面谈是一项极具技巧性的沟通方式。当进行面谈时，人们说话及思考语句的速度十分快，很多时候既要注意接受理解对方的谈话内容，同时也要在适当时候发表自己的意见与看法，这在很大程度上靠的便是在谈话中的技巧性：快速的反应、灵活的信息组织技巧和及时的分析技能。

3. 面谈的作用

面谈的作用包括以下四个方面。

（1）信息的传播。探寻或传播特定信息是面谈最常见的目的之一。例如，教师向学生教授知识、新闻报刊记者的采访、产品介绍会等就属于这种情况。

（2）寻求信念或行为的改变。说服也是面谈常见的目标之一。例如，推销员与潜在客户之间的面谈、领导对下属的指导、家长对子女的劝告等。大部分的商务面谈都具有说服的性质。

（3）进行评估和决策。评估和决策类型的面谈，以了解事实的真相、做出决定为特征，一般表现为招聘面试、绩效评估、大夫看病等。

（4）探求与发现新信息。探求与发现新信息的面谈是指采用某种统计方法获得有关某一问题的信息，如某种学术团体和社会团体所做的调查工作、市场调查、民意测验等。

课堂互动

请结合实际谈谈面谈在工作和生活中的作用和意义。

---

4. 面谈的类型

（1）招聘面谈。采取招聘面谈的方式来选取适合岗位的人才，这是如今很多企业单位采取的方法。招聘面谈的过程，是企业与求职人员双向选择的过程，企业必须在招聘面谈过程中取得最高的效率。求职人员在进行工作的挑选时，除了薪酬和工作地点，还要考虑公司的前景和自己的受重视程度。由于薪酬和工作地点可选择的变化很少，因此招聘人员要帮助公司在面谈阶段获得人心，首先必须本着对公司与求职人员负责的态度来工作。由于求职人员对公司的接触不多，也许是第一次接触，因此更多的是依靠自己在应聘过程中的感受来判断公司好坏，所以，从一开始招聘人员就必须本着对公司与应聘人员负责的态度来工作。在招聘过程中，不论何种情况，均必须热情、诚恳和耐心，千万不可采取高高在上的态度，切记将求职人员视为公司的顾客。例如，不少企业在参加现场招聘会时，由于环境嘈杂引致招聘人员心烦意乱，对询问的人员敷衍了事，甚至还有随意遗弃求职者的个人简历的，这样便给前来应聘人员留下了一个很坏的印象。

在经过初次甄选和二次面谈后，对有希望入职的人选可开诚布公地介绍更多的情况，包括公司的期望、个人在公司可能的职业发展机会以及今后工作中可能遇到的困难等，还可以安排简单的公司参观。让求职人员更详细地了解公司，免除进入公司之后由于期望和现实的反差，造成新进人员快速离职，浪费双方的时间和精力。在招聘面谈时，不论心情如何恶劣，只要进行招聘面谈就要保持微笑，尽量使气氛和谐宽松，将恶劣的心情抛到九霄云外。如果面谈气氛紧张，将难以让应聘者进行自然的表露，造成衡量偏差。在招聘面谈的最后时刻，可以问问求职人员是否还有其他的问题，这样不仅可以加深互相的了解，还可以避免一些疏忽，同时给应聘者留下公司非常诚恳的印象。如果条件允许，还可以为求职人员到公司面谈提供一些便利的路径。总而言之，负责招聘的人员一定要记住：求职者就是你的顾客。

表2-2所示是企业招聘面谈问话提纲。

表2-2 企业招聘面谈问话提纲

面谈项目	评价要点	提问要点
仪表与风度	体格外貌，穿着举止，礼节风度，精神状态	
工作动机与愿望	对更换工作与求职原因，对未来的追求与目标，本公司所提供的岗位或工作条件能否满足其对工作的需要和期望	（1）谈谈你现在的工作情况，包括待遇、工作性质、工作满意程度。 （2）你为什么要选择本公司？ （3）你在工作中追求什么？个人有什么打算？ （4）你想怎样实现你的期望和目标？
工作经验	从事所聘职位的工作经验丰富程度，职位的升迁状况和变化情况，从其所述工作经历中判断其工作责任心、组织领导能力、创新意识	（1）毕业后的第一个职业是什么？ （2）在这家企业里，你担任什么职位？ （3）你在这家企业中做出了哪些值得骄傲的成绩？ （4）你在所主管的部门中，遇到过什么困难？你是如何处理的？ （5）请你谈谈职务的升迁和工资变化情况
经营意识	判断应聘者是否具有商业意识、竞争意识及是否具备基本的商业知识	（1）应聘者是否具有应聘岗位所需要的专业知识和专业技能，或者相关的工作经验。 （2）通过经营小案例来判断其是否有这方面的观念和意识。 （3）询问一些营销术语和有关专业的问题

续表

面谈项目	评价要点	提问要点
精力、活力、兴趣、爱好	应聘者是否精力充沛、充满活力，兴趣和爱好是否符合应聘岗位的要求	(1) 你喜欢什么样的运动？ (2) 你怎样安排你的休息日和节假日？ (3) 你经常参加什么样的交际活动？
思维力、分析力、语言表达能力	对主考人员所提问题能否说理透彻、分析全面、条理清晰，是否能合理地说出自己的意见和观点，用流利的言语表达出来	(1) 你如何面对成功和失败？ (2) 如果让你筹建一个新的部门，你将从何入手？ (3) 对于提出的一些小案例，你会如何解决？
工作态度	工作态度如何，谈吐是否自然流畅，是否诚实，是否热爱工作、奋发向上	(1) 你曾经工作的公司要求严格吗？在工作中看到别人违反制度和规定，你是怎么做的？ (2) 你处理各类问题时经常向领导汇报吗？ (3) 你在领导与被领导之间喜欢哪种关系？
其他	应聘者是否能发现自己的优缺点，同时在遇到批评、挫折以及工作中的压力时，能否克服，理智对待？	(1) 你认为你的优势在哪儿？ (2) 你准备如何改正自己的缺点？ (3) 为何要到本公司来？ (4) 你适合哪些工作？ (5) 你与同事间相处得如何？ (6) 你喜欢和哪些人交往？ ……

（2）绩效面谈。它是指在绩效管理过程中由管理者与其下属通过面谈的方式就下属绩效表现进行回顾，帮助下属总结经验，找出不足，商讨解决的办法，并就员工发展以及下一考核周期目标设置等方面进行的正式沟通。

面谈是最直接的沟通方式，沟通程度较深，可以对某些不便公开的事情进行交流，使员工容易接受，管理者可以及时对员工提出的问题进行回答和解释，减少沟通障碍，有利于员工绩效与组织绩效的有效结合。因此，绩效面谈不仅可以提高员工工作效率，而且也增进了员工和主管之间的沟通。以下是绩效面谈的一般流程。

首先，绩效面谈前的准备。面谈前的准备工作主要有以下几点。① 明确面谈的目的。双方就被考核者的表现，达成一致的看法；指出被考核者的优点之所在；辨明被考核者的不足与努力方向；共同给被考核者制订相应的改进计划。② 安排合理的面谈时间。让进行面谈的员工有充分的时间做好准备，让他们能够对自己的工作进行审视、分析，以便在之后的面谈中有时间让他们提出自己的意见和看法。同时，面谈时间应该尽量安排在被考核者方便的时候。③ 安排合理的面谈地点。面谈地点的选择是十分重要的，一场轻松愉悦的面谈能够使双方都能将自己的真实想法表现出来，使面谈效果更为显著。面谈场所最好选择相对封闭，方便双方进行沟通、安静且不易被打扰的环境。

其次，绩效面谈的进行。绩效面谈是一门艺术，也是一项技术性很强的工作，它没有专门的固定模式，随着交谈对象的不同而呈现出不同的特点，因此，绩效面谈的进行需要掌握以下几个要点：一是谈话内容要具体；二是讲话要直接明了；三是让员工多开口；四是给员工制订工作计划。

> **小贴士**
>
> **针对不同类型员工的绩效面谈**
>
> （1）考评为"优秀"的员工。这类下属是创造良好团队业绩的主力军，是最需要维护和保留的，一般占员工总人数的10%~20%。
>
> 面谈策略：越优秀的人才越要冷静对待。一方面要鼓励其上进心，帮助他制订个人发展计划，对其提出更高的目标和要求；另一方面不要急于承诺晋升或奖励等事宜。应通过跟他面谈或做心理测评，在他真正具备管理才能的时候才能提升他。
>
> （2）考评为"合格"的员工。这类下属绩效无明显进步，工作表现平平。他们至少占总人数的60%以上。
>
> 面谈策略：在反馈时，考评者应开诚布公地和员工进行交流，找到员工没有进步的原因。比如，讨论是否现任职务不太适合他，是否需要更换岗位。要让他意识到自己的不足，并朝更高的目标迈进。也可换一种激励方式，当企业处于人才缺乏的情况时，从这批考评为"合格"的人中抽出几个提升到管理职位、技术专家的职位，以激励其他人的事业心。这种做法有一定风险，要安排教练或有技术专长的人员结对子辅导，有了这种"导师制度"才能保证"合格"员工尽快提高岗位胜任力。
>
> （3）考评为"不合格"的员工。这类下属绩效低下，一般占员工总人数的5%以下。
>
> 面谈策略：① 确定存在的问题并达成共识；② 确定问题产生的原因；③ 确定需要采取的行动，并达成共识；④ 为下一步行动提供必要的资源；⑤ 监督工作过程并给予及时的反馈。对工作中有进步的员工应进行适度鼓励和及时表扬。反馈后，对绩效仍不佳的人，降薪或者辞退才是合理的。

（3）收集信息面谈。它是想要获取某一方面的信息资料或想要获得某种帮助时进行的面谈。若想了解某一方面的信息，就可以去该领域找相关人员进行面谈，为了准确有效地获取想要的信息，可以提前做好准备计划，包括目的、人员分析、安排时间和地点、准备预期问题等。在信息收集的面谈过程中请注意以下问题。

① 面谈应结构化。在面谈前应确定收集信息的内容，并制订详细的提问单，把握住所提问题与目的间的关系，并注意挑选参加面谈的人员。

② 面谈过程中应保持友好、亲善的态度。

③ 进行信息收集面谈的发起者应和有着较多经验或对该领域较为熟悉的人员进行面谈，从而使所获面谈资料更为准确可信。

④ 信息收集面谈很像闲聊，有些时候在进行信息收集面谈时，谈话的对方可能都没有意识到你正在收集信息，因此，很多时候谈话的内容、主题会背离你的初衷。所以，作为面谈的发起人必须灵活、有技巧地进行谈话，循序渐进，引导对方向主题靠拢。

2.2.2 面谈计划的制订

为了提高面谈效率，在举行面谈前应对面谈过程进行认真的计划。即使拥有高超面谈技巧的人也并不是天生就具有这种能力的，它是后天训练出来的。面谈者事先应对各方面进行过细致的分析，然后经过长期的面谈训练。

尽管不同性质和目的的面谈过程千差万别，但其准备工作却大同小异，都是要对沟通的基本方面进行全方位的分析。具体包括以下方面。

1. 面谈目的分析

目的决定手段和策略。在进行面谈之前，首先要分析自己和对方面谈的目的是什么，具体来说，要搞清楚以下几个方面的问题：① 面谈的目的是传递信息，还是寻求对方信念或态度的改变？② 解决问题的性质是什么？③ 面谈的主要类型是什么？④ 面谈中的主要信息类型是什么？⑤ 面谈中的最高目标是什么？面谈中的最低目标是什么？⑥ 如果面谈失败，会产生什么样的后果？如何进行补救？

2. 面谈对象分析

这里所讲的"面谈的对象"，不仅仅是指对方的名字是什么，更重要的是了解对方的背景和他们对所面谈的问题的可能看法。具体来说，主要包括以下几个方面：① 面谈对象的年龄、教育程度、职业、民族、国籍等基本背景资料；② 面谈对象的主要性格特点；③ 面谈对象的主要兴趣点和禁忌；④ 面谈对象对相关问题的看法。

3. 面谈时间和地点的确定

面谈的时间和地点也就是面谈的场合问题，要通过询问下列问题加以明确：① 面谈适合在什么时间进行？办公时间还是业余时间？② 地点安排在哪里比较好？③ 如何保持环境的安静？④ 面谈时间多长为宜？⑤ 如何避免可能出现的干扰，包括人、电话铃声等？

4. 面谈主题的确立

面谈的主题也就是话题，或者说面谈的切入点，主要包括以下两个方面：① 如何描述此次面谈的主要议题？② 如何描述此次面谈对双方的好处？

5. 面谈方式的选择

面谈的方式是面谈计划的核心，涉及前面介绍的各个方面，例如：① 以什么样的方式开始面谈？② 如何切入主题？③ 如何回应对方的质疑？④ 是声东击西还是直奔主题？⑤ 采取轰炸战术（不停地说），还是给予对方充分的时间思考？⑥ 是从一般性问题谈起，还是从具体问题谈起？⑦ 如何促使对方表态？

表2-3是一份面谈计划清单，可以帮助梳理要做的各项工作。①

表2-3 面谈计划清单

计划要素	相关问题
why	1. 面谈的主要类型是什么？ 2. 面谈希望达到的目的是什么？ 3. 你寻求和传递信息吗？如果是，是什么类型的信息？ 4. 你会寻求信念和行为改变吗？ 5. 你要解决问题的性质是什么？
who	1. 他们可能的反应和弱点是什么？ 2. 他们有能力进行你所需要的讨论吗？

---

① 丁宁. 管理沟通 [M]. 北京：北京交通大学出版社，2011.

续表

计划要素	相关问题
when/where	1. 面谈在一天的什么时候进行？ 2. 面谈可能会被打断吗？ 3. 面谈在何地进行？ 4. 面谈前可能会发生什么？ 5. 你在这件事情中处于什么地位？ 6. 需要了解事情的全貌，还是只需要提示一下迄今为止的最新情况？
how	1. 如何实现你的目标？ 2. 你应该如何表现？ 3. 委婉的方式和直接切入主题，哪一种更好？ 4. 你必须小心处理、多听少说吗？ 5. 先处理一般性问题再处理具体问题，还是先处理具体问题再处理一般性问题？ 6. 你如何准备桌椅？ 7. 如何避免被打扰？
what	1. 确定包括的主题和提问 2. 被问问题的类型

6. 面谈问题的设计

问题是面谈中获取信息的基本手段，在面谈中极为重要。面谈的问题设计要坚持两个原则：一是坚持依据面谈目的设计问题的原则。问题来源于目的，有什么样的目的就会有什么样的问题，问题的设计是为达到面谈目的服务的。二是坚持依据被面谈者的特点组织语言，使对方能听懂，加强相互之间有效沟通的原则。面谈的问题设计应考虑以下几点。

（1）综合运用开放式问题和封闭式问题，获取各具特点的信息。问题来源于你的目的，它是在面谈中获取信息的基本手段。任何访谈者都会提问，只有精心准备的访谈者才能提出有效的问题，从而获取他们所需的信息。在准备问题时，很重要的一点是根据被访问者的特点组织语言，要用对方能懂的语言，加强相互之间的有效沟通，准确传达你的信息。在具体问题的设计上，可采用两种类型的问题：开放式问题和封闭式问题。这两种类型的问题可以达到不同的效果，获取各具特点的信息。

① 开放式问题，如"你的工作干得怎样"或"新的规章对部门士气有怎样的影响"。一方面，可能是引出一般性的信息，而且可能让被访者感到谈话过程无拘无束，因为开放式问题允许被访者自由谈论他们有何感受，他们优先考虑的是哪些问题，以及他们对某一问题了解多少。另一方面，开放式问题有利于发展沟通双方相互之间的关系。但必须记住，开放式问题回答起来往往比较困难，特别是在被访者滔滔不绝时，话题可能会不着要点。开放式问题也很耗时，频繁使用会使访谈者很难控制面谈进程。

② 封闭式问题，如"你最后一次在哪里就职"或"你愿意在项目 A 还是项目 Z 中工作"。这样的问题有助于引出你需要的特定信息。封闭式问题限定了被访者可能给出的回答。它们适用于当你时间有限或你想要弄清开放式问题的某一点信息的时候。

（2）确定问题的结构或问题的顺序。最常见的顺序有三种。

第一种是从一般到特殊，从大方面问起逐步缩小范围，称为漏斗型。如"有关在大楼内吸烟的规章，你认为怎么样？此规章公平吗？这些规章是否限制了员工的抽烟状况，实施状况如何？"

第二种是从特殊到一般，从小方面问起逐步扩大范围，称为倒漏斗型。如"这些规章怎样限制了员工的抽烟状况？此规章公平吗？对于有关在大楼内吸烟的规章，你认为究竟怎么样？"

第三种是各个不相关问题的平行组合，称为隧道型。它适用于只要求获得对各种问题的最初答案，而不要求做进一步了解的情况。

【小案例】

心理咨询师的提问

一位心理咨询师对一个上课不专心听讲、喜欢搞恶作剧的学生做了如下的提问。

问：你这样做，对你有什么好处？答：我可以不用费神听课，不用太累。
问：你这样做，对你有什么坏处？答：大家不喜欢我，学习不好。
问：你这样持续下去最坏的结果会怎么样？答：所有人都讨厌我，成绩差。
问：那这样你是什么感觉呢？答：很不舒服，很痛苦。
问：假如你改变将会怎么样呢？答：大家会喜欢我，成绩会好起来。
问：那你的感觉又会如何呢？答：感觉会很好。
问：那你是愿意很痛苦，还是愿意感觉很好呢？答：当然愿意感觉很好！
问：那你要不要改变呢？答：要改变！
问：你是要改变，还是一定要改变呢？答：一定改变！
问：那你到底是要什么时候改变呢？答：现在就改变！

【点评】在面谈中，有时提问是最好的手段，一定要掌握提问的技巧，取得面谈的理想效果。

2.2.3 面谈的实施

微课
开始面谈

1. 开始面谈

（1）营造融洽氛围。一个有着融洽氛围的开头，是所有成功面谈的基础，面谈对象、主题及目的的不同，需要不同的面谈开始方式。面谈开始方式有很多种，但是它们围绕的原则只有两个：一个开诚布公；另一个便是融洽氛围的营造。有资料显示，面谈开始时至少有5%的时间是要用来建立融洽氛围的。简短的题外话有助于迅速拉近彼此间的距离，可以融洽气氛、增进感情。题外话通俗来讲叫闲聊，也就是沟通。闲聊很关键，可以化解下属见上司的紧张情绪。说题外话的时间以一分钟最佳，也可以开一句玩笑。如果能把第一句话说好，那么这个头基本上就开得很好了。

（2）开始面谈的方式。不管面谈的目的如何，精心安排面谈的开始是最重要的，因为每一次面谈的开始阶段，给予对方的初步印象和建立起来的面谈的"潜规则"，对于其后面谈的发展方向具有决定性影响。一般来说，开始面谈的方法有以下几种。

① 开门见山法。这种方法就是开门见山讲问题，适用于对方对所讨论的问题都有一定了解或具有良好沟通基础的情况。企业内部的大部分业务沟通都属于这种情况，企业与一些

老客户的沟通可以采用这种方式。这种方式的优点是直奔主题，沟通效率高；缺点是不适合双方存在一定分歧或矛盾的情况，因为，如果双方存在一定分歧，而发起沟通一方对此一无所知，那么很容易导致沟通失败。

【小案例】

主管与下属

主管："小张，你觉得过去这一年来，你的绩效表现怎么样？"

员工："很好。"

主管："你觉得自己很好，那你可不可以告诉我，你做得很好的地方在哪里？"

员工："每个月规定该完成的例行事务，我都如期完成。"

主管："可是我从一个主管的角度来看，其实我非常关心你的工作表现，你要不要听听看我对你的观察？"

员工："好。"

主管："你的能力非常强，可是我认为作为一个资深且能力强的同志，其实你可以扮演更好的角色。因为从你的投入度以及对工作的热诚来看，我觉得你没有达到我的预期。我观察到，上个月有几个客户的询价电话，你拖了一个礼拜才回复；某个客户抱怨产品有瑕疵，你也没有处理。你可不可以告诉我，你这么做的原因是什么？"

【点评】这里主管开门见山地告诉下属，主管对于他的工作态度与投入度是觉得有问题的。可是指出问题的时候，不是用指责的方式来质问员工，而是说："我观察到……"这样比较不会造成彼此的对立。然后，询问下属会有这样的做法，背后的原因是什么。主管要先听下属说，看他怎么反应，目的是让下属讲他自己的想法和感受，而不是逼迫他听主管的看法。

② 循序渐进法。通过介绍发现问题的过程，双方可以循序渐进地共同"发现"存在的问题。这种方法在形式上比较客观、公正，适用于立场、利益不同的双方的沟通，可以减少可能出现的意见分歧。

③ 深入挖掘法。这是一种程度非常深的沟通方式。面谈开始时不谈问题本身，而只谈背景、原因和起因。这种方式适用于两种情况：一是问题比较复杂，只有寻根溯源才能够准确提出问题、界定性质并提出解决办法；二是双方存在比较大的分歧或对立情绪，拒绝直接讨论问题的情况。

④ 换位思考法。这是指向被面谈者举出采用你的建议解决问题的好处，这种方法从表面上看就是"换位思考"。为了避免对方的怀疑心理，这种方法最好用在双方关系比较密切或者对讨论的问题比较了解的情况下。

⑤ 虚心求教法。这是就特别问题征求意见或寻求帮助的面谈开始方式。由于大多数人都愿意处于强者的地位，采用这种方法比较容易被对方接受。使用这种方法要注意两个问题：一是所寻求的意见或者帮助对对方不应该是很困难或者很麻烦的；二是态度一定要真诚，切不可给人留下因有求于人才甜言蜜语的感觉。

⑥ 引人注目法。这是以耸人听闻或引人注目的事件、观点开始面谈的方法。这种方法最大的好处是可以迅速地引起对方的注意。由于用这种方法时容易引起对方的反感，因此，在使用过程中，一是要注意技巧，巧妙过渡到正题；二是要迅速切换主题。

⑦ 强调观点法。这是指在面谈开始时就提及被面谈者对特别问题已提出的看法。它是一种比较高级的方法，任何人都喜欢自己的观点、看法得到别人的重视、认同，采用这种方法可以使本来很陌生或存在歧义的双方迅速拉近心理距离。不足之处是，这种方法实施起来难度较大。其原因有二：一是基本素材很难获得；二是不恰当的叙述和评论会引起对方的反感。

2. 展开面谈

（1）面谈过程的控制。面谈是否成功一方面取决于是否经历了周密的计划，另一方面取决于对面谈过程的控制。不同类型的面谈所需要的控制程度不一样。按照面谈者对面谈过程的控制程度的高低，可以把面谈分为非结构化的面谈、一般结构化的面谈、高度结构化的面谈和标准化的面谈四种。

微课
展开面谈

① 非结构化的面谈。非结构化的面谈是指面谈过程预先没有准备具体的计划，只是对可能涉及的主题、目的进行简单考虑的面谈。非结构化的面谈也可以成为开放式面谈，在这种面谈中双方都可以根据自己的兴趣、目的对面谈的主题进行调整。非结构化的面谈主要用于对具体事件有一般了解的情况。例如，商务伙伴初次接触，他们对于可能的合作都缺乏具体的认识，希望通过面谈建立初步的了解。之所以采用非结构化的面谈，主要是因为对面谈主题缺乏足够的了解。

② 一般结构化的面谈。一般结构化的面谈是指对面谈目的、主题事先只进行了策略的计划，详细的内容需要在面谈过程中加以确定的面谈。例如，对应聘对象的初试、与销售对象的初步接触等。一般结构化的面谈主要适用于事先无法确定面谈对象具体情况的情形。

③ 高度结构化的面谈。高度结构化的面谈是指对面谈目的、主题、问题等内容事先进行了详细计划的面谈，如考试面谈，特定对象的销售面谈、咨询面谈等一般都采用高度结构化的面谈形式。

④ 标准化的面谈。标准化的面谈是指事先不仅对面谈的问题进行了详细的计划，并且预先给出了可能的答案，被面谈者只能从限定的答案中选择和决定的面谈，如很多调查数据的采集都采取标准化的面谈形式。

（2）进行提问。这是面谈的主体阶段，在这一阶段中应做到提出和回答问题、寻求问题的答案、努力说服被面谈者接受你的观点或产品。不同问题类型其作用是不一样的，因此在提问时运用的技巧也是不一样的。

① 直接提问法。提问者从正面直接提问，开诚布公、干脆利落、直截了当地讲明询问目的，开门见山地提出问题。在运用正面提问法时，要注意情感的铺垫，使对方心理上舒缓一些，也能合作一些，同时防止过于直白的提问，以免显得过分生硬，容易造成询问对象的心理排斥，难以获得有价值的信息和材料，而且还会给人一种笨嘴拙舌的感觉。

② 限定提问法。人们有一种共同的心理——认为说"不"比说"是"更容易，也更安全。所以，一般在沟通过程中，提问者在向回答者提问时，应尽量设法不让对方说出"不"字来。提问者在问题中给出两个或多个可供选择的答案，此时可采用限定提问法，即两个或多个答案都是肯定的。

③ 迂回提问法。这是指从侧面入手，采用攀谈的形式，然后逐步将问答引上正题。这种提问方式，一般时间性不太强，谈话也不受特定场合的限制。当沟通对象感到紧张拘束，或者有所顾虑不大愿意交谈，或者虽然愿意谈，却又一时不知该怎么谈时，提问者可以采取

侧面迂回的提问方式，逐渐将谈话引上正题。应当明确的是，旁敲侧击只是一种手段而不是目的。因此，攀谈的内容应当是有目的、有选择的，表面上似乎和面谈的主题无关，实质上应该是有关联的。

④ 诱导提问法。当遇到询问对象了解许多信息，却因谦虚不大愿意说，或者由于性格内向不会说，或者要谈的事情需要一番回忆，或者对方想说又不便自己主动说等情况时，都可以采取诱导提问方法。采用启发诱导的方式，可以引导对方的思路，又可以诱发对方的情感，进一步引导对方明确沟通的范围和内容，渐渐打开对方的"话匣子"，也可以开阔对方的思路，引起对方的联想，从而有针对性地把沟通对象掌握的信息引导出来。

⑤ 追踪提问法。这是指提问者把握事物的矛盾法则，抓住重点，循着某种思路、某种逻辑，进行连珠炮式的提问。这种提问既要按照事物的内在联系，把基本情况和事实真相了解清楚，又要抓住重点，深入挖掘，达到应有的深度。一般来说，提问者对于触及事物本质的关键性材料，以及对方谈话中的疑点，或者从对方谈话中发现的有价值的新情况、新线索，往往会抓住不放，打破砂锅问到底，直至水落石出。但是追问，既要问得对方开动脑筋，又要让对方越谈越有兴趣，态度、语气都要与谈话的气氛协调一致，不要把追问搞成逼问，更不要变成变相"审问"。

（3）准确核实。沟通对象在谈话过程中会透露出一定的信息，这些信息有些是无关紧要的，而有些则对整个沟通过程起着至关重要的作用。对于这些重要信息，沟通者应该在倾听的过程中进行准确核实。一方面，可以避免漏洞或误解客户意见，及时有效地找到解决问题的最佳方法；另一方面，客户也会因为找到了热心的听众而增加谈话的兴趣。值得注意的是，准确核实并不是简单的重复，它需要讲究一定的技巧，否则就难以达到鼓励客户谈话的目的。核实的方法有下述几种。

① 重述。这是指复述刚刚所听到的话，这是一种很重要的沟通技巧。你的反应可以让对方知道你一直在听他说话，而且也听懂了他所说的话。

② 听取关键词。所谓关键词，是指在谈话时描述具体事实的重要词语，这些词语透露出某些讯息，同时也显示出对方的兴趣和情绪。透过关键词，可以看出对方喜欢的话题，以及说话者对他人的信任程度。另外，找出对方话中的关键词，也可以帮助你决定如何回应对方的说法。

③ 梳理各种暗示。很多人都不敢直接说出自己真正的想法和感觉，他们往往会运用一些叙述或疑问，百般暗示，来表达自己内心的看法和感受。但是这种暗示性的说法有碍沟通，因为如果遇到不良的听众，他们话中的用意和内容往往会被人误解，最后可能会导致双方的失言或引发言语上的冲突。所以一旦遇到强烈暗示性的话，就应该鼓励说话的人再把话说得清楚一点。

（4）应注意的问题。在面谈过程中要注意避免一些影响有效沟通的问题发生，例如：

① 面谈的时间过长。人们的注意力都是有限的，时间是宝贵的，过长的面谈会使人感到疲劳，给人以折磨精神的感觉。

② 把讨论重点放在枝节问题上。面谈的重点要放在对核心问题的讨论上。事实上，很多时候枝节问题比核心问题更复杂、更难以确定。

③ 整个面谈过程成为一言堂。谈话中一方说得过多，不让另一方插嘴，给人一种强加于人的感觉。

④ 面谈未取得预期结果时大发雷霆，表达不满。谈话是一个交流的过程，一次谈话不

能说服对方接受自己的意见和想法是很正常的,以后可以反复说服。如果在未取得预期结果时立即表达不满,会引起对方的抵触情绪,使得以后的说服变得更加困难。

⑤ 努力隐瞒面谈目的,让对方摸不着头脑。这种做法会使对方怀疑你有不可告人的目的,拒绝进行有效的沟通。

⑥ 使面谈陷入一场争论甚至变成攻击。沟通的目的就是求同存异,要从相同的地方入手,寻求共同点。

小贴士
面谈的原理与原则

3. 结束面谈

① 掌握结束面谈的恰当时机。当时间已到,当已得到所需信息,当已设法说服被面谈者接受你的建议或购买你的产品,当问题已经解决,或者当由于需要更多的信息还要与其他人面谈,该面谈再进行下去显然无益时,就应该结束面谈。

② 简要总结面谈结果。长时间的谈话会使双方头昏脑胀,甚至双方分别做出了哪些让步、取得了哪些共识都记不清楚了。因此,为了有效保证面谈的成果,在面谈结束时应总结面谈的成果或者重复自己的看法。

③ 感谢被面谈者参与。无论结果如何,面谈双方都付出了时间与努力,对这一点要充分理解。因此,在面谈结束时向对方表示感谢,有助于双方在今后建立更加紧密的关系。

视野拓展
面谈的跟踪

④ 商定下一步行动。一次面谈不一定能够解决全部问题,有必要在面谈结束时商定下一次的会面时间和地点。即使面谈有了一定结果,也要考虑实施和评估的问题,这都需要在面谈结束时约定。

课堂互动

请搜集工作中、生活中、小说中、影视中的成功面谈或失败面谈的案例。结合本任务有关内容分析这些案例,并且与其他同学一起交流体会。

自我认知测试

一、你是一个善于倾听的人吗

1. 你喜欢听别人说话吗?(   )

　　A. 喜欢,我从别人的说话内容中可以得到许多信息

　　B. 我不会花太多的时间听别人说话,现在很多人都是口是心非

　　C. 我不太关心别人说什么

2. 为了彻底地弄清事实,你是否会广泛地听取各方意见?(   )

　　A. 我没有那么好的耐心

　　B. 我会尽量多地听取意见

　　C. 方便的话,会这样

3. 有人在对你说话时,你会注视着对方吗?(   )

　　A. 会的,我会一直给对方应有的尊重

　　B. 如果对话题不感兴趣,我会东张西望、不耐烦

  C. 我根本就不知道讲话时该看着对方

4. 当别人希望通过谈话来缓解压力时，你会怎样做？（ ）

  A. 尽量鼓励他说下去

  B. 忍不住地要抢夺话语权

  C. 不耐烦地打断他的话

5. 无论说话者是不是你喜欢的人，你都会认真地看着对方吗？（ ）

  A. 会的，我觉得这是对他人基本的尊重

  B. 对不喜欢不欣赏的人不会这样，我没有那么好的涵养

  C. 这样的状态只能保持一会儿

6. 当别人的谈话不入耳时，你会怎样做？（ ）

  A. 由他去，不理他

  B. 听他讲完后再回敬他

  C. 不耐烦地打断他

7. 当你觉得对方说话比较幼稚时，你会怎样做？（ ）

  A. 毫不客气地打断他

  B. 不搭理他

  C. 告诉他比较成熟的观点

8. 当你和比你个子矮许多的人（如小孩子）说话时，你会怎样做？（ ）

  A. 尽量蹲下来，和对方平视

  B. 仍站着居高临下地和他说话

  C. 不理睬他，直视前方

9. 当对方说了讨你喜欢的话时，你会怎样做？（ ）

  A. 理所当然地高兴

  B. 冷静地思考一下此话的真实性

  C. 觉得他真会哄人

10. 如果说话者说的话不中听，你会分析一下吗？（ ）

  A. 能理解就理解，不能理解就算了

  B. 会的，因为人们经常会说一些言不由衷的话

  C. 不用，他说他的，我做我的，否则多累

11. 别人正在跟你说话时，你突然想起要打一个电话，你会怎样做？（ ）

  A. 告诉对方，你忽然有一个很急的电话要打，请他等会儿再说

  B. 把对方晾在一边，只顾自己打电话

  C. 打断对方，也不解释什么，拿起电话就打

12. 当对方说的话中有一些是你听不懂的内容时，你会怎样做？（ ）

  A. 能懂就懂，不懂就算了

  B. 仔细地询问，直到弄清楚

  C. 觉得重要就问，不重要就算了

13. 当对方说话有些犹豫时，你会怎样做？（ ）

  A. 鼓励他别急，耐心地等他说完

B. 不耐烦地打断他

C. 尽量忍耐

14. 当你有听不明白的话时,你是否会重复说话者说过的话,直到弄明白了再问问题?(　　)

A. 干脆什么也不问

B. 没弄明白就问问题

C. 会的,这样才不会造成误会

15. 当你不是很明白对方的意思时,你是不是会把你理解的意思说出来,让他证实?(　　)

A. 多想想就是了

B. 按自己的理解方式办事就行

C. 一般会向对方求证一下

【计分方法】计分方法见表2-4。

结果分析

表2-4　计分方法

题号	1	2	3	4	5	6	7	8	9	10	11	12	13	14	15	总分
A	3	1	3	3	3	2	1	3	1	2	3	1	2	1	2	
B	2	3	2	2	1	3	2	2	3	1	3	3	3	2	1	
C	1	2	1	1	2	1	3	1	2	3	1	2	2	3	3	
得分																

二、你善于与人交谈吗?

(1) 你是否时常觉得"跟他多讲几句话也没意思"?

A. 强烈肯定；B. 有时；C. 绝对否定

(2) 你是否觉得那些太过于表现自己感受的人是肤浅和不诚恳的?

A. 强烈肯定；B. 有时；C. 绝对否定

(3) 你与一大群人或朋友在一起时,是否时常觉得孤寂或失落?

A. 强烈肯定；B. 有时；C. 绝对否定

(4) 你是否觉得需要有时间一个人静静地才能清醒一下和整理好思绪?

A. 强烈肯定；B. 有时；C. 绝对否定

(5) 你是否只会对一些经过千挑百选的朋友才吐露心思?

A. 强烈肯定；B. 有时；C. 绝对否定

(6) 在与一群人交谈时,你是否时常发觉自己在东想西想一些与交谈话题无关的事情?

A. 强烈肯定；B. 有时；C. 绝对否定

(7) 你是否时常避免表达自己的感受,因为你认为别人不会理解?

A. 强烈肯定；B. 有时；C. 绝对否定

评分规则

（8）当有人与你交谈或对你讲解一些事情时，你是否时常觉得很难聚精会神地听下去？

　　A. 强烈肯定；B. 有时；C. 绝对否定

（9）当一些你不太熟悉的人对你倾诉他生平遭遇以求同情时，你是否觉得不自在？

　　A. 强烈肯定；B. 有时；C. 绝对否定

知识巩固与训练

1. 案例分析

请扫描二维码，阅读案例原文，然后回答每个案例后面的问题。

案例原文

2. 思考与训练

（1）请总结一下，你倾听时存在哪些不良习惯？

（2）为什么沟通过程中倾听占有十分重要的位置？请谈谈你的体会。

（3）两个同学为一组，每个同学准备一篇有一定信息量的约800字的文章，一位同学将文章读给另一位同学听，倾听者要注意运用以上技巧使自己保持专注。文章宣读完毕，由倾听者陈述自己获得的信息，宣读者检查对方信息是否准确无误。然后，角色互换，再进行一轮。最后双方谈谈自己倾听中的感受。

（4）"听"的能力训练。尽管"听"是我们与生俱来的能力，但是它并不是一件容易的事情。以下练习就是最好的说明。[1]

练习1：教师对学生说："请拿出一支铅笔、一张纸。在纸上画一条约10厘米长的垂直线。把你姓氏的第一和最后一个字母，写在直线的上方和下方。"注意不要强调最后一个句子中的两个"和"字。教师会发现大多数人会把第一个字母写在线上方而最后一个字母写在线下方。

练习2：教师让学生迅速回答下列问题：

"有的月份31天，有的月份30天。那么有多少个月份有28天？"

不少学生会回答："一个。"而事实上所有的月份都有28天。

问题：

① 以上两个小练习分别说明了倾听中的什么问题？

② 从以上练习中你应该汲取哪些倾听经验？

（5）面谈的含义和特性是什么？

（6）系统阐述一下面谈的过程。

（7）在工作中、生活中、小说中、影视剧中有不少成功面谈或失败面谈的案例。结合本任务有关内容分析这些案例，并且与其他同学一起交流体会。

（8）2名同学一组，每组同学相互谈谈自己在与他人交谈时，有过哪些沟通的不良体验？造成了什么后果？对自己有什么启发？

（9）与你的同伴就如下情景练习面谈：

① 你的老板突然对你变得很冷淡，却又没有任何解释，你想问问发生了什么事。

② 你用了很长时间完成的一份报告却被领导贬得一无是处，你想当面解释。

---

[1] 谭一平，吴良勤. 秘书人际沟通实训 [M]. 北京：人民大学出版社，2008.

③ 新学期开始，班上一位同学因为家境贫寒，生活拮据，产生自卑感，不愿和大家交往，性格有点孤僻。一次，班级组织大家春游，大家都踊跃报名，只有他一声不吭地待在寝室里。班主任让你找他谈谈，动员他参加这次集体活动。你面对他打算从哪里谈起？

(10) 业务洽谈演练。

学生 A 扮演某交电公司营业部经理，学生 B 扮演某品牌燃气热水器推销员。两人所在公司原来并无业务往来，两个人也是首次因业务打交道。当此品牌产品在市场上供大于求时，B 到 A 处了解情况并推销 B 方的产品，而且希望今后建立长期业务往来关系。

要求：运用所学的日常沟通技巧，灵活巧妙地与对方洽谈，并尽可能地寻求最佳的社交效益。

3. 实训项目

(1) 副厂长的人选。

【训练步骤】

步骤 1：甲、乙、丙 3 个人参加角色扮演，甲扮演张厂长，乙扮演王总经理，丙扮演观察者，每人阅读各自的角色材料（只看自己的那部分材料），大约 5 min。

张厂长与王总经理进入角色，进行面谈，观察者开始观察，大约 10 min。

观察者谈自己的所见所闻，大约 3 min。

步骤 2：其他参加的人交流各自体会，并回答以下问题。

① 作为倾听者，张厂长和王总经理分别从对方那里了解到什么新信息？在他们的倾听过程中是否出现过什么障碍？

② 作为倾听者，张厂长和王总经理应该怎样运用反馈技巧使倾听更为有效？

③ 通过练习，你是否已经体会到在人际沟通中，倾听技能是十分重要的？

【背景材料】

① 张厂长的背景材料。

现在，你就是张厂长。

你今年 40 岁，是永光无线电子厂厂长。该厂是永光电子有限公司下属一个分厂。由于厂部业务的拓展，需要增设一名分管采购和销售的副厂长。你心里早已有个关于此职位的人选，此人就是现任采购科科长的小李。小李今年 38 岁、身体健康、业务熟练、沟通能力强，而且人品不错。然而，对这样一个人，公司王总经理却持不同意见，王总经理刚才打电话来，要你去总经理办公室交换关于副厂长人选的意见。

你认为，目前在厂里除小李外，没有更合适的人选，可是王总经理的口气显示似乎他另有一个候选人。"不管怎样，"你思考着，"这个候选人必须年富力强、有开拓精神、熟悉业务，同时还要有一定的群众基础。"想到这里，你便快步向总经理办公室走去。

现在你将练习倾听技能了。

② 王总经理背景材料。

本来，你心里早有谱：让公司人事科科长老刘当副厂长。老刘这个人十分忠厚，从公司初创之日便跟随自己，在公司做了 20 多年的科长，让他当副厂长，资格是没有问题的。

不过前几天，永光无线电子厂张厂长推荐该厂采购科科长小李做候选人。小李你见过，年纪很轻，现年大概不过 38 岁吧。你认为年轻人办事有时过于草率，做副厂长尚嫌太嫩。然而，听张厂长的意思，这个副厂长的人选非此年轻人莫属！这个张厂长，有时也很固执。

就副厂长候选人之事,你今天找来张厂长想亲自与他谈一谈。

现在,你将运用倾听技巧进行角色操练了。

③ 观察者应注意的情形。

观察者在角色扮演中,应注意以下情形:

·作为倾听者,王总经理对张厂长的表述是否表现出兴趣?

·在倾听过程中,王总经理是否对张厂长的表述做出客观评价?

·在倾听过程中,王总经理是否表现出非语言的暗示?

·在倾听过程中,王总经理是否有能力引导张厂长的观点?

·通过倾听,王总经理是否意识到张厂长确实想物色一名德才兼备,且年富力强的候选人?

·在倾听过程中,王总经理是否认识到他对小李的了解欠全面?事实上,小李确实是一位不可多得的年轻人才。

·在倾听过程中,张厂长是否与王总经理发生争执?王总经理是否运用倾听技巧设法让张厂长安静下来?

(2) 怎样与老赵面谈。

【实训目的】掌握面谈的过程和技巧,有效地开展面谈。

【实训学时】2课时。

【实训地点】教室。

【实训背景】YY公司在年末审计中发现,销售代表老赵在这一年中未经允许私自打了8 000元的个人电话。老赵是公司的一位老员工,因为他能力突出、人缘极好,在销售人员中威信很高,公司副总老方很器重他,近期还向公司推荐老赵担任公司负责销售的副总监。在任职的6年中,老赵在职员、顾客、社区居民中都交了许多重要的有影响的朋友,许多客户对他评价极好,表示只跟他做生意,更重要的是,他拥有的公司客户最多。

有员工认为以老赵的表现和贡献,这一点点话费算不了什么;也有人认为,不管贡献大小都应该公私分明;也有人不相信,认为老赵不是那种爱占便宜的人,也可能是审计搞错了。

老赵听到消息后,情绪波动很大,工作明显受到了影响,在下达下半年的销售计划时他表现出明显的抵触情绪。

公司董事长要求副总老方用最快和最佳的方式解决老赵的电话费问题,并且要求他尽快和老赵进行一次面谈,既要申明公司的纪律,又不能影响他个人的工作热情和工作效益,方副总立即查找了公司所有的规定,公司过去只颁发了一些原则性的文件规定,对于公司个人利用电话打长途的界定也不清晰,针对此类事件的具体条款也不清楚,他感到压力很大,不知道如何开展这场面谈。

【实训方法】

① 两同学一组,分别扮演老赵和老方进行这次面谈情景演练。

② 选择有代表性的一组在全班公开表演,师生共同点评。

电子活页：非语言沟通

一、认识非语言沟通

1. 非语言沟通的含义和特点　　2. 非语言沟通的作用　　3. 非语言沟通的运用

二、非语言沟通的构成

1. 目光语　　　　2. 表情语　　　　3. 态势语言

4. 手势语　　　5. 动作语　　　6. 服饰语　　　7. 环境语

学生工作页

人际沟通方式 2——非语言沟通

任务一	向同桌讲一段自身经历的故事，要求恰当运用目光语，训练时长 10 min
任务二	播放优秀节目或优秀演讲片段，指出在节目或演说过程中，主持人使用了哪些面部表情，试着解释每个表情所表达的意义
任务三	请列举出用"眉""眼""目""鼻"表示内心情感的成语，并且试着通过面部表情表现出来
任务四	请同学走上讲台站好后，鞠躬行礼，然后坐在座位上，说几句简短的话，台下同学和老师评论该同学的站姿、坐姿和走姿是否规范
任务五	请每位同学自己选择感兴趣的内容，用五分钟时间做准备，做一次简短的讲话，要求使用得体的非语言要素进行辅助
任务六	观摩演讲或观摩电影，有目的地观察别人的手势、表情，仔细研究，博采众长，并经常对镜练习、矫正。多积累，烂熟于心，形成自己的动作
任务七	请以"我看非语言沟通"为题写一篇文章，谈谈你对非语言沟通的看法
班 级		学 号		姓 名	

学生自评

我的心得：

建议或提出问题：

教师评价

任务3　工作沟通

■ 学习目标

掌握与领导沟通的原则和方法；掌握请示与汇报工作的技巧；掌握处理领导对自己误解的沟通技巧；掌握与同事沟通的要求和方法；掌握劝慰同事的技巧；了解与下属沟通的意义；掌握与下属沟通的技巧；掌握调解下属间矛盾的技巧。

■ 任务导入

不善沟通的约翰

约翰所在的公司要进行人事调动，负责人罗伯特对约翰说："把手中的工作放一放去销售部工作吧，我觉得那里更适合你，你有什么意见吗？"

约翰撇了撇嘴说："意见？您是负责人，我敢有意见吗？"实际上他的意见很大，因为当时销售部的状况特别糟糕。

来到销售部后，约翰的消极情绪非常严重，总是板着脸，对同事爱答不理，别人主动跟他打招呼，他也只是应付地点点头，一来二去，同事们渐渐疏远了他。

一天，一个客户打来电话，请约翰转告罗伯特，让罗伯特第二天务必到客户那里参加洽谈会，有非常重要的事情要谈。约翰认为这是一个绝佳的报复机会，就当什么事都没有发生，吹着口哨回家了。

第二天，罗伯特将约翰叫进办公室，严厉地说："约翰，那么重要的客户电话你怎么不告诉我？你知道吗？要不是客户早晨打电话给我，一笔价值1 000万美元的大生意就白白溜走了！"

罗伯特看了看约翰，一副毫不在乎的样子，根本没有要承认错误的表现，便说："约翰，说实在的，你的工作能力还不错，但在为人处世方面还不够成熟，我本来想借此机会锻炼你一下，你却让我大失所望。我知道你对我不满，可你非但不与我沟通，反而暗中给我'使绊子'。你知道吗？部门的前途差一点毁在你手里。你没能通过考验，所以现在我只能遗憾地宣布，你被解雇了。"

鉴于此次教训，这家公司的高管专门召开了一次名为"张开你的嘴巴"的会议，强调并鼓励所有员工要与上级多多进行沟通。

思考题：

(1) 约翰为什么被解雇了？

(2) 本案例对你有何启示？

3.1 与领导沟通

与领导沟通,指的是团队成员通过一定的渠道和方式,与管理者或决策层进行信息交流。上下级之间的有效沟通,无论是对组织还是对个人,都具有十分重要的意义。就下级而言,通过与上级主动有效的沟通,既能准确了解信息,提高工作效率,又能及时表达自己的意愿,形成积极的双向互动。

3.1.1 与领导沟通的原则

与职场中的其他沟通对象相比,"上级领导"这个群体具有自己的基本特征,如图3-1所示。而在与领导沟通的过程中,尤其需要注意遵循以下原则。

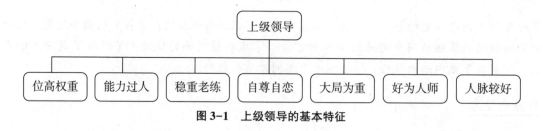

图3-1 上级领导的基本特征

1. 不卑不亢

与领导沟通,要保持不卑不亢的态度,既不能唯唯诺诺、一味附和,也不能恃才傲物、盛气凌人。沟通只有在平等的原则下进行,才可能坦诚相待、求得共识。

在社交过程中,每个人都希望得到别人的尊重、帮助,希望自己的地位和荣誉得到肯定和巩固,没有人愿意在一个群体中被孤立和冷落。如果这种愿望得不到满足,他就会与周围的人产生"隔膜",进而拒绝与人合作。因此,尊重别人是每个职场人士必备的一种修养。在职场中,要尊重领导的意见,维护领导的威信,理解领导的难处和苦衷,即使要提出不同的意见,也要选择适当的时机,选择对方能接受的方式。这样,无论是对工作,还是对沟通双方的感情、建立融洽的关系来说,都是大有益处的。

尊重与讨好、奉承有着本质的区别。前者基于理解他人、满足他人正常的心理和感情需要,而后者则往往是为了满足一己私欲。在现实生活中,有一些人为了达到自己不可告人的目的,不惜曲意迎合、奉承、讨好领导,这不仅混淆了领导的视听,降低了领导的威信,也造成了同事之间的不和谐。绝大多数有主见的领导,对那种一味奉承的人都是比较反感的。

2. 工作为重

上下级之间的关系主要是工作关系,因此,在与领导沟通时,应从工作出发,以做好工作为沟通协调的目的。在与领导沟通时,既要摒弃个人的恩怨和私利,又要摆脱人身依附关系,在任何时候、任何问题上都从工作和整个团队的利益出发;要作风正派、光明磊落。切忌对领导一味地讨好献媚、阿谀奉承、百依百顺、丧失理性和原则,甚至为讨领导欢心而违法乱纪。

3. 服从至上

领导掌握公司的全盘情况,一般来说考虑问题比较周全,处理问题时往往能从大局出发。在与领导沟通时,坚持服从至上是在一切组织中通行的原则,是组织获得巩固和发展的基本条件。事实证明，如果下属与领导沟通时拒不服从，那么这样的组织就无法形成统一的意志和严密的整体，就会像一盘散沙，不可能顺利发展。当然，服从不是盲从，如果下属发现领导犯了某些错误，就应抱着对工作高度负责的态度，及时向其反映。

【小案例】

尊重领导的决定

阿成的工作很简单，就是每天收发文件。领导脾气很好，同事之间相处也很融洽，阿成很希望自己能长期在这里工作。

可是好景不长，一天领导突然找阿成谈话，他说："因为你是外地人，'五险一金'不好交，以我们公司目前的情况不可能给你转户口，而如果不给你缴纳'五险一金'，我们就违反了国家的规定。所以……"

阿成听了也不知道该如何是好，他难过地说："我尊重您的决定，虽然我很喜欢这里。"阿成没有再说什么，出门前给领导鞠了个躬，并轻轻地把门带上。

第二天，领导找阿成谈话，他说："我专门到相关部门打听了，你可以留在我们公司上班，但是你要到派出所办理暂住证！"

阿成听后，会心地笑了。

【点评】阿成面对领导的"为难"非常理智，他的表现体现了对领导的尊重、理解与服从，表示不愿给领导添麻烦，愿意接受领导的决定，这使领导的权威得到了很好的体现。这让领导大受感动，专门为其寻找解决办法。这就是服从至上带来的好处。

4. 非理想化

在与领导沟通的过程中，下属不能用自己头脑中形成的理想化模式去要求领导，从而对领导过分苛求。坚持非理想化原则，就需要全面地看待领导，既要看到其优点，又要看到并接受领导的缺点，摆脱苛求完美的思想。

小贴士

领导喜欢下属具备的品质

爱岗敬业，忠诚可靠。
独当一面，开拓创新。
自觉主动，服从第一。
乐观向上，勇担责任。
善于沟通，乐于合作。

课堂互动

从你的暑期打工经历或朋友那里，收集一些在职场中与领导沟通的经验，在课堂上与同学们分享。

3.1.2　与领导沟通的方法

1. 主动沟通

有人说："要当好管理者，要先当好被管理者。"作为下属要时刻保持主动与领导沟通的意识，因为领导工作比较繁忙，不可能经常深入地与员工进行沟通。但在实际工作中，很多下属都害怕直面自己的领导，不敢积极主动地与领导沟通交流，这是一种"职场通病"。你应该消除对领导的恐惧感，领导也是人，也有情感，而人与人之间如果没有了交流和沟通，就会因此而疏远。

【小案例】

主动与领导沟通的小丽

小丽在一家化妆品公司做财务工作，一直以来，她踏实肯干，工作能力也很强，但一直没有得到提拔，原因是她不善于主动与领导沟通，许多事都等着领导来找她。后来由于工作上的竞争，她被迫辞职。小丽吸取失败的教训，辞职后以全新的面貌到另一家公司上班。一个月后她接到一份传真，说她花了两个星期争取的一笔业务出了问题，她便马上去找领导。领导正准备打电话同这位客户谈生意，她就将情况做了汇报，并提出具体的建议和意见。领导掌握这些材料后，在与客户交谈时顺利地解决了这一问题。此后，小丽经常主动向领导汇报工作，及时与其进行良好的沟通，并在销售和管理方面提出了一些不错的意见和建议，不断得到领导的认可。不久后，她被提升为业务主管。

【点评】现代社会需要的是乐于而且善于与人合作和沟通的"实干家"。不论是对领导还是对下属，有效的沟通都有助于工作的顺利开展。多与领导进行工作上的正常沟通，有助于成就多赢的局面，小丽在新公司的收获就充分说明了这一点。

那么，怎样消除对领导的恐惧感呢？

首先，要抛弃"不宜与领导接触过多"的观念。合理的沟通观念应该是，与领导沟通是一个职场人士的基本职责之一，因为领导是决策者和管理者，而下属则是执行者和完成者。在决策执行和目标实现的过程中，下属必须借助沟通来了解领导的意图，争取领导的支持，获得领导的认可。

其次，不要害怕在领导那里"碰钉子"。当领导反馈的结果不理想时，要从沟通态度、沟通方式等方面进行自我反省；同时，要仔细揣摩领导的态度和意见，并通过换位思考寻求对领导的理解。

最后，要用改进人际沟通技能的方法增强自信。在沟通内容上，尽量做到观点清晰、有理有据、层次清晰。在人际沟通方式上，应采用易被对方接受的沟通频率、语言风格和态度情绪。刚开始时最好采取面对面直接交流的方式，相互熟悉之后可以借助电话、微信、电子邮件等方式与领导进行沟通。

2. 适度沟通

所谓适度，是指下属与领导的关系要保持在一个有利于工作、事业发展及两人的正常关系的适当范围内，形成和谐的工作环境。沟通既不能"不及"，也不可"过分"。

目前，下属与领导的沟通主要存在两大误区。一是沟通频率过高。有些下属为了博得领导的赏识和信任，有事没事就往领导办公室跑，既给领导的正常工作造成了干扰，又让领导认为你缺乏独立工作的能力，遇事没有主见。二是沟通频率过低。有些下属以为做好本职工作就行了，至于是否向领导汇报思想和工作情况则无所谓，因而该请示时不请示，该汇报时不汇报，目无组织和领导。久而久之，既不利于开展工作，在一定程度上也会影响个人和团队的发展。

【小案例】

车间主任

甲和乙是两位新上任的车间主任，业务水平都很高。不过，在与领导沟通时，两位车间主任采取的却是截然不同的态度。甲主任认为，一定要和领导搞好关系，于是，他有事没事就往领导那儿跑，弄得车间员工议论纷纷，都说甲主任只会"拍马屁"，丝毫不关心员工。后来这话传到了领导的耳朵里，领导感到很难堪。与此相反，乙主任则认为"打铁还要自身硬"，一天到晚只知埋头苦干，为了完成生产计划甚至连车间主任会都不参加。可是车间员工对此也不买账，他们认为这样的主任不会为员工着想，而领导也因为他常常不来开会心生不满，乙主任由此弄得"里外不是人"。

【点评】甲、乙两位车间主任的问题，在于没有把握好与领导沟通的"度"。甲主任沟通"过分"，乙主任沟通"不及"。只有把握好与领导沟通的"度"，才能赢得领导和下属的共同认可。

3. 适时沟通

领导每天需要考虑的事情很多，因此你应根据问题的重要程度，选择恰当的沟通时机。

首先，要选择领导相对轻松的时候。与领导沟通之前，可以通过打电话、发信息等方式主动预约，或者请对方确定沟通的时间、地点，自己按时赴约。假如是私事，则不宜在领导埋头做事时打扰领导，否则就会忙中添乱，适得其反。

其次，要选择领导心情较好的时候。沟通之前，可与其秘书或助理取得联系，以了解对方的情绪状态。当领导情绪欠佳时，最好不要去打扰他，特别是准备向对方提要求、说困难或者发表不同意见的时候。

再次，要寻找适合单独交谈的时间。特别是在试图改变领导的决定或意向的时候，要多利用非正式场合和没有第三者在场的时间。这样既能给自己留下回旋的余地，又有利于维护领导的尊严。

最后，不要选择在领导准备去度假、度假刚回来或吃饭、休息的时间与其沟通。因为这时对方的精力不集中，心不在焉，或者容易匆忙做出决定。

4. 灵活沟通

由于个人的素质和经历不同，不同的领导往往有不同的风格。根据领导的风格，在沟通过程中使用不同的技巧，往往会取得较好的沟通效果（见表3-1）。

表 3-1 领导的风格与沟通技巧

风格类型	性格特点	沟通技巧
控制型 （权力欲强）	实际，果决，求胜心切 态度强硬，要求服从 关注结果，不关注过程	简明扼要，直截了当； 尊重权威，执行命令； 称赞其成就而非其个性或人品
互动型 （重人际关系）	亲切友善，善于交际 愿意聆听下属的困难和要求 喜欢参与，主动营造融洽氛围	公开、真诚地赞美； 开诚布公地发表意见； 忌背后发泄不满情绪
务实型 （干事创业）	为人处世自有标准 理性思考，不喜感情用事 注重细节，探究来龙去脉	开门见山，就事论事； 据实陈述； 不忽略关键细节

5. 定位沟通

正确认识自己的角色、地位，真正做到出力而不"越位"，是处理好上下级关系的一项重要原则。越位是下属在处理上下级关系过程中常犯的一种错误，其主要表现在以下几个方面。

第一，决策越位。决策是领导活动的基本内容，不同层次的领导决策权限也不同。本该由领导做出的决策却由下属做出，就是越位的行为。

第二，表态越位。一个人对某件事的基本态度，往往与其特定的身份相联系，超越身份胡乱表态，是不负责任的表现。

第三，工作越位。本该由上级出面处理的工作，下属却越俎代庖、抢先去做，就会造成工作越位。

第四，场合越位。在有些场合中，如接待客户、参加宴会等，应适当突出领导。下属张罗过度，大出风头，也会造成越位。

课堂互动

假如你是某公司的员工，领导把一项临时性的工作任务安排给你，而你因有特殊情况无法去做。在这种情况下，你应该怎样与领导进行沟通，怎样才能说服领导把这项工作安排给别人，而且不会对你产生不好的印象？

3.1.3 请示与汇报的技巧

请示是下属向领导请求决断或批示的行为；汇报是下属向领导报告情况，提出建议的行为。这二者都是职场人士的经常性工作。

请示与汇报的技巧主要包括以下内容。

1. 明确程序

请示与汇报工作主要有以下几个程序。

小案例
哪种请示与汇报方式更好？

一是明确指令。一项工作在明确了方向和目标后,领导通常会指定专人负责此项工作。如果领导明确指示自己去完成这项工作,那么就一定要迅速准确地把握领导的意图和工作的重点,包括谁传达的指令(who)、要做什么(what)、什么时间做(when)、在什么地点做(where)、为什么做(why),以及怎么做(how)、做多少(how much)。对其中任何一点不明白,都要主动询问领导并及时记录下来。最后,还要简明扼要地复述一遍,以确认是否有遗漏之处或领会有误的地方。当对领导的指令理解模糊时,决不能"想当然";在执行任务的过程中,遇到困难或疑惑之处,也要及时与领导进行沟通,以避免"走弯路",耽误工作。

小贴士

在面对领导的指令时应考虑下面几个问题

领导希望做的是什么?

这项任务的具体目标是什么?

完成这项任务的最佳做法是什么?

公司在这一项目上准备投入多少资源?

怎样进行工作报告?报告中应包括哪些内容?什么时候需要报告?应该向谁报告?报告以什么形式呈现?

二是拟订计划。在明确工作目标之后,应尽快拟订工作计划,交与领导审批。在拟订工作计划时,应详细阐述自己的行动方案和步骤,尤其是工作进度要有明确的时间表,以便领导进行监控。以制订月销售计划为例,首先,要明确下个月要达成的业绩目标;其次,要说明这些目标的完成有多少需要依靠老客户、多少需要依靠新客户;最后,要说明打算通过哪些渠道,采用什么促销方案来实现这一目标,等等。这样的月销售计划交上去,可方便领导及时予以指导。

三是适时请教。在工作进行过程中,要及时向领导进行汇报和请教,让领导及时了解工作进程和取得的阶段性成绩,并及时听取领导的意见和建议。切不可等工作全部结束后,才告知领导全部的工作情况。

四是总结汇报。工作任务完成以后,应及时向领导进行总结和汇报,总结成功的经验和不足之处,以便在今后的工作中改进提高。向领导总结自己的工作,既能显示出对领导的尊重,也有利于展示自己的才干,赢得领导的赏识和器重。

【小案例】

善于汇报的销售员

一个小伙子名叫小波,是一家酒店的销售员,颇得领导的赏识。他之所以能够得到领导的青睐,一方面是因为他业绩突出,另一方面是小波每做完一笔业务,都会以书面的形式总结这项业务成功与失败的原因,并汇报给领导。领导对此非常满意,尽管有些业务完成得不是很出色,但领导从来没有责备过小波,相反,还经常给他提出一些合理的建议。

【点评】在现在的职场中,汇报工作已经逐渐成为每个职场人必备的技巧。小波向领导汇报工作的方式，体现了他的好学上进，让领导对他十分满意。

2. 充分准备

"凡事预则立，不预则废。"无论是请示还是汇报，要想达到预期目的，事先都必须做好准备。

首先，要做好思想准备。向领导汇报，既要消除紧张心理，又要端正态度，调整情绪，树立信心，认真对待。

其次，要做好资料准备。"巧妇难为无米之炊"，充分占有资料是汇报成功的基础。如果对情况不熟悉，或某方面的情况还不明了，就不能凭主观臆断、道听途说去汇报，搞所谓"领导要，我就报，准不准，不知道"那一套。只有通过调查了解，准确掌握情况，才能更好地进行请示和汇报。

最后，汇报要有章法。如果是就某个特殊问题请求领导批示，自己至少要拿出两套解决方案，并对各套方案的利弊了然于胸，必要时向领导详细阐述，并提出自己的主张，争取得到领导的理解和支持。如果是就某项工作进行汇报，要在明确领导意图的基础上，确定汇报主题，把握汇报重点，组织汇报材料，合理安排汇报内容的顺序与层次；对汇报中可能出现的情况，领导可能提出的问题，要做到心中有数，决不能仓促上阵。

3. 选择时机

除紧急事件需及时向领导请示、汇报外，还应注意选择以下时机进行请示与汇报：当本人分管的或领导交办的工作告一段落时；当工作中遇到较大困难，想请求领导的帮助或支持时；当领导决策需要某方面的信息时；当领导主动询问有关情况时；当领导有空余时间时；等等。汇报不仅要选择时机，还要注意场合，可以通过会议形式正式汇报的，尽量不要不分场合地临时汇报。当领导公务繁忙或工作出现困难，心情烦躁时，一般不宜贸然开口汇报；应选择领导人乐意听取汇报的时机进行汇报，以取得预期的效果。

4. 因人而异

在请示与汇报时，下属应采取不同的方式，以适应不同领导的风格特点。例如，对于严谨细致的领导，要解释得详细一点，最好列举必要的事例和数据；对于干练果断的领导，要注意言简意赅，提纲挈领；对于务实沉稳的领导，注意言语朴实，少加修饰；对于活泼开朗的领导，语言可以轻松幽默一些。总之，要针对不同领导的不同个性特点，有针对性地做好请示与汇报。

小案例
冯涛的汇报技巧

5. 斟酌语言

向领导汇报工作时，一定要抓住重点，简短明快，不能东拉西扯，词不达意，这样的汇报既浪费领导的时间，又令人生厌。因此，下属向领导汇报工作时，一定要有提纲或打好腹稿，使用精辟的语言归纳整理所要汇报的内容，做到思路清晰、观点精练、语言流畅、逻辑性强，遣词用语朴实准确。关键语句要认真推敲；评价工作要把握好分寸，切忌说"过头话"；列举的数字一定要准确无误，尽量避免使用"大概""估计""可能"之类的模糊词语。如果语言啰唆、拖泥带水，再好的内容也汇报不出应有的效果。

6. 遵守礼仪

请示与汇报主要需要遵守以下礼仪。一是要准时赴约，要按照事先约定的时间到达，过早到达或迟迟不到，都是严重失礼的行为。二是要举止得体，做到站有站相，坐有坐相，文雅大方，彬彬有礼。三是要把握好汇报顺序。一般情况下，领导总是想先了解事情的结果，所以在汇报工作时要先说结果，再谈过程和程序。这样，汇报时就能做到简明扼要，有效节省时间。四是要注意场合，切忌在路上、饭桌上、家里汇报工作，更不能在公开场合与领导耳语汇报工作。

请示与汇报时还应注意以下内容：要按照下级服从上级的原则，坚持逐级请示、汇报；要避免多头请示、汇报，坚持谁交办向谁请示、汇报，以避免不必要的矛盾，提高办事质量和工作效率；要尊重而不依赖，主动而不擅权；请示与汇报要根据工作需要而定，不能仰仗、依附于领导，时时、事事都向领导请教或求助；要在深刻领会领导工作意图的前提下，积极主动、大胆负责地开展工作。

小案例
佩佩的汇报

小案例
职场生存
——除了沟通还是沟通

3.1.4 妥善处理领导的误解

宇宙万物，无处不存在矛盾。在与领导共事的过程中，出现矛盾是在所难免的。其实，矛盾并不可怕，最重要的是你能够勇敢地正视它，并运用自己的智慧和技巧化解它。上下级之间最常见的矛盾，就是彼此之间存在误解与隔阂。如果处理不当或掉以轻心，误解就会变成成见，隔阂更会发展成鸿沟，这对工作的开展无疑是极为不利的。

误解缘何而生？这是一个非常复杂的问题，它涉及人的心理活动的复杂性。嫉妒、多疑、防范、自负甚至偏爱，都可能诱发领导对别人的不信任感，从而导致各种误解产生。这里，只探讨产生误解的一般性原因或客观性原因，也就是上下级之间沟通不充分的问题。由于缺乏足够的沟通与交流，彼此对对方的情况没有清晰的认识，在判断时难免会加入主观色彩和心理因素，从而出现不客观的认识和推测。

对待领导的误解，下属最明智的做法就是及时、主动地消除它，而不要让它变成成见与隔阂。消除领导的误解可以从以下几个方面着手。

1. 掩盖矛盾

在其他同事或领导面前，极力掩盖彼此之间的矛盾，以防止事态进一步扩大。

2. 尊重对方

即使领导误解了自己，仍要尊重对方，见面要主动打招呼，不管对方反应如何都面带微笑；当误解自己的领导遇到困难的时候，要挺身而出，及时提供帮助，用实际行动去打动对方。

3. 背后褒扬

背后褒扬，一方面可以通过他人之口替自己表白心迹，另一方面能够很好地取悦对方。毕竟，第三者的话总是让人觉得更可信。

4. 主动沟通

经过以上多种努力，上下级之间的矛盾往往会有所缓和。在此基础上，下属要寻找合适的机会，以请教的口吻让领导说出产生误解的原因。此时，下属可以做必要的解释，但一定要注意措辞，适可而止，否则就会显得缺乏诚意，引起对方的逆反心理。

5. 加强交流

误解消除后,要加强与领导的思想交流和情感沟通,不断增进彼此之间的了解,以免误解再次产生。

小幽默

应该撤换谁

公司的销售额极低,经理训斥销售员:"如果你们无法胜任这项工作,就会有人替代你们的。"然后,他对新雇员——一名退役足球队员说道:"如果一支球队赢不了,会怎么样?队员们都得被换掉,不是吗?"几秒钟的沉默后,这名前足球队员回答道:"实际上,先生,如果整支球队都有问题,我们通常会换个新教练。"

视野拓展
说服上级的技巧

3.2 与同事沟通

处理好同事关系对每一位职场人士来说都很重要。所谓同事关系,是指同一组织内部处于同一层级的员工之间存在的一种横向人际关系。同事之间既是天然的合作者,又是潜在的竞争者,双方存在一种微妙的人际关系(见图3-2)。同事之间必然会产生既渴望合作,又警觉竞争的复杂心理。因此,职场人士在与同事相处时,应特别注意沟通的技巧。

小案例
小张该怎么办?

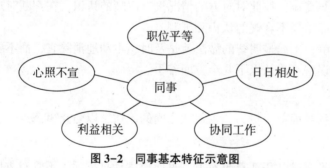

图3-2 同事基本特征示意图

3.2.1 与同事沟通的要求

与同事沟通主要有以下几个要求。

1. 互相尊重

尊重是个体的需要,也是沟通的前提。职场人士需要的尊重包括团队成员给予的重视、威望、认可、名誉、地位和赏识等。每个成员都希望获得其他成员的认可,要求被给予较高的评价,希望自己受到礼遇,获得较高的名誉和地位。因此,高明的领导都十分尊重员工。尊重是相互的,正所谓"敬人者,人恒敬之"。因此,在职场中要想得到同事的尊重,首先就必须尊重同事的人格,尊重同事的工作和劳动,尊重同事在整个团队中的地位和作用。

【小案例】

小陈为何不受欢迎

小陈是毕业于北京某重点大学的研究生，在单位工作几年后，由于业务能力突出，他被提拔为车间主任，这给了他一个施展才华的大舞台。但他在与别的车间主任交流时，总是流露出对那些工人出身的车间主任的不屑，开口闭口总是我们研究生如何、你们工人怎样，很快就让自己陷入与其他车间主任格格不入的境地，成为一个不受欢迎的人，最终不得不调换工作岗位。

【点评】工人出身的车间主任是在实践中摸爬滚打成长起来的，他们具有丰富的实践经验，小陈不应看不起他们，而应充分地尊重他们，并向他们学习。只有互相尊重、互相学习，才能创造良好的工作氛围，大家才能和睦相处。

2. 真诚待人

常言道："精诚所至，金石为开。"同事之间要和谐沟通，双方就必须消除不必要的戒备心理，摒弃"逢人只说三分话，不可全抛一片心"的处事原则，襟怀坦荡，以诚相待。唯有真诚，才能打开同事的心扉，才能激起与同事在思想和情感上的共鸣。反之，如果当面一套、背后一套，或者说一套、做一套，就会失信于人，引起同事的反感。

【小案例】

互相帮助

伍兰兰大学毕业后进入一家企业，从事销售工作。她是一个勤劳善良的女孩，每天都提前到达公司，把同事的桌椅收拾整齐，把办公室打扫干净，尤其会帮同事江龙收拾桌椅。江龙常常加班，桌上经常堆满书本，显得十分凌乱。江龙对此非常感激，主动要求带伍兰兰出去洽谈业务。在"师傅"的指导下，伍兰兰的能力提升得很快。半年后，伍兰兰自认为已经能够胜任业务工作，就私自替江龙撰写了一份策划方案，并交给客户。

没想到由于伍兰兰疏忽大意，一组数据被弄错了，客户因此否决了伍兰兰的方案，并且拒绝与他们合作。江龙得知后非常生气。伍兰兰诚恳地承认了自己的错误，并在之后的工作中更加努力，将洽谈好的业务都算作江龙的业务，以弥补自己的过失。

后来有一天，江龙生病住进医院，伍兰兰主动去医院精心照顾他，而且没有耽误工作，甚至连江龙的工作也一并处理了。

伍兰兰的一言一行都被同事们看在眼里，渐渐地，她的人缘越来越好，她有什么事情大家都愿意真诚地帮助她。

【点评】伍兰兰之所以受到同事欢迎，是因为她在用一颗真诚的心与别人沟通。其实她与同事沟通的技巧并不复杂。真诚是做人的基石，也是与人相处的根本。

3. 互谅互让

职场人士都希望有一个平和的、令人心情舒畅的工作环境。但是，同事之间由于存在思想认识、性格修养、观点立场等方面的差异，看问题的角度会有所不同，处理问题的思路与方法也不一致。面对这种差异和分歧，首先，不要过度争论，以免激化矛盾，影响彼此之间的关系；其次，要通过换位思考，充分理解对方，并本着从工作出发、为全局着想的原则，求同存异，互相谦让。

【小案例】

费力不讨好的小夏

小夏是个能干的姑娘，在公司办公室任职，工作认真负责。但她就是有一个毛病，整天把"忙死了""真是烦人"等口头禅挂在嘴边，时间长了就未免招人不痛快。

一次，小夏刚把经理送走，正专注地写一份报告，人事部的小王来盖章。小夏不得不停下手中的工作，一边看着需要盖章的报表，一边"咣"地打开抽屉，还嘟噜着："上午不是盖过了吗，怎么又要盖章？以后把报表凑到一起再来盖。真是烦！"说着把盖好章的报表往桌上一放，就去忙自己的了。这时，策划部小张要用会议室，请小夏把门打开，刚刚坐下的小夏不耐烦地说："说过多少次，用会议室要提前打招呼，怎么就是记不住？"说着把登记簿往小张面前一扔，自己拿着钥匙去开门了。小王和小张对视了一下，摇摇头，没吱声。但到年底评议的时候，小夏的分数比较低。

【点评】这是比较典型的费力不讨好型。像小夏这样，工作已经做了，但就是嘴上太不饶人。即便出了力，还是把人得罪了。所以，如果不做，就好言好语地向对方解释："这会儿太忙了，经理急着要这个报告，麻烦你等会儿。"如果你做了，那就和颜悦色，何必费力不讨好呢？

4. 分享成绩

同在职场中，成绩的取得与分享、利益的分配，都是大家十分关注的。对于成绩，如果你在工作上有特别的表现，受到嘉奖时，千万别独享成功的荣耀。因为成绩的取得，不是哪一个人单独的功劳，需要同事们明里暗里的协助。所谓"一个篱笆三个桩，一个好汉三个帮"，好成绩是大家共同努力的结果。无论是有人与你争功，还是无人与你争功，你都要抱着分享、感恩的心态，才能赢得同事的好感与支持。

【小案例】

功劳是大家的

在某单位的一次公开竞聘中，左某战胜了其他几位竞争对手，当上了经理。许多同事对他表示祝贺，更有人当众夸他能力非凡。左某却坦诚地说："其实几位候选人各有长处。论管理我不如老刘，论经营我不如老叶，论公关我不如小王。"后来左某不但以诚意挽留了这几位竞争者，而且根据他们各自的特长做出了相应的工作安排。宽厚的气度使他赢得了大家的尊重，也使他在工作中取得了显著的成就。他上任没多久，单位就取得了很好的业绩。

【点评】左某之所以能得到同事的支持，秘诀就是不把功劳揽到自己一个人身上。一句"各有长处"，温暖的是人心，赢得的是尊重。

5. 大局为重

同事之间由于工作走到一起，形成了一个利益共同体。其中的每一分子，都要有集体意识和大局意识。因此，在与领导、同事沟通时，要尽量保持同等的距离，即使和某些同事意趣相投、关系密切，也不要在工作场合显现出来，以免让别的同事产生猜疑心理；在与本单位以外的人员接触时，更要有荣辱与共的"团队形象"观念，多补台少拆台，不要为自身小利而损害集体大利；也不要外扬"家丑"，更不要对自己的同事品头论足，甚至恶意攻击，破坏同事的形象。

课堂互动

从你的暑期打工经历或朋友那里，收集一些在职场中与同事沟通的经验，在课堂上讲给同学们听。

3.2.2 与同事沟通的方法

1. 重视团队合作

荀子说过："人力不若牛，走不若马，而牛马为用，何也？曰：人能群，彼不能群也。"这段话道出了团队合作的重要性。随着社会分工越来越细，现代企业越来越强调员工之间的沟通协调。作为企业中的个体，无论自己处于什么职位，在保持自己个性特点的同时，都必须很好地融入集体。正所谓："大成功靠团队，小成功靠个人。"因此，在工作中要与同事同心协力、互相支持。需要大家共同完成的，要预先商定，在配合中守时、守信、守约；自己分内的事要认真完成，出现问题或差错时要主动承担责任，不拖延、不推诿；确需他人协助完成的，要使用请求的态度和商量的语气，不能居高临下、颐指气使。

【小故事】

偷油的老鼠

三只老鼠同去一个很深的油缸偷油喝，够不到油喝的它们想了一个办法，就是一只老鼠咬着另一只老鼠的尾巴，吊下缸底去喝油，大家轮流喝，有福同享。

第一只老鼠最先吊下去喝油，它想："油就这么多，大家轮流喝一点儿也不过瘾，今天算我运气好，干脆自己跳下去喝个饱。"夹在中间的老鼠想："下面的油没多少，万一让第一只老鼠喝光了，那我怎么办？我看还是把它放了，自己跳下去喝个痛快！"第三只老鼠也暗自嘀咕："油那么少，等它们两个吃饱喝足，哪里还有我的份儿？倒不如趁这个时候把它们放了，自己跳到缸底饱喝一顿。"

于是，第二只老鼠狠心地放开第一只老鼠的尾巴，第三只老鼠也迅速放开第三只老鼠的尾巴，它们争先恐后地跳到缸里去了。最后，三只老鼠都淹死在油缸里。

【点评】团队成员之间只有真诚合作，才能顺利实现团队目标。作为组织中的一员都应忠诚负责地对待自己的工作，不能因个人私利而置企业和他人利益不顾。这样，才能形成凝聚力，增强战斗力，最大化地挖掘组织发展的潜力。

2. 懂得相互欣赏

人是具有能动思维的主体。人所具有的这种特性表现在工作中，就是有一定的价值目标，即追求理想和信念的成功，也就是希望获得成就感。人的成就感包括职业感和事业感两个方面。职业感体现为个人对本职工作的态度，事业感则体现为个人追求被群体和社会承认的较高层次的成就。职场人士都有得到赞许的期望，都希望自己的职业和工作受到别人的重视，得到恰如其分的评价和鼓励。只有懂得这些，在和同事共事的过程中，你才能善于发现同事的优点以及在工作中取得的成绩和进步，并及时加以肯定和赞美。欣赏是人际关系的润滑剂。一句由衷的赞美既可以表达对同事的尊重，又会赢得对方的好感，进而使彼此之间的关系融洽。

【小案例】

不受欢迎的老陈

老陈是"黑名单"上最不受欢迎的那类人。一次，她对小菲说："你看小骆才干了不到一年时间，就蹦了三个台阶，也太快了吧！像你这样工作能力强、业务精的人怎么就不被提拔，还不是因为你只会干工作，让那些不如你的人钻了空子。"本来一向沉默、内心平静的小菲，被老陈这么一说也激动得义愤填膺了："没办法，有能力的人才不那么好用。一般有才能的人都有些脾气，不好控制。哪个领导不喜欢乖乖听自己话的。我早就看透了，无所谓。"老陈看到小菲激动的样子，继续煽风点火："别生气，好人难做，无论你怎么努力，也胜不了旁门左道，除非你也练邪门歪功。"小菲愤愤道："咱经理整个一笨蛋。"

【点评】如果是开个玩笑还可以理解，可一旦发展成人身攻击就不对了。其实，你在贬低他人的同时，自己也掉价。再往坏处想，如果这话传到领导耳朵里去，能有你的好果子吃吗？

3. 主动交流沟通

人际关系是在"互动"中发生联系和变化的。要使人际关系变得密切，注重彼此之间的交往是前提。因此，在紧张的工作之余不妨主动找同事谈谈心、聊聊天或请教一些问题等，以便双方加深印象、增进了解。在与同事的主动沟通中应把握以下几点：一是选择合适的时间、场合及易引起对方兴趣的话题；二是保持诚恳、谦虚的态度；三是善于体察对方的心理变化，因势利导、随机应变；四是讲究语言艺术，选用"商量式""安慰式""互酬式"的语言并注意分寸。

4. 保持适当距离

"过密则狎，过疏则间。"同事之间只有保持适当的距离，对人处事才可能客观、公正。每个人都有自己的私人空间，搞好职场人际关系并不等于与同事无话不谈、亲密无间。有时同事之间摩擦不断、矛盾重重，恰恰是由于交往太过密切、随意，侵犯了对方的隐私。所以，当自己的个人生活出现危机时，不要随意在办公室里倾诉；要尊重同事的权利和隐私，不打探同事的秘密，不私自翻阅同事的文件、信件，不查看对方的计算机；不对同事品头论足，更不要做搬弄是非嚼舌根的人。

小案例
焦先生的后悔

课堂互动

请谈谈在一个新的工作环境中应如何与同事相处。

3.2.3 劝慰同事的技巧

俗话说：患难见真情。当同事在工作中遇到了麻烦，同事本人或者同事家中遭遇了不幸时，你理应伸出援助之手，努力为对方排忧解难，给同事以安慰和鼓励，这是人之常情，也是一种为人处世的美德。但是，要想使劝慰同事真正收到实效，必须掌握一些技巧。

微课
劝慰同事的技巧

【小案例】

口舌拙笨的小王

小王被分配到机关工作，这本是件令人开心的事，但是上班几个月以来，小王却感到很郁闷，因为他口舌拙笨，总是让同事不高兴。一次，奔丧回来的老李来到办公室，小王马上站起来安慰他说："听说你岳母大人被车撞死了，我们都很难过，希望你节哀顺变。"老李一听，面色阴沉地走出了办公室。

【点评】小王不善于安慰同事：一是在众人瞩目之下，急于表达自己的关切；二是"被车撞死"用词不妥，让当事人觉得难以接受，听的人也觉得很不舒服；三是"节哀顺变"过于俗套，应跳过这类俗套的安慰语，让他感觉到你愿意倾听和分担他的痛苦。

1. 劝慰同事的基本要求

（1）同情而非怜悯。一个人在遭到挫折和不幸的时候，十分需要别人的同情。真正的同情，是在完全平等的地位上与之交流思想感情，给对方以精神和道义上的支持，并分担对方的痛苦，使不幸者痛苦、懊丧的消极情绪得以宣泄，并逐渐消除其心理上的孤独感，不断增强其战胜困难的信心。怜悯则是对不幸者的感情施舍，其结果，要么是刺伤不幸者的自尊心，使其从心理上拒绝接受；要么是使不幸者更加心灰意冷，无法振作精神重新站起来。

（2）鼓励而非埋怨。遭遇挫折和不幸的人，由于一时无法摆脱感情上的羁绊，往往会垂头丧气、消极悲观。此时，最重要的是通过积极的鼓励，给予其信心和勇气，让他在困难的时候看到前途和希望。一味埋怨只会使不幸者更加悲观，甚至会使个别情感脆弱的人走上极端。

（3）安抚而非教训。一个人在遭遇挫折，精神处于迷惘状态时，特别需要他人给予及时的安抚和真诚的开导，你应针对其此时此刻的心境，循循善诱，积极开导，帮助其解除忧愁，驱散烦恼。如果以教训人的口吻讲大而空的道理，只能使其更加不安，甚至产生破罐子破摔的情绪。

（4）选择恰当的时机。劝慰同事效果的好坏，在很大程度上取决于能否选择恰当的时机。对生老病死等突发事件要注意及时劝慰；一个人在情绪失控的情况下，对任何人的话都可能听不进去，这时就要等他冷静下来后，再去劝慰他。

2. 劝慰同事的技巧

（1）劝慰事业受挫的同事。对于胸怀大志而又在事业上屡遭挫折和失败的同事，最重要的是表现出对其事业的充分理解和支持。在劝慰过程中，应注意理解多于抚慰，鼓励多于同情。最好的一种劝慰是帮助其总结经验教训，分析其面临的诸多有利条件和不利条件，帮助其克服灰心丧气的情绪并树立必胜的信心。

（2）劝慰患病的同事。一般来说，生病的人都会感到心情烦躁，有些病人还会顾虑重重，因病住院者更是会感到寂寞、孤单和愁闷。在劝慰生病的同事时，要视具体情况选择谈话内容。对于身患重症、绝症的同事，即便感情再深，也不能在其面前流露哀伤情绪，以免给对方造成精神上的压力和负担，而应选择较为愉快的事情与其交谈，并多讲些安慰、鼓励的话。

（3）劝慰丧亲的同事。亲人去世，同事的悲伤可想而知。劝慰这些同事时，专注的倾听尤为重要，倾听对方的回忆和哭诉，让其悲痛的心情得以宣泄和释放，这样有利于对方恢复心理平衡。此外，还应与同事多谈死者生前的优点、贡献以及后人对他的敬仰和怀念，因为对死者的评价越高，其亲属就越能感到宽慰，进而能尽快从丧亲的沉重与悲痛中解脱出来。

（4）劝慰受轻视的同事。在现实生活中，那些因能力平平或其他原因而被领导和同事轻视的同事，往往都存在一个共同的心理缺陷——自卑。因此，劝慰这些受轻视的同事时应多讲些成功人士的典型事例，鼓励他们不要向现实屈服；同时，要善于挖掘他们身上不易被人觉察的优点和长处，从而唤起他们的自尊心和自信心，使他们坚信只要充分发挥自己的主观能动性，就一定能够取得成功，就一定能够赢得别人的尊重与信赖。

此外，劝慰同事还应注意避开对方的痛处和可能引起对方伤感的相关讯息；认同对方的感受，以示理解和同情；引导对方把注意力集中到如何解决问题上；控制好自己的情绪；真诚沟通，对对方的生活与工作表现出关切。

小幽默

劝解有效

某银行的两位女职工发生了争吵，闹得甲要辞职，乙要自杀。领导闻讯前来调解，他先对甲说："要辞职必须等10月份。"甲茫然。"因为9月份要加工资了！"他再对乙说："要自杀请过明晚九点半。"乙大惑不解。"你忘了明晚七点半还有一场电影呢？"听了这番话，两人忍俊不禁。

视野拓展
职场中同事沟通36计

3.3 与下属沟通

3.3.1 与下属沟通的意义

领导不仅要把工作设计为生产产出过程，更应该设计为人和人交流、协作、沟通，满足员工的深层次交往需要以及个性、心理需求满足的过程。领导必须了解下属的观点、态度和价值，努力帮助下属在工作中实现个人价值。实现这一目标的一个重要途径就是沟通。没有沟通，就没有了解；没有了解，就没有全面、整体、有效及平衡的管理过程。

微课
与下属沟通

小案例
与下属沟通不当

在现实生活中，上下级的沟通出现问题屡见不鲜。领导在处理人与人之间的各种矛盾时如果一味地谴责、贬斥、误解，或以一种"我是领导我怕谁"的态度对待别人，往往会把事情搞砸。即使在世界上著名的大公司，类似的事件也屡次发生。

身为领导，不管工作有多么繁忙，都要保留与下属沟通的时间。美国前总统里根被称为"伟大的沟通者"。在其漫长的政治生涯中，他深切体会到与自己的服务对象沟通的重要性。即使在总统任期内，他也保持着阅读来信的习惯。他请白宫秘书每天下午交给他一些信件，再利用晚上的休息时间在家里亲自回信。美国前总统克林顿也常常利用媒体与人们面对面地进行交流，借此了解他们的想法，表达对他们的关怀。即使无法解决所有人提出的问题，但总统亲自到场聆听人们的意见，表达自己的想法，这本身就会收到良好的沟通效果。

真正有效的沟通并不会妨碍工作，比如开会时、讨论时、走廊里的短暂同行、共进午餐的时刻，等等，都是与下属进行沟通的机会。领导要成功地与下属进行沟通，关键有三点：一是有真诚的态度，不走形式；二是保持开放的心态，不搞"一言堂"；三是主动创造沟通的良好氛围，不咄咄逼人。

课堂互动

从你的暑期打工经历或朋友那里，积累一些在职场中与下属沟通的经验，在课堂上讲给同学们听。

3.3.2 与下属沟通的技巧

有这样一则寓言，一把坚实的锁挂在铁门上，一根铁杆费了九牛二虎之力还是无法将它撬开。这时，钥匙来了，它瘦小的身子钻进锁孔，只轻轻一转，那大锁就啪的一声打开了。铁杆奇怪地问："为什么我费了那么大气力也撬不开这把锁，而你轻而易举就把它打开了呢？"钥匙说："因为我最了解它的心。"

领导的才能并不表现在告诉下属如何完成工作，而在于能激发下属的能力去完成它。因此，身为领导，必须通过与下属的沟通，了解本组织、本部门每个成员有形的和无形的需求，并设法满足他们的合理需求，如此，他们才会更忠诚、组织才会更有凝聚力。而在实际的管理工作中，领导往往重视自身的带头示范作用，却忽视了与下属的沟通，尤其是上下级之间的真诚谈心。

1. 贴近下属，寻求沟通

下级对上级，往往存在各种各样的心态：试探、戒备、恐惧、对立、轻视、佩服、无所谓，等等。有的下属在上级面前唯唯诺诺，不敢说话，而在同事面前落落大方、侃侃而谈。因此，领导应该避免使用命令、训斥的口吻讲话，要放下"架子"，以平易近人、亲切和蔼的姿态去寻求沟通。如经常深入基层和下属之中，通过召开座谈会、个别访谈、即时聊天等形式，了解下属关心的焦点问题，征求下属的意见和建议，关心下属的工作和生活。只有这样，下属才会敞开心扉，畅所欲言。

【小案例】

善于沟通的奥田

奥田是丰田公司第一位非丰田家族成员总裁，在长期的职业生涯中，奥田赢得了公司内部许多人的深深爱戴。他有三分之一的时间在丰田公司里度过，他常常和公司里的工程师聊天，聊他们最近的工作，聊他们生活上的困难，另有三分之一的时间用来走访公司的经销商，和他们聊业务，听取他们的意见。

【点评】作为知名大企业的总裁，奥田用聊天的方式实现了与下属和经销商的充分沟通，他平易近人，贴近下属，关心员工，倾听经销商呼声的形象也在一次次的聊天中树立起来，这大大增强了丰田公司的凝聚力。

2. 仔细倾听，适时提问

沟通艺术的核心，在于仔细倾听和适时提问。一个优秀的领导应该具备作为一个倾听者应该拥有的非凡技能和一针见血地提出问题的能力。通过倾听，充分体味下属的心境，了解全部信息；通过提问，促进沟通的深化，探究信息的深层内涵。这二者均可为领导准确分析信息、调整管理方式提供客观依据。因此，在沟通的过程中，领导要尽量少说多听，不随意插话，不轻易反驳；提问的言语简洁，要等下属说完或者说话告一段落时再发言。

3. 设身处地，换位思考

站在他人的立场分析问题，能给人留下善解人意、体察入微的印象。这种投其所好的技巧，常常具有极强的说服力。要做到这一点，知己知彼十分重要，唯有知彼，方能站在对方的立场考虑问题。这就需要领导经常深入基层开展调研，及时了解和掌握下属的思想动态和利益需求。在沟通时，领导要善于联系下属的身份、职位和目前的工作与生活境况，揣摩对方的心理，做到想对方之所想，急对方之所急，以真正了解对方的思想和观点。

4. 拉近距离，平等交流

沟通时，要特别重视开场白的作用。通常可以先寒暄几句，开一些善意的玩笑，以消除下属的拘束感，拉近双方心理上的距离，然后慢慢引入正题。在阐述自己的观点时，要以平等的姿态，晓之以理，动之以情，不以势压人，不使用训斥、命令的口吻；说话的音量要适中，语气要平和，语调要自然，态度要和蔼；手势或动作幅度不宜过大；应多采用商量性的口吻，如"你觉得我的话有道理吗？""你同意我的意见吗？"等。

小故事
将军与士兵

课堂互动
你对于布置工作时很耐心，但在下属反映困难时很不耐烦的领导怎么看？

视野拓展
从《杜拉拉升职记》学职场沟通

> 自我认知测试

工作沟通能力测试

你的工作沟通能力如何？请回答下列问题，测试一下自己的沟通能力。

1. 在说明自己的重要观点时，别人却不想听你说，你会（　　）。
   A. 马上气愤地走开
   B. 不说了，但你可能会很生气
   C. 等等看还有没有说的机会
   D. 仔细分析对方不想听的原因，找机会换一个方式说

2. 去与一个重要的客户见面，你会（　　）。
   A. 像平时一样随便穿着
   B. 只要穿得不太糟就可以了
   C. 换一件自己认为很合适的衣服
   D. 精心打扮一下

3. 与不同身份的人讲话，你会（　　）。
   A. 对身份低的人，总是漫不经心
   B. 对身份高的人，总是有点紧张
   C. 在不同的场合，会用不同的态度与之讲话
   D. 不管什么场合，都以一样的态度与之讲话

4. 在与人沟通前，你认为比较重要的是应该了解对方的（　　）。
   A. 经济状况、社会地位
   B. 个人修养、能力水平
   C. 个人习惯、家庭背景
   D. 价值观念、心理特征

5. 去参加老同学的婚礼回来，你很高兴，而你的朋友对婚礼的情况很感兴趣，这时你会（　　）。
   A. 详细述说从你进门到离开时所看到的和感受到的细节
   B. 说些自己认为重要的内容
   C. 朋友问什么就答什么
   D. 感觉很累，没什么好说的

6. 你正在主持一个重要的会议，而你的一个下属却在玩自己的手机并发出声音干扰会议进行，这时你会（　　）。
   A. 幽默地劝告下属不要玩手机
   B. 严厉地让下属不要玩手机
   C. 装着没看见，任其发展
   D. 给那位下属难堪，让其下不了台

7. 当你正在向老板汇报工作时，你的助理急匆匆跑过来说有一个重要客户打来长途电话，这时你会（　　）。

　　A. 说你在开会，稍后再回电话过去

　　B. 向老板请示后，去接电话

　　C. 让助理说你不在，直接问对方有什么事

　　D. 不向老板请示，直接去接电话

8. 你的一位下属已经连续两天下午请事假，在第三天上午接近午休的时候，他又拿着请假条过来说下午要请事假，这时你会（　　）。

　　A. 详细询问对方因何请假，视原因而定

　　B. 告诉他今天下午有一个重要的会议，不能请假

　　C. 你很生气，但还是什么都没说就批准了他的请假

　　D. 你很生气，不理会他，不批假

9. 你刚应聘到一家公司任职部门经理，上任不久，你了解到公司中原本有几个同事想担任部门经理，老板不同意，才招了你。对这几位同事，你会（　　）。

　　A. 主动认识他们，了解他们的长处，争取与他们成为朋友

　　B. 不理会这件事情，努力做好自己的工作

　　C. 暗中打听，了解他们是否具有与自己进行竞争的实力

　　D. 暗中打听，并找机会为难他们

10. 你在听别人讲话时，总是会（　　）。

　　A. 对别人的讲话表示兴趣，记住对方所讲的要点

　　B. 请对方说出问题的重点

　　C. 当对方总是讲些没必要的话时，立即打断他

　　D. 当对方不知所云时，感到很烦躁，想做别的事

【计分方法】1~4题选A得1分，选B得2分，选C得3分，选D得4分；其余各题选A得4分，选B得3分，选C得2分，选D得1分；将10道测试题的得分加起来就是总分。

结果分析

知识巩固与训练

1. 案例分析

请扫描二维码，阅读案例原文，然后回答每个案例后面的问题。

2. 思考与训练

（1）与领导进行沟通应该遵循哪些原则？

（2）如何向领导进行请示与汇报？

（3）如何与同事进行沟通？

（4）如何与下属进行沟通？

（5）如果你是一位职场新人，请谈谈应如何与领导和同事进行沟通。

（6）作为大学生，应为走向社会做好准备。从你的暑期打工经历或周围朋友那里收获一些工作中与上级、下属和同事之间进行沟通的经验，在课堂上讲给同学们听。

案例原文

(7) 设想自己实习或大学毕业来到一个新的工作环境，面对初次见面的领导和同事，应如何说话？说话时应注意哪些技巧？

(8) 假如你是某公司的员工，上级把一项临时性工作安排给你，而你又不愿意干这项工作。在这种情况下，你怎样与上级沟通，才能说服上级把这项工作安排给别人，又不会对你产生不好的印象？

(9) 假如你是一位主管，你的一名下属最近工作态度不是很积极，而且经常发表一些负面的言论，你打算怎么与这名员工沟通？

3. 实训项目

(1) 与领导沟通。

【训练目的】通过本训练更好地掌握与领导沟通的技能，提升解决在沟通过程中出现实际问题的能力。

【知识要点】结合自身实际情况，分析在与领导相处过程中存在的问题；掌握与领导沟通的原则、方法、技巧等。

【训练学时】1学时。

【训练内容】为了获得全面的服装市场信息，随时掌握市场动态，公司应做好日常的信息搜集工作，为此，公司需要订阅一些网络平台信息；请你将信息搜集的范围、特点、步骤以书面形式整理好，然后就这件事向总经理汇报并提出资金申请。

【训练程序】由两位学生轮流扮演上下级，选择合适的时间、地点向领导进行汇报；汇报完毕，全体同学进行讨论，交换意见。

【训练小结】个人畅谈训练体会，教师总结，评选出最佳汇报方案。

(2) 与同事沟通。

【训练目的】更好地掌握与同事沟通的方法，提高沟通问题的能力。

【训练学时】1学时。

【训练内容】你是公司的行政助理，下周一将有一位新同事来公司工作，她将负责与顾客面对面的交流，如果你能给她一些指导将对她很有帮助。下面有几个问题，请就每个问题给她一些指导。

① 为什么弄清楚顾客的姓名、头衔和职务是十分重要的？

② 如果你不知道该如何称呼一名顾客，应该怎样找到这方面的信息呢？

③ 影响面对面交流的因素有哪些？

回答问题时需要考虑的因素如下。

因素1：采取积极的行动，在别人反应的基础上，在适当的时候提出自己的观点，尊重对方的想法，询问恰当的问题以获取需要的信息，总结谈话。

因素2：有效地提出问题，以便得到需要的信息；就谈到的问题达成共识，就得到的答复确定双方的协议。

因素3：有效地倾听，便于就谈到的问题集中精力，适当地记一些笔记，表现出对对方讲话的兴趣。

【训练程序】由两位学生轮流扮演角色，领会需要表达的内容，组织谈话步骤和内容。

【训练小结】个人畅谈实训体会，教师总结，评选出最佳沟通方案。

(3) 与下属沟通。

【训练目的】更好地掌握与下属沟通的技能，提升解决人际沟通实际问题的能力。

【训练学时】1学时。

【训练背景】王先生是某高校旅游系新上任的系主任，工作认真，性格内向；朱老师是王先生的下属，教学经验丰富，性格倔强。一天午餐时间，朱老师正在家里用餐，突然接到王先生的电话，王先生因有急事，要求朱老师12：00到自己办公室开会。朱老师询问会议主题，王先生表示你只要参加会议就行，朱老师很生气，表示午休时间属于私人时间，问能不能把会议时间延后一小时、到下午上班时间再开会。王先生立即批评朱老师，周一至周五，老师的时间都是属于学校的。朱老师更生气了，立即表示不参加会议。

【训练任务】三人为一组，根据训练背景，在小组内轮流扮演角色进行模拟，并做好沟通交流的记录。

【训练内容】各小组研读训练背景和训练任务；每组由一名同学扮演朱老师，一名同学扮演王先生，一名同学做记录；各小组分析王先生与朱老师之间的沟通存在什么问题，王先生应该怎样与朱老师沟通才能达到预期的效果；设计王先生与朱老师顺畅沟通的方案，分小组讲述分析结论，阐述设计的沟通方案，并现场模拟。

【训练小结】教师对训练进行总结，师生共同评选出最佳沟通方案。

电子活页：书面沟通

一、认识书面沟通

1. 书面沟通的概念和特点　　2. 书面沟通的优点和缺点

3. 书面沟通的写作原则　　4. 书面沟通的过程　　5. 良好的书面沟通的要求

二、常用应用文的写作

1. 求职信　　　　2. 简历　　　　3. 思想汇报

4. 调查报告　　　5. 工作总结　　　6. 实习报告

学生工作页

人际沟通方式3——书面沟通

任务一	书面沟通是一种非常重要的沟通方式,请大家交流一下,在什么情况下适合书面沟通,并举出相应的例子
任务二	请根据个人专业和求职意愿,按照求职信的写作要求,为自己写一封求职信
任务三	每位同学根据两个不同单位的招聘广告,写两份侧重点不同的简历,要求针对岗位要求,结合自身实际撰写,以打动用人单位
任务四	请写一份年度个人学习或工作总结,字数要求在800字左右,总结有标题、正文和落款。正文要有取得的成绩、存在的问题及今后的打算等
任务五	你最近参加校外实习了吗?请在课堂上形成一篇实习报告的纲要,课后再完善成一篇高质量的实习报告
任务六	请以"我看应用文写作"为题写一篇文章,谈谈你对应用文写作的看法
班　级	学　号　　　　　　姓　名

学生自评

我的心得:

建议或提出问题:

教师评价

任务4　职场沟通

■ 学习目标

了解组织面试的过程；掌握面试的技巧；应聘面试之前做好充分的准备；运用应聘面试的沟通技巧。掌握团队沟通的概念、特点、目的、主体，了解团队沟通的作用；运用团队沟通的策略，提高团队沟通效果。能够组织会议、主持会议，参加会议符合规范要求。

■ 任务导入

面　试

一个青年人在一家小信息公司颇有成就，因此想进入一家位列世界500强的大公司工作。第一次面试时，面试官问他："你认为自己最显著的成就是什么？为什么？"

他自信地说："我从小到大，求学是非常艰难的，在工作中也遇到过很多困难，但我都一一努力克服了。"出乎意料的是，他落选了。

经过一番反思，他发现了其中的问题：努力学习在今天是很普通的，而且回答里强调一个过程而不是某一具体活动，没有突出独特性。

当他第二次面试时，他说："我在信息科技公司工作的那段时间，是我最骄傲的经历，当时我被聘用为营销部经理助理，帮助开发新型计算机并投放市场。在我上任两星期后，经理突然心脏病发作，管理层决定把这个项目拖延六个月。我认真思考了公司上层的这个决定，认为在飞速发展的市场中，拖延就代表着失败。于是，我找到了主管我们这个部门的副总裁，谈了自己的看法，并拿出了一个基本完善的计划。我承认，的确有一些新东西需要学习，但这些困难我可以克服。他勉强同意我为代理经理，这之后的六个月，我学到了很多东西并夜以继日地工作，最后我们的产品取得了成功。"

可想而知，最后，他如愿以偿地进入了那家大企业。

思考题：
（1）案例中的这位青年人两次面试的表现有何不同？
（2）他第二次为什么能如愿以偿地被那家大企业录用？
（3）在求职面试中，如何更好地与面试官沟通？

不但面试是职场沟通的一个重要方面，在职场也离不开团队沟通和会议沟通，它们都是职场沟通的重要组成部分，只有深谙这些职场沟通之道，才能在职场中立于不败之地。

4.1 面试沟通

面试是进入职场的第一步。它是指在特定场景下，经过组织者精心设计，通过面试官与面试者面对面地观察、交谈等双向沟通方式，由表及里考察面试者的知识、能力、经验等能力特征和个性品质的一种人事测评手段。

面试，问的是问题，听的是底气，察的是神态举止，析的是心理，判的是综合素质。通过面试，用人单位重点了解面试者的语言表达能力、思维能力、处事能力、仪容仪表，以及对一些问题的看法和其他不能通过笔试反映出来的综合素质，以弥补笔试的不足，有利于全面、公正地考查面试者。为了成功地敲开职场大门，应聘者必须重视面试沟通。

4.1.1 面试沟通的原则

微课
面试沟通的原则

在求职面试过程中，沟通要遵循以下原则。

1. 尊重对方

求职面谈时，首先要尊重对方，不能因为招聘者的学历、职称、年龄或资历不如你优越，你就轻视对方。尊重对方、赏识对方，可以使招聘者增加对你的好感。其次要善解人意，无论对方提出什么问题，你都应该从积极的角度去理解，而不是一味地产生对立情绪，认为别人是故意刁难你。例如：

某科学院一名博士生毕业时，向北京一所高校发出了求职信，并接到了面试通知书。这位博士生读博士前就已被评为讲师，但是家属工作单位在外地。面谈前，高校的人事干部做了大量的工作，疏通了各种渠道，初步办好了博士生接收手续。可是见面交谈时，这位博士发现坐在自己面前的是一位不足30岁的年轻小伙子，于是他不仅流露出不尊重对方的神情，而且还刨根问底地询问对方，处处显示出优于对方、待价而沽的情绪，引起了对方的反感，结果毁了一桩好事。这位博士抱着"此处不留爷，自有留爷处"的自信，转了十几个单位。可是，不是因为名额已满，就是因为不能解决夫妻两地分居的问题而告吹。当他再次找到这所高校时，对方已录用了另外一名硕士毕业生，他只好收拾行李回到老家。其实，那位和他面谈的年轻人，正是录用他的关键人物。虽然看上去年轻，却已是留美博士生，并且是某个国家重点项目的负责人。人事部门有意安排他来负责招聘，主要是从将来开展博士后研究的角度着想的。事后，这位年轻人说："这位求职者，不仅仅是外语水平不符合要求，关键是妄自尊大，目空一切，好像不是他在求职，反倒是我在求职，这种人即使在国外也很难找到合适的工作。而我们现在录用的这个研究生，家也在外地，不但专业水平和外语水平较高，关键是人很谦虚，很有发展前途。"

2. 充满自信

求职时，既要自知，更要自信。求职过程中的自信表现，就是在自大与自卑之间选择一个合适的度，既不过分张扬，也不过分卑下。求职面试是指围绕着求职、面试的主题，进行自我介绍并回答面试考官的问题，也是指在适当的时候，可借题发挥，进一步展示自己本身的能力与才华。如果在自信的基础上，加以训练，就一定能够使求职者在真正的面试舞台上，超水平发挥。

【小案例】

自信的回答

这年宁波某房地产公司面试有这样的问题:"请你给我10个进入本公司的理由。"多数应聘者都硬着头皮搜肠刮肚找理由,有的给出不到10个,有的一个理由重复好几遍,有的支支吾吾下不来台。只有一个应聘者回答:"不好意思,我实在没有10个理由,我只有一个进入贵公司的理由。"问:"说来听听。"回答:"我的理由就是,我自信我能够胜任房产销售一职。"然后,该应聘者从自己的专业及特长展开讲述,来支持她这个唯一的理由。毫无疑问,她充满自信,争取主动,赢得了面试官的"青睐",获得了想要的职位。

【点评】在应聘者的内在气质中,自信是最为重要的,面试官最看重应聘者的自信气质,案例中的这位应聘者正是通过自信及其自身的实力征服面试官的。

3. 双向交流

富兰克林在其自传中讲道:"说话和事业的发展有很大的关系,你出言不慎,将不可能获得别人的同情、别人的合作、别人的帮助。"在求职过程中,正确使用语言进行表达,无论是描述自己的情况、成绩或意向,还是回答面试考官的问题,都是非常重要的。同样,通过求职交流,也会使求职者获得招聘公司的相关信息。只会答、不会问的求职者正慢慢被淘汰,因为无法发问、无法进行双向交流,就意味着一名求职者失去了自我思考的能力,而无法达到面试考官的要求。

【小案例】

李小姐的求职兵法

在一次面试过程中,总经理对已打算淘汰掉的求职者李小姐说:"李小姐,你的各方面素质都不错,只是你已成家有孩子,这点公司还要考虑一下。"

李小姐:"我认为总经理的意见有一定的道理。如果我是总经理,可能也会这样想。"

总经理听了这句不卑不亢的回答,有点意外,也心生些许好感,微笑着点点头。

李小姐立即顺水推舟地说:"公司的任务重、工作忙,谁都希望职工能够轻松上阵,而不是拖儿带女、东牵西挂地来上班。"总经理听到这,开始哈哈大笑,有一种被理解和被认同的好感,又有一种心底里的想法被识破的尴尬。他本来想照顾求职者的面子,找一个托词委婉地拒绝求职者,没想到对方不但没有半点怨言,反而是理解体谅。

李小姐看到考官的表情,赶紧乘胜追击,话锋一转说道:"但是,我想事情还有另外一方面,也许我的想法不一定对。不过,我还是想说出来,请总经理指正。因为对公司来说,最重要的是职工有责任心。但是,不当家不知柴米贵,不养儿不知父母恩,在生活中没有经过责任心训练的人,工作能有很强的责任心吗?我想,一个母亲与一位未婚女子对生活、工作责任心的理解是不会相同的。况且,我家里有老人帮助照料家务,我决不会因家庭琐事而影响工作,这一点我想请总经理放心。"听到这里,总经理不禁为之动容,连连微笑颔首。

这微笑中,既有被折服的愉悦,也有对求职者才思敏捷、口齿伶俐的赞赏。于是便当即拍板,决定录用。

【点评】在这次面试过程中，求职者就是通过她精彩的求职口才，化被动为主动，由一个被淘汰候选人一跃成为求职成功者。在这一案例中，良好的求职口才，也就是这位李小姐应聘成功的重要法宝。

4.1.2 面试沟通的技巧

求职面试过程中，可以运用如下面试沟通的技巧。

1. 仔细倾听

面试的实质就是与主试者进行信息交流从而获得全面评价的过程，形式上充分体现在"说"和"听"上。因此，倾听是面试中的重要环节。应试者注意听，不仅是对主试者的尊重，而且要准备回答主试者的问题。必须注意听，只有通过专心致志地听，才能抓住问题的实质，否则就可能不得要领，答非所问。因此，在面试中应注意以下几点：一是目光要专注，要有礼貌地注视主试者，并且要不时地与主试者进行眼神交流，视线范围大致在鼻子以下胸口以上，千万不要东张西望；二是尽量面带微笑，微笑可以使气氛轻松，但绝不可开怀大笑；三是用点头对主试者的谈话做出反应，并适时说些简短而肯定对方的话语；四是身体要稍稍向前倾斜，手脚不要有太多的姿势。

> **小贴士**
> 应聘者怎样观察主试者

2. 谦虚诚恳

在面谈中，应聘者如果能谦虚诚恳，则可立于不败之地，从而成功地叩响就业之门。因此，在求职过程中，求职者的真实与诚恳是成功应聘的首要条件。在真实诚恳的基础上，还要力求使自己的就业意向与应聘行业的职业要求相一致，在面谈中尽量回避对自己不利的话题。

某设计院是国家甲级设计院，任务多、待遇高，不少应聘者竞相涉足，企求获得一个职位。其间，一名毕业于该市三流大学的毕业生前来应聘。他先自报所学的是机械制造专业，然后非常认真地询问对方岗位要求。设计院的一位老工程师告诉他主要工作是绘图。这位年轻人马上说："这是我最拿手的，我课余就帮人家绘图，三天一份，您可以当场测试。"老工程师露出了笑容。因为绘图虽然容易，但也并非易事，这种工作单调、枯燥、乏味，年轻人如果肯干，看来不是个眼高手低者。老工程师又问："你搞过设计吗？"

"搞过四个设计，都获得了优秀设计奖，还有一个被实习工厂看中了。"他拿出了证书和获奖图纸。

老工程师饶有兴趣地边看边聊："搞设计要下现场，有时会'连轴转'，你行吗？"小伙子拍着厚实的胸脯说："没问题，让干什么就干什么，只是希望有机会再读一个本科。"

"没问题！"这回是老工程师拍胸脯了。

这位非名牌大学的毕业生，之所以能顺利进入名牌设计院，关键在于他语言朴实但又不过分谦虚，表现出诚实稳重的品质。他当然知道自己应聘行业的职业要求是要擅长绘图、能吃苦耐劳，于是就对自己在绘图方面的经验、成果，以及身体强壮、不怕辛苦等优势加以强调，至于自己是来自三流院校甚至专业并不对口的事实就避而不谈了。

3. 毛遂自荐

在求职过程中，如何在众多的竞争对手中脱颖而出很重要，哪怕只是引起招聘者的注意。在求职时，"单刀直入、毛遂自荐"也不失为一种方式。你可以开门见山，对招聘者直截了当地表明自己的选择意向。当对方针对你的能力或学历提出任何异议的时候，别担心，这恰恰是给了你一个说明和展示的机会。

在某市的大学生供需见面会上，市公安局某研究所的招聘桌前，围满了前来求职的大学生，大部分是男性公民。一位年轻的女学生硬是挤到招聘桌前，向招聘人员表明自己渴望从事刑事检验分析研究工作。

招聘人员面露难色，因为这个研究所从来没有女工作人员，有的只是清一色的男性公民。可是，面对姑娘恳求的目光，招聘人员决定破例给这位姑娘一个机会。他说："工作人员需要下案件现场，遇到的尽是血淋淋的场面，姑娘家哪敢去呢?!"

"我就敢去!"这个姑娘快言直陈，毫不含糊。"让我抬死人，我也不怕。"

"你可别说大话，干这行没黑夜没白天，得随叫随到。"

"嘿，我假期打工就是给人家开车，跑起路来没点胆儿行吗?"说着她掏出了驾驶证。人事干部与研究所的干部当场拍板，并与之签订了聘用合同。

这个例子中的女大学生，就是借用对方的"发难"，适时地用行动和语言展示了自己的优点和长处，反败为胜！

【小案例】

自 我 推 销

文秘专业毕业的大学生聂品，去谋求某电器公司销售经理助理一职。由于专业不对口，用人单位不满意，但她的"自我推销"很有新意。

"我叫聂品，三只耳朵三张口，就是没有三个头。"主持招聘的副总经理一听，饶有兴致地点头，示意她继续讲下去。她接着说："从事营销工作，重要的是具备收集信息的能力和沟通能力。假如贵公司要我发挥智慧的话，我虽然做起工作来没有三头六臂，但我一定会有'三只耳朵'——倾听、收集八方市场信息；一定会有'三张嘴巴'——用伶牙俐齿说服客户，靠巧舌如簧与客户谈判……"

副总经理见她自报家门的方式独具创意，便断定她是一个思维敏捷，有良好口语表达能力的人，而这正是他们公司渴求的人才，便破格录用了她。

【点评】大学生聂品投其所好、富有新意的自我推介，话题所到之处突出了自己将会对公司做的贡献，这使她摆脱劣势，求职面试获得了成功。

4. 积极应答

在求职面试的过程中，如何与面试考官进行良性双向沟通，是求职者能否求职成功的重要保证。因此，在面试过程中，要注意以答为基础，以问为辅助的沟通技巧。尽管不同的公司面试的程序和模式有所不同，面试考官的风格各异，但是有些问题是面试考官们比较喜欢问的。应聘者一定要对这些问题有所准备，知己知彼才能百战不殆。一般来说，招聘方提出的问题可分为两类：一类是规定性提问，也就是招聘方事先准备好的，对每一位应聘者都要发问的问题，如"能简单介绍一下你自己吗?""为什么你希望来我们公司工作?""如果你被录取了，你打算如何做好你的新工作?"；另一类是自由性提问，亦即招聘方随意穿插的问题，这些问题往往千变万化，涵盖宽泛，招聘方可以从应聘者不经意的对答中，发现其闪光点或缺点。

【小案例】

妙答自由性提问

李欣萌是一位来自山东省菏泽的"90后"姑娘。大学毕业后,她去某公司应聘时,面试官对其个人信息做了充分了解后,便与其聊到了一些职场问题。李欣萌均做了简要回答。突然,面试官问道:"你认为,在工作中,是男上司好,还是女上司好?"李欣萌感觉很突兀,但她很快理清自己的思路,略做思考后,回答道:"我来应聘,主要是挑工作的,只要是与自己专业对口的工作,只要我能为公司做贡献即可。至于上司,既不是我能决定的,也不是我的意志能改变的。我没办法评价好坏。我认为,一个人能力强、性格好,跟性别没有关系。"听完,面试官点了点头,当即宣布录用她。

【点评】面对面试官提出的问题,如果只在"男上司和女上司"之间二选一,就中了面试官提问的圈套。而李欣萌十分机智,她巧妙迂回,既表达了自己努力工作的决心,又间接回答了面试官的问题,还说明了"能力强、性格好与性别没有关系"的道理。这样的机智回答,自然能得到面试官的肯定。

无论是哪类问题,应聘者都应当在认真倾听对方提问的基础上,避免模糊性回答,积极地采用具体性回答,做到有条理地把话说得更清楚些、具体些,充分突出自己的"闪光点"。

小贴士
面试问题
回答三例

5. 巧用反问

在面试过程中,有些招聘者会针对你的薄弱环节进行发问,其目的有两个:一是确实发现你有不足之处,想得到你的解释;二是想看看你的应变能力和回答技巧。这时,应聘者一定要沉着冷静,迎难而上,用反问的形式巧妙地回答问题。反问句是语言中的"盐",它能比较强烈地表达自己的心声和感情,面试中恰当运用反问句,能使语言出彩。

小丁到一家轿车维修中心求职。论学历,该中心要求大学本科毕业生,而小丁只是个职业中专毕业生;论技术,该中心要求会维修桑塔纳轿车,而小丁只修过摩托车,并且是业余的。可他却凭着自己出彩的语言,打动了经理,获得了成功。在面试中,经理最后对小丁还有些不放心,又提出了一个问题:"那你学会修轿车以后,是不是又要'跳槽'呢?"小丁一听,灵机一动,答道:"咱们这个企业效益这么好,我为什么要'跳槽'呢?我去哪里不是为了生活?我没有过高的奢望,只要出师后,能维持一个普通人的生活就行了。当然,如果有一天,咱们的企业也像我原先所在的单位,连每月3 000元的工资都发不下来,经理,您到时候会让我永远在这儿待下去吗?我希望咱们的企业能永远兴旺发达,对这一点,您不是也在苦苦追求吗?"一席话,彻底把经理打动了。

在这里,小丁用第一个反问句,变被动为主动,非常巧妙地讲明了自己"跳槽"实属无奈之举,并非"朝秦暮楚"。接着又用第二个反问句,既充分地表达了对经理领导能力的肯定,又表明了自己"心系企业"的心情,入情入理,亲切感人。

> **课堂互动**
>
> 面试官问:"关于工资,你的期望值是多少?"求职者反问:"你们打算出多少?"如果是你,会这样反问面试官吗?为什么?

6. 少用"我"字

由于面试的过程是一个对"我"进行考察的过程,因此,无论是在自我介绍还是在面试谈话过程中,求职者的语言和意识往往会以"我"为中心。诸如"我"的学历、"我"的理想、"我"的才华,以及"我"的要求……殊不知,这样说对方会认为你"以自我为中心""自我标榜""自以为是""自我推销"……尽管事实并非如此。例如:

袁女士,35岁,应聘某公司的机械检验员。招聘者问她:"这个工作经常要出差,到湖南、湖北、四川等地,条件会比较艰苦,你行吗?"袁女士答道:"我是不是看上去比较娇气了一点?我从前在矿山做机械工的时候,可是常在管道里面爬上爬下的,而且我还在装配车间做过检查工作,我想工作再苦都没问题。别看我是女的,我在装配车间干过一年,在铆焊车间干过半年,我在试验场还做过现场施工。当时我在甘肃,现在想起来我真的不想回去,因为管道里的味儿很难闻,100 m长的管道,我就在里面爬上爬下……"

要不是被招聘者及时打断,袁女士还不知要说出多少个"我"字来。在这个案例中,袁女士的回答本来就不够简洁,再加上"我"字不离口,有强迫性的自我推销之嫌,使得招聘者顿生反感,面试结果可想而知。

7. 灵活应变

这是最后一条原则,就是"没规则",不要有那么多的条条框框。记住:在任何情况下,招聘单位都会垂青那些有较强角色意识和应变能力的人。而这种能力多半是书上没有的,要在实践中不断地锻炼,这就是为何有些招聘单位很看重工作经验的原因。

国外一家旅馆老板测试三名应聘侍者的男子。

问:"假如你无意中推开房门,看见女房客正在淋浴,而她也看见你了,这时你该怎么办?"

甲答:"说声'对不起',然后关门退出。"

乙答:"说声'对不起,小姐',然后关门退出。"

丙答:"说声'对不起,先生',然后关门退出。"

结果,丙被录用了。

为什么呢?因为他的这种故意误会的说法,维护了女房客的尊严,他用非常得体的语言表现出一名侍者应该具备的职业素质。

8. 另辟蹊径

求职中遭到拒绝是常有的事,但如果找到新的突破口,也许会柳暗花明又一村。当然这里最重要的条件是:你能在与对方的交谈中,得到潜在的人才需求信息。也就是把求职的过程同时作为收集信息的过程,看看对方还有哪些岗位有空缺,这样就可以此路不通,另辟蹊径。如果还有另外的岗位适合你,你就把自己再推销一次,如果理由充足,对方重新考虑,录用你是完全可能的。善于应变、有勇气、有胆量,就可能找到新的机会。

师大政治系毕业的小叶，去一所重点中学求职。教务主任翻开他的简历：大学里担任学生会主席，成绩很不错，多次获得奖学金。教务主任告诉他："你的条件很优秀，但我们学校现在不缺政治老师，以后有机会一定重点考虑你。"对方虽然肯定了他的优秀，只因专业不对口被拒绝了。

小叶并不气馁，他灵机一动，便巧妙地向教务主任询问师资配置情况。交谈中得知现在学校正缺历史老师，小叶于是提出自己在历史方面也有所专长，愿意改教历史。教务主任让他找主管人事的副校长谈谈。

小叶又找到人事副校长，副校长明确地告诉他专业不对口。小叶说："政史不分家，我自幼偏爱历史，虽然不是历史系毕业的，但自学和选修了许多历史专业的课程，而且还有一定的研究，在校报上还发表过历史专业的论文。我相信我能胜任贵校的历史教师一职，需要的话我还可以兼任政治课老师。您只聘一名老师，却能教两门课，不是很划算吗？"

于是副校长答应让他试讲，结果顺利通过。

9. 将错就错

面试时难免出现差错、疏漏，造成尴尬、遗憾，这时要想方设法打圆场，引出相关的对自己有利的话题，使失误得到有效的补偿，化劣势为优势。

一位刚毕业的大学生去某合资公司求职，负责接待的先生递给他名片。大学生神情紧张，匆匆一瞥，赞扬道："滕野木石先生，您身为日本人，抛家别舍，来华创业，令人佩服。"那人微微一笑："我姓滕，名野柏，地道的中国人。"大学生面红耳赤，无地自容。

片刻后，他诚恳地说道："对不起，您的名字使我想起了鲁迅先生的日本老师——藤野先生。他教给鲁迅许多治学的道理，让鲁迅受益终生。今天我在这里也学到了难忘的一课，那就是'凡事认真'，希望滕先生日后也能时常指教我。"滕先生面带惊奇，点头微笑，最终录用了他。

小案例
善于反驳的求职者

这位大学生将错就错，即兴发挥，不但扭转了一时大意给招聘者留下的不良印象，而且打造了虚心好学的形象。

小贴士

求职面试中的语言禁忌

① 忌问"你们要不要外地人？""你们要不要女性？""你们要招聘多少人？""你们对学历的要求有没有余地？"等。

② 忌说"我与××相熟""我与你们单位的××认识""我和××是同学，关系很不错"等。

③ 忌问"你们的待遇怎么样？"

④ 忌直说"我不同意""我不赞成"。

⑤ 忌直说"我适合……，不适合……"。如，"我适合做管理人员，而不适合去一线工作"。

⑥ 忌怕说"我不懂""我不知道"。诚恳坦率地承认自己的不足之处，反倒会赢得面试官的信任和好感。

⑦ 忌不敢说"您问的是不是这样一个问题？"，将问题复述一遍，确认其内容，才会有的放矢，不致南辕北辙，答非所问。

⑧忌说"我从没失败过""我可以胜任一切"。这种说法是自诩，令人生厌。

10. 改掉不良习惯

面试时，个别求职者由于某些不拘小节的不良习惯，破坏了自己的形象，使面试的效果大打折扣，导致求职失败。以下不良习惯不能要。

（1）手。这个部位最易出问题。如，双手总是不安稳，忙个不停，做些玩弄领带、挖鼻孔、抚弄头发、掰关节、玩弄考官递过来的名片等动作。

（2）脚。脚神经质地不住晃动、前伸、跷起等，不仅人为地制造紧张气氛，而且显得心不在焉，相当不礼貌。

（3）背。哈着腰，佝着背，好似一个"刘罗锅"，考官如何对你有信心？

（4）眼。目光或惊慌失措，或躲躲闪闪，该正视时却目光游移不定，给人缺乏自信或者隐藏不可告人秘密的印象，极易使考官反感。另外，如果死盯着考官，又难免给人以压迫感，招致他不满。

（5）脸。面部表情或呆滞死板，或冷漠无生气等，如此表情怎么能打动人？一脸活泼动人的表情很重要。

（6）行。行动时手足无措，慌里慌张，明显缺乏自信，有的反应迟钝不知所措，不仅会自贬身价，而且考官也会将你看"扁"了。

总之，面试时一定要改掉这些坏习惯，并自始至终保持斯文有礼、不卑不亢、大方得体、生动活泼的言谈举止。这样，不仅可大大提升求职者的形象，而且往往使成功机会大增。

视野拓展
面试的
仪表要求

课堂互动

从电影《当幸福来敲门》学面试技巧

《当幸福来敲门》是由加布里尔·穆奇诺执导，威尔·史密斯等主演的美国电影。影片取材真实故事，主角是美国黑人投资专家克里斯·加德纳。克里斯创造直接面对考官的机会，经过重重考验、种种艰辛，赢得了面试机会。

在面试对话中，处处体现了克里斯透过一切事物表面的深刻思考，并完全驾驭了事物的本质，他最终获得了实习的机会，为他成为投资家迈出了坚实的一步。

请观看电影《当幸福来敲门》，然后谈谈你从中学习了哪些求职面试技巧？

4.2 团队沟通

良好的团队沟通是促进团队和谐发展的重要手段。团队沟通是指团队成员合理利用个人或团队现有资源，沟通协调处理团队内部各种人员与事务，激发调动团队成员的积极性。通过团队沟通能实现团队的共同目标和促进团队的和谐发展。

小案例
关于蚂蚁
的实验

4.2.1 团队沟通概述

1. 团队沟通的概念和特点

> **课堂互动**
> 全班同学分成若干小组,请与本组成员一起讨论团队中哪些是受欢迎的行为,哪些是不受欢迎的行为?

(1) 团队沟通的概念。团队由一群能够共同承担领导职能的成员组成。他们共同努力,以各自独特的方式在所处的环境中,共同完成预先设定的目标。团队中每个成员都很关心大家共同设定的目标。为了达到目标,成员之间必须进行协作沟通。他们既要完成任务,又必须维持关系。成员之间和谐的关系有利于团队任务的完成,而他们之间的沟通有利于关系的建立和维持。

团队沟通是指组织中以团队为基础单位进行信息交流和传递的方式,是团队领导与团队个体成员之间、团队个体成员之间、团队个体成员与团队之间、团队与团队之间进行信息交流和传递的过程。

研究表明,团队中的沟通工作占用人们大量时间。美国的一些调查表明,在企业中,生产工人每小时进行 16~46 min 的沟通活动;对于基层管理人员来说,他们工作时间的 20%~50% 用于同各种人进行语言沟通,如果加上各种方式的文字沟通,诸如写报告等,沟通占用工作时间最高可达 64%。而经理人员在工作时间内则有 66%~89% 的时间用于语言沟通。

一个好的团队绝不仅仅是简单的一群人的组合。一个团队的沟通力是指成员之间互相吸引的程度。这是一个团队引以为豪的一种整体感,包括忠诚、投入、志趣相投以及为团队作牺牲、奉献的意愿,它是将每个成员聚集在一起的纽带。团队成员在一起合作的时候,他们的智慧和力量都融合在一起,沟通力便成为整个团队前进的一种特殊力量。这是所有成员的动机、需求、驱动力和耐力的结合体。当所有成员都忠诚于团队以及团队的愿景目标,都努力为团队目标的实现而奋斗时,团队内部的沟通就会产生一种协同力,从而使得团队能够成为一个真正的战斗团体。一个团队的绩效和其沟通力密切相关。

(2) 团队沟通的特点。团队沟通有其特点,但这些特点是比较而言的。概括来说,团队沟通的特点如下。

① 具有平等的沟通网络。在团队内部,团队成员之间的沟通关系是平等的,是一种任务的协作与分工,而不是管理与被管理的关系。因此,团队形成了内部平等的沟通网络,团队成员之间是平等的沟通关系。另外,在团队内部既有正式的沟通渠道,也有非正式的沟通渠道,信息传递高效、直接,中间环节少。

② 规范的沟通。团队是以一种协作方式工作,团队成员为着同一个目标工作,团队中的每一个成员共同对团队所要达到的目标负责,同样也对团队采用的工作方法负责。所以,在这种情况下,团队的沟通是以任务为导向的,并且有一定的群体规范和路径。

③ 具有融洽的沟通气氛。在团队内部,团队成员之间不仅能有效地进行工作任务方面的沟通,而且能进行情感上的沟通,充满了健康、坦诚的沟通气氛。团队成员之间能做到有效地倾听他人意见,并清楚地表达自己的观点。

④ 良好的外部沟通。团队要有效地实现自己的目标，必须处理好各方面的关系。团队要与组织内处于垂直关系的部门建立良好的关系，使信息和资金流动通畅。团队要与水平层次上的其他团队及企业的职能部门关系融洽，从而能方便地获得技术支持和职能部门的帮助。团队要处理好与外部顾客的关系、与社会公众的关系以及与团队制度、作风、文化和整个组织制度、文化之间的关系。只有处理好这些关系，才能实现团队与团队之间的配合和协调，并最终更好地实现团队目标。

⑤ 团队领导沟通技巧高超。善于沟通的团队领导者首先，能够将团队的目标和对成员的期望有效地传达给成员，担当好"领队"的角色；其次，在团队的实际运作中，有效的领导者能充分倾听成员的心声，根据实际情况适当放权，调动成员的积极性，共同决策并参与计划的制订，当好"教练员"的角色。也就是说，作为领导者，应了解和理解团队成员的心理，尊重他们的要求，通过自己的组织协调能力以及令人拥戴的领袖魅力，去影响和引导团队成员按照既定的方向完成组织目标，而不是监管、控制他们。

2. 团队沟通的目的和主体

（1）团队沟通的目的。团队沟通的目的，就是要搞好团队领导、团队成员、其他团队以及团队所在的组织之间的联系，以使团队能够顺利完成任务目标。团队具有目的性、集合性、相关性和对环境的适应性，团队要生存并持续卓越发展，需要时刻注意上述各方面的联系与协调。团队的建立、发展和解散，往往根据工作任务的进展来决定。团队沟通就是为了提高团队绩效，顺利完成团队目标，进而为企业业绩增长贡献价值。

（2）团队沟通的主体。团队领导和团队内个体成员构成团队沟通的主体。

① 团队领导。在各种类型的企业团队中，团队管理者主要包括团队上层的高级管理人员和直接管理团队的管理人员。同时，这两个群体还要和其他一些团队的管理者相互沟通，比如，团队客户所在团队的管理者、为团队提供产品和服务的其他组织的管理者、团队外部相关社会关系的管理者。团队领导者需要非常优秀的专业知识技能，但同时，沟通能力对于团队领导而言也显得尤为重要。

② 团队内个体成员。团队目标和任务的完成依赖于团队成员，团队成员在完成目标过程中是相互合作、相互补充的。一般情况下，团队成员需要接触团队主管、团队内其他成员、其他团队主管、合作团队的团队成员、团队服务的客户、为团队提供产品和服务的其他组织。作为团队成员，如果不具备一定的沟通技能，将影响团队任务的完成，甚至对团队工作造成破坏性影响。

3. 团队沟通的作用

任何一个企业都应知道，团队沟通对于企业正常运转的重要性，没有沟通就无法实现企业目标。

（1）传递和收集信息。沟通过程实际上是一定的组织或者个人信息双向的交流过程。这个"双向"有两层含义：其一，是这个组织、这个团队、这个个人与其他组织、团队、个人之间的"彼此"交流的关系；其二，是这个组织、这个团队、这个个人，既对外传递信息，又从外部收集信息。对于团队来说，考虑到这两个"双向"交流是非常重要的。

通过团队组织及其领导者与外部直接的沟通，可能获得有关外部环境中各种变化的信息，如市场动态、供需变化、原料供应情况、政治经济政策的改变等。只有掌握了这样的信息,才能保证企业在瞬息万变的社会中灵活应变,立于不败之地。

通过组织内部的沟通,尤其是团队之间的沟通,可以了解成员们的工作满意度、价值观、工作绩效,了解成员积极性的源泉和需要,了解和把握各部门间的人际关系、管理效率等,以作为组织决策的参考。

(2) 改善人际关系。沟通是人际交往,它可以解除人们内心的紧张和怨恨,使人们感到精神舒畅,而且在相互沟通中易使双方产生共鸣和同情,增进彼此间的了解,改善相互间的关系,减少人与人之间不必要的冲突。

有个"狮虎之争"的小故事,说的是狮子和老虎之间爆发了一场激烈的冲突,到最后,两败俱伤。狮子快要断气时,对老虎说:"如果不是你非要抢我的地盘,我们也不会弄成现在这样。"老虎吃惊地说:"我从未想过要抢你的地盘,我一直以为是你要侵略我。"这说明,有了沟通,从消极的角度看,至少可以避免很多无谓的冲突;从积极的角度看,可以大大增强团队成员的相互理解和协同力。

(3) 改变成员态度和行为。有效的沟通过程,兼顾信息的发送者、沟通过程和接收者,最大限度地保证信息传递的真实性,即发送者传递的信息和接收者收到并理解的信息是一致的。这样的沟通,往往能够改变沟通对象原有的态度,继而改变沟通对象的行为。

美国心理学家墨菲用实验室研究,证明了沟通对态度形成与改变的影响。他让实验组看宣传黑人成就的电影、电视或画报,如:放映黑人在世界运动会上取得成绩的电影、放映黑人在科学技术上取得成就的电影等,控制组的人则不参加此类活动。结果发现,实验组对黑人的态度有明显的改变,而控制组对黑人的态度没有变化。以此为基础,墨菲提出了沟通改变态度的理论。该理论认为,人容易受到周围环境和一些媒介的影响和鼓动。通过沟通,可以显著地改变对某些事物和人的态度与看法。

(4) 带来创意与新路径。在人际沟通中,沟通者相互讨论、启发,共同思考、探索,往往能发出创意的火花。专家座谈法和头脑风暴法就是利用群体之中的沟通机制来研究问题、集思广益的最明显的例子。有研究证明,一个领导者要想把企业凝聚起来,最有效的方法就是促使大家对公司存在的弊病畅所欲言。企业的管理者与员工对组织有着深刻的理解,他们往往能最先发现潜在的问题和症结所在,沟通能够让他们把发现的问题坦率真诚地反映出来,并通过群体的智慧,提出最适合解决组织自身问题的新路径、新方法。团队成员更是如此。

(5) 促进参与管理。在企业管理中,管理者的知识、经验和观念往往影响着员工的知觉、思维和态度,进而改变他们的行为。尤其是当管理者要进行改革时,他的首要任务就是通过信息沟通和情感沟通转变成员原有的抵触情绪,改变其行为,这样才能实现他们之间的合作,搞好管理工作。因此,充分沟通,既可以促进管理者改进管理,又可以激励团队成员的工作热情和参与管理的积极性,使他们提高信心,积极主动地为企业和团队的发展献计献策,增强主人翁责任感,从而增强企业内部凝聚力。

【小案例】

希丁克的故事

足球比赛是团队的活动,其中团队沟通对比赛结果有重要的影响。2002年的世界杯足球赛，韩国队打入四强，震惊世界，一鸣惊人。韩国队的球员成了国家英雄，韩国队的荷兰教练希丁克成为韩国人的偶像。取得如此辉煌成绩的一个重要的原因就在于，希丁克打破了韩国年轻队员不敢和长辈辩解、遇到问题也不敢越级沟通的规矩，创造了一种年轻队员与老队员之间、队员与教练之间能够顺畅沟通的环境和气氛。

上任初期，希丁克发现韩国队球员速度快，组织力不错，训练也积极认真，态度诚实，但缺乏沟通。队员无论做什么事情，都按年龄排出顺序，相互之间不习惯主动沟通，甚至人与人之间有长幼级别的沟通障碍。

"有一天早上训练结束后，我看他们按年龄顺序分坐三个桌子，年龄小的球员和年长的球员之间一句话不说；拿饭菜时，也按年龄顺序排队，一直到吃完饭，互相没说过一句话！"希丁克认为，像这样没有一点沟通的球员，是不能在一个球队参加比赛的。

这种"年龄排序法"在赛场上也同样如此，球员在赛场上几乎没有什么沟通。他们从来不在场上交流"往哪儿传球""盯住对手的哪个人""谁负责哪个位置"……甚至在最关键射门前的传球中，即使年轻的球员站在比较好的射门位置，传球的球员也会把球传给年长的球员去射门。希丁克找出以前比赛的录像，发现了同样的问题。大家知道，足球进球率很低，一场比赛往往一个球就决定胜负。如果错失最好的时机，是非常令人痛心的。

希丁克认为，长幼顺序是团队沟通和发挥团队威力的绊脚石。为了解决队员之间沟通不足的状况，希丁克提出了一系列要求：不许球员间再使用"大哥"这样的称呼，也不许使用任何尊称；年轻球员不论在战术训练、还是在比赛中，都要经常开口和前辈说话；吃饭时，要前辈和年轻队员穿插坐在一起，随意地交谈；按摩时也不要前辈先做按摩，谁先到房间谁先做按摩；安排宿舍时故意把前辈和年轻球员安排在一起，让他们相互了解。

通过一系列的沟通训练，希丁克顺利地把球员与球员之间、球员与教练之间的自上而下的"垂直式沟通""金字塔式沟通"转化为双向的"水平式沟通""矩阵式沟通"。

当顺畅的双向沟通成为一种习惯后，训练场上的气氛马上活跃起来，韩国队的成绩也取得大幅度的提升，并于2002年世界杯足球赛上取得了进入四强的好成绩。

思考题：
希丁克带领韩国足球队的成功给了你什么样的启示？

4.2.2 团队沟通的策略

1. 建立共识

团队管理尽管是运行效率比较高的一种管理活动形式，但作为一个由人组成的群体，团队在运行过程中经常会出现诸如此类的问题，如人气不旺、人际信任危机、意见得不到统一、扯皮、冲突、低效、成员不得力、难以协作、因循守旧、目标不清晰、手段与目标不一致等。要有效地解决此类问题，加强沟通，建立团队共识是一种有效的方法。

在第二次世界大战期间的一次战斗之前，巴顿将军做了一次战前演讲。他对士兵们说："你们到这里来，有三个目的：一是保卫家乡和亲人；二是为了荣誉；三是真正的男子汉都喜欢打仗，既然参战，就要赢。""不要怕死。每个人终究都会死。没错，第一次上战场，每个人都会胆怯。如果有人说他不害怕，那是撒谎。你们不会全部牺牲。每次主要战斗下来，你们当中只可能牺牲百分之二。真正的英雄，是即使胆怯也照样勇敢作战的男子汉。有的战士在火线上不到一分钟，便会克服恐惧。""大家要记住，敌人和你们一样害怕，很可能更害怕。""凯旋回家后，今天在座的弟兄们都会获得一种值得夸耀的资格。20年后，你会庆幸自己参加了此次世界大战。到那时，当你在壁炉边，孙子坐在你的膝盖上，问你：'爷爷你在第二次世界大战时干什么呢？'你不用尴尬地干咳一声，把孙子移到另一个膝盖上，吞吞吐吐地说：'啊……爷爷我当时在路易斯安那铲粪。'与此相反，弟兄们，你可以直盯着他的眼睛，理直气壮地说：'孙子，爷爷我当年在第三集团军和那个狗娘养的乔治·巴顿并肩作战！'""军中每个战士都扮演一个重要角色。千万不要吊儿郎当，以为自己的任务无足轻重。每个人都有自己的任务，而且必须做好。每个人都是一条长链上必不可少的环节。""每个人都应完成他的任务。每个人都应对集体负责。每个部门、每个战斗团队，对整个战争的宏伟篇章，都是重要的。"巴顿将军的战前演讲起到了达成共识的作用。

如果你想成为团队的成员，就必须接受团队的文化，尤其是团队的价值理念、愿景、使命、目标和计划等。团队领导也必须认识到建立共识的重要性，否则，便失去了合作的基础，也很难能够达成团队的目标。

2. 角色定位

不同类型的团队，成员的角色各不相同，只有明确角色，分工合作，才能弘扬团队精神。通常在团队中可把成员分成三种类型：领导者、管理者、操作者或员工。在团队中，任何一个人的角色都很重要，但只凭个人力量难以成功，团队作业中不应执着于个性表现，应试着改变自己的意见和态度，互相妥协认同。又要尊重角色差异，发挥个性特征，将合适的人安排在适当的岗位上；团队成员要尊重彼此的价值判断基准，学会欣赏对方的立场，换位思考。

3. 营造氛围

在宽松氛围中，人们感到自在愉快、充满信任，有话敢说，也愿意说。在善意和宽容的团队环境下，人们才会相互信任，才有平等的人格，每个成员才有充分的发言权。因此，相互信任和平等是坦率沟通的基础，坦率沟通才能做到信息公开和信息分享。

4. 建立制度

要将团队中的沟通当作一项长期性的工作，最好能够建立一种沟通的制度，以确保团队成员能够及时沟通。

沟通的好坏会直接影响团队成员的工作效率和工作业绩，因此，许多知名企业都把沟通列入企业文化建设的重要组成部分。

小贴士
团队沟通制度范例

5. 双向交流

管理学家肯·布莱查特，阐述过"海鸥经理"现象。他说的"海鸥经理"就是平常很少和员工交往，但有时突然来到工作场所和大家见上一面又走了。这样就会导致团队成员之间没有交流的愿望，不会了解工作的真正进展情况。实际上真诚的交流，真正做起来要比想象的容易。只要你从办公桌后走出来，走出办公室让大家看到你，让大家有机会直接看到你的反馈。对双向交流，不单单是希望，而是要真正实现它。如果有人不愿意，也别急，要继续找他谈，直到他的脸上改变表情。团队成员之间的双向交流，更有助于促进彼此之间的了解，便于更好的合作。

6. 及时反馈

对于团队中成员之间交流的信息，要反馈，当员工们未能及时得到反馈时，他们往往会向最坏处设想，从而影响他们的工作情绪和工作积极性。不及时反馈情况还会产生谣言。谣言往往由于不能得到准确消息，由此产生不全面的猜想。及时反馈就能把谣言减少到最低限度，缓和由于谣言产生的紧张关系。

7. 方式多样

团队中的领导人常常认为他们把最新的决策告诉团队成员时，他们的任务就完成了。他们应该做的就是这些。只要发出通知，而且发给每一个应该发的人，就算完成。但内部沟通的方式绝不仅限于此，目前的员工来自许多不同方面，要和他们联系，团队领导人必须利用多种多样的通信技能。小型和大型会议、专业小组和工作小组、录像和录音带、电子邮件、电视屏幕、计算机屏幕、内部通信、公文函件、通告等都可以用作交流工具。

8. 学会诉说

诉说即陈述和说服。陈述事实和观点，影响听者，是诉说的目的。

有效沟通不仅要求有效倾听，而且要求沟通者有效诉说。有效的诉说取决于三个方面的因素：诉说者、倾听者和谈话的情境。有效诉说应符合如下基本要求。一是适应倾听者的特点。说话要看对象。说什么和说话的方式都要考虑对象是否能够理解。沟通对象的接受能力、需要、情感、已有的相关经验都在考虑范围之内。二是适应沟通情境。讯息的含义是在具体情境中被理解的。情境改变，对同样的讯息的含义的理解也会发生变化。三是表达清晰。发出明确的信息，避免含糊。四是传递实情。传递实情应当成为沟通的基本原则。五是双向沟通。注意倾听者的反馈。最后被传播的信息是倾听者所理解的信息，从倾听者的反馈信息中可校验自己的讯息是否得到对方准确的理解。

沟通的效果最终体现在发出的信息与被接收和理解的信息的一致性方面。真正被传播的不是发送出去的信息，而是被接收到并且被理解的信息。这说明传播效果最终体现在接收者这一端。有效的诉说者当然应适应倾听者的特点。

诉说的基本策略和辅助性技巧如表4-1所示。

表4-1 诉说的基本策略和辅助性技巧

策略或技巧	诉说的行为方式
分析环境因素	诉说之前花时间分析听者和谈话的情景因素
确定讲话目标	确定自己的目标和听众的目标。明确自己为什么要讲，听众为什么要听。简短地告诉听众这两种目标
提出最核心的观点	用一句话明确表达最核心的观点，用最核心的观点把诉说的其他次要标题串起来
开场白引起听众兴趣	提出能引起兴趣或好奇的事实或问题，直接告诉听众你的主题或主要观点。不要作无谓的道歉
使用论据支持观点	引用统计数据、专家的观点、亲身的经历、实际的案例
使用譬喻和图解	用熟悉的事物来比喻抽象高深的概念和道理，用图解的视觉方式来解释它们

续表

策略或技巧	诉说的行为方式
总结要点	最后用简短的语句总结主要观点和最重要的论据。必要的话，请听众采取行动
使用视觉辅助工具	一张幻灯片只呈现一个主要观点和少数要点（最好不多于5点）；不能照念幻灯片的文字，应该解释内容；留够时间让听众观看幻灯片
使用目光交流	讲话前先用目光缓缓注视全场，回答问题前先短暂地注视一下提问者
处理提问	听清楚问题和能够回答才回答。场地大时，回答问题前先重复一下问题。简明扼要地回答问题，不要借题发挥

课堂互动

团队游戏

唐僧、孙悟空、猪八戒、沙僧、白龙马共同组成了去西天取经的团队。现在，由于经费紧张，需要从这个取经团队中裁掉一个人，你会裁谁呢？请据此进行一个游戏，要求如下。

1. 将全班同学分成若干小组，以组为单位召开会议，与本组成员共同商定裁员名单，并说明裁与不裁的原因。
2. 在班级内分享裁员的最终结果。
3. 推荐本组一名代表谈一谈裁员的体会。

4.3 会议沟通

会议的组织是每一个职场人士都会面临的问题，组织会议不仅需要一定的技巧，而且必须在实践中去体验、去提高。

视野拓展
知名企业的团队沟通技巧

小案例
嘉宾们即将到来

4.3.1 组织会议

筹办、主持或者参加一次有效的商务会议，遵守会议的礼仪规范，对于每个职场人士来说是十分重要的。在筹办会议时，各方面都要考虑周全。主持会议要体现出会议主持人员对整个会议的良好的控制能力；出席会议时，仪态、精神都要与会议的内容、主题吻合。一个重要会议的举行，是商务人员才华显现的机会，又是其礼仪修养和礼仪业务水平的表演舞台，所以应当特别留心。

1. 会议的安排

公司成功组织一次会议，要做好以下安排。

（1）会场选择。大型会议的会场选择与会议主题的深化有着密切关系，对与会者参会的情绪也有很大影响。举办会议首先要选准会场会址。要考虑交通便利、设施齐全、环境安静、停车方便、大小适中、费用合理等因素，使与会者能够方便地到会，安心地开会。

【小案例】

小江的马虎

小江应聘到一家公司，担任办公室秘书。有一次，公司为了联络各经销商的感情，准备召开一次重要的商务会议，于是让小江负责选择会议的地点。小江马马虎虎，没有认真地考察会议室的许多细节，没有认真地准备与会议相关的事宜。结果开会那天，因为会议室太小，椅子不够，有些人只能站着开会，这样就挡住了别人的视线，致使他们不能看到主持人正在翻动的图表，空调也启动不了，窗户也打不开，所以室内闷热。有的人生气地走了，业务经理非常不满意，小江也觉得很没面子。

【点评】会议就是要传达一定的信息给与会者，不仅会议内容要有新意，值得大家关注，而且会场的环境应该舒适宜人，会议组织应该严谨有序，它是企业精神和企业形象的重要宣传途径。

（2）会场布置。对于一般的小型会议，会议室只要清洁、明亮，有足够的桌椅让与会者方便地看文件、做记录、讨论发言就行了。而大型会议的会场准备则比较复杂，需要体现会议的主题，应注意会场内座位的布局、主席台的布置以及其他为渲染和烘托气氛所作的装饰等，一定要讲究科学性、合理性和艺术性。

① 会标。会标即会议全称的标题化。应将会议全称用大字书写后挂在主席台的正上方，一般用红底白字，也可以用红底金字。这是会议礼仪十分重要的一点、点睛的一点。它能增强会议的庄重性，揭示会议的主题与性质，使与会者一进会场就被会标引导，容易进入会议状态。

② 会徽。会徽是体现或象征会议精神的图案性标志。要选择具有强烈感染和激励作用的图案，重大会议的会徽可向社会征集，也可在单位组织内部征集。会徽图案要简练、易懂、寓意丰富。

③ 标语。标语当然是会议主题的体现，会场上的气氛往往就是被恰到好处的标语、旗帜等渲染起来的。标语在准备会议文件时就应该拟就，并报请领导批准。会议标语要集中体现会议精神，使其简洁、上口、易记，具有宣传性和号召力。

④ 旗帜。会议的旗帜包括主席台上悬挂的旗帜和会场内外悬挂的旗帜。主席台上的旗帜应挂在会徽两边，显得庄严隆重；主席台的两侧插上对应的红旗或彩旗，又可增添喜庆气氛。在会场门口和与会者入场的路旁插上红旗或彩旗，使会议的热烈气氛洋溢在会场内外，以衬托会议的隆重。

⑤ 花卉。花卉是礼仪不可缺少的重要道具，在会场上，花卉还能起到解除与会者疲劳的作用。选用花卉应突出中华民族的文化特色，以梅花、牡丹、菊花、兰花、月季、杜鹃、山茶、荷花、桂花、水仙十大名花为代表的中国原产花卉，早已被赋予浓重的文化色彩，以这些花为主构成的花卉艺术品，如插花、盆景等，都能以无声的语言向人们传播中华民族的文化，表现民族精神。因此，越是重大的会议，越应选取有代表性的中国原产花卉作为摆放的主体花卉，并将中国传统艺术花卉的插放造型作为会议花卉的礼仪形式。

⑥ 灯光。会议场所的灯光应该明亮、柔和，既给人适宜的照明，也可减缓因会议时间过长所带来的身体上或精神上的疲劳。大型会议的会场灯光应多设计几套，以便于会议颁

奖、照相、演出等多种需要。

⑦ 座位。会场内座位的布局要根据会议的不同规模、主题，选择合适的摆放形式。"而"字形的布局格式比较正规，有一个绝对的中心，因此容易形成严肃的会议气氛，如图4-1所示。一些小型的、日常的办公会议以及座谈会等通常在会议室、会议厅进行，可以根据需要将座位摆放成椭圆形、圆形、回字形、T形、马蹄形和长方形等，这些形式可以使参加会议的人坐得比较紧凑，彼此面对面，容易消除拘束感，如图4-2所示。座谈会、小型茶话会、联谊会等多选择六角形、八角形或者半圆形等布局形式。

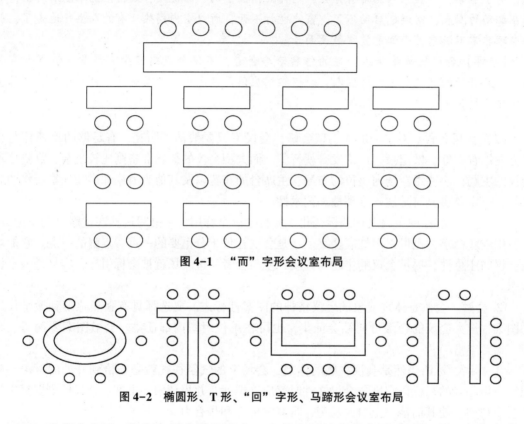

图4-1 "而"字形会议室布局

图4-2 椭圆形、T形、"回"字形、马蹄形会议室布局

(3) 主席台布置。主席台是会议的中心，也是会场礼仪的主要表现场所。主席台布置应与整个会场布置相协调，并作强调突出。

① 座位。主席台座位要满座安排，不可空缺。倘若原定出席的人因故不能来，要撤掉座位，而不能在台上留空。主席台座位若有多排，则以第一排为尊贵。第一排的座位以中间为贵，依我国传统一般由中间按左高右低顺序往两边排开，即第二领导坐在最高领导左侧，第三领导坐在最高领导右侧，以此类推。如果人数正好成双，则最高领导在中间左侧，第二领导在中间右侧，以此类推。但目前国际上流行的是右高左低，因此安排涉外会议时，也要灵活依据有关规矩。时下一般处理方式为：开会以左为尊，宴请以右为尊。每个座位的桌前左侧，要安放好姓名牌，既方便入座，也便于台下与会者和新闻采访人员辨认熟悉有关人士。主席台座位不要排得太挤，桌上也不要摆放鲜花等，以免阻碍视线，要便于主席团成员打开文件、做记录、翻阅讲话稿，并放置笔、茶水、眼镜等物。

② 讲台。主席台的讲台应设于主席台前排右侧台口，讲台不能放在台中央，使主席团

成员视线受妨碍。讲台上主要放话筒,也可适当放上一盆平铺的花卉。讲台桌面要便于发言者打开讲话稿或摆放相关材料。整个主席台的台口可围放一圈花卉,但要选低矮些的绿色品种。

③ 话筒。发言席和主席台前排座位都应设有话筒,以便于发言者演讲和会议主持人或领导讲话。一般发言席和主持人话筒专用,其他主席台前排就座者合用两三个话筒,并且一般置放于主要领导面前。

④ 后台。一般在主席台的台侧与后面,为在主席台就座领导和与会者的休息室,以便于安排他们候会,并尽可能在后台排好上台入座次序,以免造成混乱。有时会议也许会发生一些小意外,后台还可以供有关人员作商量对策、排除困难之用。主席团成员开会也可利用后台休息室。所以,工作人员切不可忽视后台的作用。

(4) 会议用品。为方便会议进行,会务人员应为会议准备各种工作文具用品,如纸、笔、投影仪、指示棒、黑白板、复印机、数据库以及投票箱等。不同会议有不同的需求,满足与会者的需求是有关人员在安排会议、布置会场时必须考虑的。

> **小贴士**

会议用品准备

① 茶杯。须经过消毒,消毒时间不少于 20 min;茶杯、杯盖无黄斑、无缺口;茶杯无水迹且光亮。

② 玻璃杯。不得有破损和缺口,杯子清洁、光亮、透明,无指印,并列放在杯垫上。

③ 矿泉水。矿泉水瓶上无灰尘,密封完好,瓶内无沉淀物,并在保质期内。

④ 小毛巾。无斑点和异味,须经过消毒,消毒时间在 20 min 左右。重要会议一律用新的小毛巾。冬季毛巾必须保暖。

⑤ 毛巾竹篓。不得有破损,每次使用结束后,须用热水浸泡,晒干后保存,以备再次使用。

⑥ 签到台。台布无污迹,无破损。

⑦ 鲜花。新鲜,无枯枝、败叶。

⑧ 热水瓶。表面清洁光亮,无水迹,水温控制在 90 ℃ 以上。

⑨ 挂衣架。清洁完好,无损坏,无缺少。

⑩ 文具。笔,油墨饱满,书写通畅;纸本,干净整洁。

2. 会议各阶段的工作

(1) 会议准备阶段的工作。会议准备阶段的工作主要有以下方面。

① 时间选择。开会时间选择要合适。大型会议尽可能避开公众节假日。同时注意会期不能安排太长,否则会影响与会者的日常工作,当某些紧急事件发生时,可以取消或延期举行会议。

> **小贴士**

会议时间安排

据心理学家测定,成年人能集中精力的平均时间为 45~60 min。超过 45 min,人就容易精神分散，超过 90 min，人就普遍感到疲倦。因此，每次会议时间最好不超过一小时，如果需要更长的时间，应该安排中间休息。

会议时间的安排要考虑到人们的生理规律。一般在 9：00—11：00、14：00—16：00，人们办事的效率较高。

② 邀请对象。对出席会议的对象的选择要考虑各种因素，与会者既要有与会资格，又要有参与能力和水平修养。如果被邀与会者不能完成会议的有关任务，会感到痛苦或尴尬，使与会成了一次不愉快的经历，对会议组织者来说，这也是礼仪考虑不周的表现。

③ 详尽通知。会议通知的发送要做到：发得早——既便于与会者安排手头工作，又便于与会者为会议内容做准备；内容细——会议名称、届次、主要议题议程、出席范围、与会者应递交什么材料或做哪些准备、会期、会址等都应明明白白告知，便于与会者有备而来，从而提高会议效率；交代明——食宿如何安排、费用多少、交通线路怎样，都要交代清楚，以免造成麻烦。对特邀贵宾的通知，应派专人登门呈送，以示郑重。

【小案例】

秘书工作失误

某公司定于某月某日在单位礼堂召开总结表彰大会，发了请柬邀请有关部门的领导光临，在请柬上把开会的时间、地点写得一清二楚。

接到请柬的几位部门领导很积极，提前来到礼堂开会，发现会场的布置不像是开表彰会的样子，经询问礼堂负责人才知道，今天上午礼堂开报告会，某公司的总结表彰会改换地点了。几位领导同志感到莫名其妙，个个都很生气，改地址了为什么不重新发通知？一气之下，都回家去了。

事后，会议主办公司的领导解释说，因秘书人员工作粗心，在发请柬之前没有与礼堂负责人取得联系，一厢情愿地认为不会有问题，便把会议地点写在请柬上，等开会的前一天下午才得知礼堂早已租给别的单位用了，只好临时改换会议地点。

但由于邀请单位和人员较多，来不及一一通知，结果造成了上述失误。尽管领导登门道歉，但造成的不良影响也难以消除。

思考题：
在会议准备时应注意什么问题呢？

(2) 会议召开阶段的工作。会议召开阶段的工作主要有以下几个方面。

① 接站。一般会议都规定了报到日期。在报到日应安排好接站。在车站、码头、机场等主要交通站点，用醒目的牌子标明"××会议接站"，使与会者一下交通工具就能看见接站牌。对所接到的与会者要表示欢迎，并慰问其旅途劳顿。

② 登记。对到达报到地点的与会者，首先要做好签到、登记、收费、预订返程票、发放会议资料、发放会议身份证件等工作。这一过程应尽量在登记处一揽子解决，并应迅速办理，让与会者早点到客房休息。登记时，对与会者的合理要求应尽量予以满足。大型会议的东道主应在会议召开前一天晚上，到会议各住宿地看望与会者，尤其是特邀贵宾和与会领导。

小贴士
会议常用
签到方式

③ 联络。会议进行期间要注意与各小组联络，不要使任何与会者有被冷落的感觉。会议简报要对各小组相对均衡报道，不要只将视点聚焦于有大人物、有热点的小组，使其他小组产生不愉快心绪。

④ 安全。要确保每一个与会者的安全，包括其人身安全、财物安全以及食品卫生。涉密会议还必须强调文件安全。工作人员要尊重每一个与会者，但涉及机密时，必须按章办事。

⑤ 娱乐。若会期较长，在会议期间可安排一些影视放映和文艺演出，以调剂精神。也应鼓励与会者主动参与文体活动。可组织一些自娱自乐的卡拉OK演唱或球类、棋牌活动等，活跃会议气氛，调节与会者情绪。还可适当组织与会者参观游览，使会议节奏张弛得当。

（3）会议结束阶段的工作。会议结束阶段的工作主要有以下方面。

① 照相。如果会议有照相一项应早做安排，免得个别与会者提前离开而不能参与。早安排也可使与会者在离会前拿到照片。

② 材料。发给与会者的材料要有口袋，以便于集中携带。如需收回的材料要早打招呼，发现有人未交，应尽早查问。不一致的意见，不要写到会议的决议或纪要中去。要乐于为与会者提供复印材料，邮寄材料或其他物品等有关服务。

③ 送客。当将与会者所订票交给其本人时，要仔细核对车次、航班或船期，并仔细向与会者交代。若有不对或不周之处，应主动承担责任。如果有人需要照顾而影响到了其他人，应向其他人解释，以争取大家谅解。在每一个与会者离开时，都要热情相送，对集中离开的与会者，要尽可能准备车辆送他们去车站、机场或码头，对贵宾则必须送至机场登机处。

课堂互动

请以班级建设的问题为议题，组织召开一次会议。要求：

（1）按照组织和召开会议的要求，展示会议的召开过程。

（2）形成会议文件，并将会议成果展示给全班同学。

4.3.2 主持会议

会议的效果如何，会议主持人如何主持会议是关键。主持会议要注意做好以下工作。

1. 做个精彩的开场白

精彩的开场白，往往能像磁铁一样紧紧地吸引住听众，增强与会者对会议的兴趣。就像人们看一部电影一样，如果开始就兴味盎然，引人入胜，那么人们自然急于了解接下来的情节了。所以，有经验的主持人，都非常注意会议的开场白，他们多是经过反复推敲、认真琢磨，力求给与会者一个好的印象。开场白要陈述的内容，包括会议的背景、主题、目的、意义、议程等，会议主持人要根据这些内容和要求设计开场白。

首先要欢迎并介绍与会者。应该用洪亮的声音对每个到来的人表示热烈的欢迎，并且介绍与会者。其次说明会议的目的和议程。说明会议的目的要注意使用团队口吻，而非领导或者上级的口吻，要拉近与大家的距离，让人们尽快进入会议的状态中去。最后说明会议的规则,如"请所有的人把手机关掉,不准吸烟,不要随便走动,每人发言时间不能超过5分钟"等。

总之,会议开场白要遵循"能安定公众情绪、恰当介绍会议内容、形式新颖"等原则,因地制宜,精心构思,尽量避免陈旧死板、千篇一律。

2. 让与会人员广泛参与

作为会议主持人,除要注意会前沟通,使大家明白开会的用意外,还要注意在主持中尽量少说话,把说话的机会让给大家。主持人少说话,与会人士才能多说话。对多说废话的人要有办法加以控制和制止;对有宝贵意见而未发言的人要请他发言,以提升会议的品质;听到相同或不同的意见不能喜形于色,更不可以立即加以批判,以免影响大家的发言。主持人不要亲自提出议案,免得大家碍于情面,做出合理的决定。主持人也不要以裁决者自居。任何人的意见都不必急于由自己来解答,应该隐藏自己的意见,让其他的人有机会表达相同或不同的看法,以便集思广益。

遇到无人发言或某一部分人毫无反应的情况,会议主持人要分别对待。针对不习惯或害怕在人数众多的会议上发言的与会者,要鼓励他们发言,可以进行主动提问,并告诉他们说错也没关系;针对阅历较深,处事比较严谨的与会者,主持人要善于点拨,多给他们一些尊重。在对某个问题进行讨论时,与会者往往各持己见,据理力争。但在观点已趋向集中、明确时,主持人就应及时终止论辩。如果争议双方都已偏离议题,主持人就应伺机加以阻止,或说明时间有限,暂不深入讨论或先谈到这里而加以间接地制止。

3. 善于控制发言时间

当有人发言超出规定时间、越谈越离谱,可能影响别人的有效发言时,主持人可以直接告诉他"我们的时间有限"或者"我们还有其他的事有待解决"。有时为了避免尴尬,也可以采取委婉的方式,如当长谈者略做停顿时,可以向另一个人提起话题,"老王,我觉得这个问题与你有关,你怎样看?"这样,不但保全了对方的面子,而且把发言权交给了另一个人,推动了会议进程。

4. 机智处理会场的意外情况

任何会议在进行的过程中,都有可能出现一些意想不到的情况。对于这些情况,主持人一定要沉着冷静,靠自己的应变能力恰当地加以处理。

(1) 如何应对会议开始时冷场。冷场是会议活动中一种常见而又使会议主持人颇感难办的问题。冷场的原因很多,你应针对不同的原因,采取不同的措施。

① 与会者无思想准备,一时难以发言。特别是事先没有打招呼,临时召开的会议就很容易出现冷场,这时会议主持人可以鼓励大家先谈不成熟的意见,在讨论中再补充完善。也可以让大家先做短暂的准备,然后发言。

② 与会者对所讨论的议题不理解、不明白而感到无从开口时,会议主持人应详细、明确地交代议题,对与会者进行耐心启发。

③ 会议议题直接涉及与会者多数人的利益,因为存在太多顾虑而造成冷场。会议主持人应先启发与其利益关系不太大的,或者是大家公认比较正直、公道的人发言,然后再逐步深入。只要有人开了头,冷场的情况就会好转。

④ 会议议题有一定的难度和复杂性,一时不易提出明确意见而出现冷场。这时会议主

持人可以由浅入深，启发大家开动脑筋，逐步接触问题的实质；也可以选择分析能力强、比较敏锐的与会者率先发言，打开突破口后，再引导大家讨论发言。

（2）巧妙打破部分人的沉默。当一部分人在会议上沉默时，主持者应当考虑沉默的原因，有针对性地采取一些措施。会议中的沉默通常有以下几种情况。

① 顾虑、害羞的沉默。对此，会议主持人要寻找机会鼓励这些人发言，表示出对他们的发言很感兴趣，促进他们大胆发言。

② 持少数意见者的沉默。当会议上多数人同意某种意见，出现了一边倒的情况，持少数意见的人知道自己的意见已经被孤立，也就不讲了。在这种情况下，主持人不应急于表态同意多数人的意见，应当耐心地、热情地请有异议的人讲出自己的见解，以便比较。

③ 无所谓的沉默。当会议议题与部分人关系不大时，有人会认为议题与己无关，抱着无所谓的态度而不愿意开动脑筋。会议主持人应采取恰当的方法，把他们引导到会议议题上来，促使其思考问题。

④ 对立沉默。有的人会对会议主持人或会议议题有对立情绪，会出现不予理睬的态度。如果他们的意见确实有必要公开出来，会议主持人应主动、热情地引导他们发言，即便是对立的意见也应给予鼓励支持。

当然，会议中还有一些出自其他原因的沉默现象。如有的人不吭声可能是表示同意，有的人暂时不表态可能是想先听别人的意见后再说，有的人不表态是没有新的意见等，这些情况均属正常，不必在意。

（3）善于控制离题发言。在会议发言中还常会出现跑题的现象。这种现象与冷场恰恰相反，可以算是会议"热烈"得过了火。离题时不可强扭，也不能不扭。强扭会挫伤积极性，不扭就可能开成无效的会议。

出现离题发言主要有两种情况。

一种是闲话式的离题。会议讨论中谈论传闻、轶事及与议题无关的闲话，而且喜欢海阔天空、津津有味地谈论，越扯离议题越远。这种现象通常是因为与会者认为议题与自己无关，不感兴趣而出现的；也有的人认为议题不好发言，而沉湎于题外话。这时主持人应该采取措施：一是接过讨论的某句话，顺势巧妙自然地引回到正题上来；二是联系议论的某一层意思，提出新的话题引入到正题中；三是用一句善良的话或风趣的话截住闲谈，而引入正题。

另一种是发挥式的离题。发言者为表示自己的才能，或显示自己的见解，自觉或不自觉地讲与议题无关的内容。对这种离题现象的处理也不能简单粗暴，而应尽可能采用不影响情绪和气氛的方式，用礼貌的形式提醒发言者。

（4）理智应对影响会议的人。会议上都有可能存在口若悬河的与会者，或一言不发的与会者。对于事事都要争论不休的与会者，或一开口就跑题的与会者，作为会议主持人，应理智地应对。

① 应对口若悬河的人。有的人话太多，他总喜欢听自己说话，似乎要利用每次会议来垄断讨论。如果会议主持人事先知道这类人，应安排他坐在自己的左右。如果他发言了，可以给他适当的时间，然后说："你提出的这几点很好，现在让我们听听其他人的。"以此打断他。如果这一招不灵，就限定时间，比如，每人只准发言两分钟。

② 应对胆小的人。有的人胆小，当他想在众人面前讲话时，舌头就发紧。会议主持人

可以问一些他能够回答的问题，比如，他的工作、家庭或他如何处理某一特殊情况等。有机会就表扬他，拍拍他的肩膀，帮助他克服发言时的不安心理。

③ 应对窃窃私语的人。当一个人开始与周围的人交谈，干扰了会议时，最好的办法是尽可能用眼神制止他。但总有些人毫不体谅他人的感受，会议主持人不得不提醒他们。可以通过直接提问来试着打断交谈者，或者停止发言，等着他们安静下来。

④ 应对争论不休的人。事事都要争论的与会者，会把一个挺好的会议弄糟，会议主持人要尽量搞清楚他们为什么每件事都要争论不止，一旦找到了原因，事情就好办了。

(5) 做好会议总结。会议达成决议之后，主持人还要在散会前做出总结，这才算是圆满地主持了一个会议。主持人要提纲挈领地将会议中提及的重点加以强调，提醒与会者不要忘记这些重点，并且要明确下一步的行动内容、时间、负责人、时限和检查方法等。最后要感谢与会者对会议的贡献。

> **小贴士**
>
> ### 会议主持人的形象
>
> 各种会议的主持人，一般都由具有一定职位的人来担任，其礼仪水平对会议能否圆满成功起着重要的作用。会议主持人应注意以下几个方面。
>
> (1) 主持人应衣着整洁，大方、庄重，精神饱满，切忌不修边幅，邋邋遢遢。
>
> (2) 走上主席台时，步伐应稳健有力，行走的速度可因会议的性质而定，一般来说，在愉快而热烈的会议上步频应较慢。
>
> (3) 入席后，如果是站立主持，应双腿并拢，腰背挺直。单手持稿时，右手持稿的底部或中部，左手五指并拢并自然下垂。双手持稿时，稿应与胸齐高。坐着主持时，应将身体挺直，双臂前伸，两手轻按于桌沿。主持过程中，切忌出现摇头、揉眼等不雅动作。
>
> (4) 主持人应口齿清楚，讲话思维敏捷并简明扼要。
>
> (5) 主持人应根据会议性质调节会议气氛，或庄重、或幽默、或沉稳、或活泼。
>
> (6) 主持人不能跟会场上的熟人打招呼，更不能与其寒暄或闲谈。会议开始前或会议休息时间，可对其点头并微笑致意。

4.3.3 参加会议

作为会议代表出现在同行面前的时候，你不仅代表的是你自己，更是背后支撑你的整个集团或者企业。所以，以下几个方面是经常参会的人员应当了解的。

微课
参加会议

1. 仪表

每位与会人员都应该注意自己的仪表举止，做到穿着得体、举止优雅。一般要求是：穿着打扮要端庄大方、美观得体，最好穿职业套装，以显成熟、精干；仪容要整洁，举止文雅大方、风度潇洒、气质高雅，不要缩手缩脚、扭扭捏捏、矫揉造作。

出席正式会议和宴请，要穿正装，男士穿深色西服，女士穿中长裙和长裤均可。男士要贴身穿衬衣，打领带，穿深色袜子，并把衬裤裤脚包在袜子里。女士的衣服最好每天更换一套。除会议主持人和发言人须遵循这些基本要求外，其他与会人员相对可以自由一些，比如，可以穿休闲装、运动鞋，可以不带资料，简单进场。

但需注意的是：不能太随便，禁忌穿拖鞋、衣衫不整；禁忌大声喧哗，遇到熟人热聊，旁若无人；无论在主席台还是在台下，坐姿都要端正，切忌抖腿或跷二郎腿。

2. 遵守会议纪律

正式的会议，一般都会提前宣布会议纪律，即使有些会议没有明文规定，事实上会议纪律已经在人们的意识中客观存在。一般情况下，参会人员应该准时到会、保持安静、不得逃会。一般而言，与会人员在出席会议时，应当严格遵守的会议纪律主要有以下四项。

（1）按时到会。严守会议时间，是保证会议顺利进行的基本条件之一。这一要求要落到实处，不但要靠主持人、组织者的积极努力和得力措施，也要靠全体与会人员的自觉和认真配合。接到会议通知后，应当按照通知上规定的具体时间准时出席会议。参加在本地举行的会议，应至少提前5分钟进入会场，以便有充足的时间做好会前准备，比如签到、寻位、领取材料等。参加在外地举行的会议，则最好提前一天报到，以便事先熟悉情况。如果迟到无法避免，应尽量提前通知会务组织者，且迟到后悄然进入会场，不要扰乱会议秩序。

（2）保持安静。全体与会者都应自觉维护会场秩序，保持会场安静，不影响发言人的讲话与听众的听讲。

在发言人或主持人讲话时，不允许起哄或是直接制造噪声。比如，不应在会场使用手机，不应当玩弄游戏机，不准吃东西等。与讲话者意见相左时，可以通过适当的渠道表达，不应当粗暴地打断对方的发言，或是大声予以斥责、议论、狂吹口哨、拍打桌椅、踩脚乱踢等。在会场上鼓掌，主要是对讲话者表示欢迎和支持，不允许"鼓倒掌"。

在开会时，不应当随意走动，或者与周围的人交头接耳，更不应大声喧哗，或在会场里大声接听电话。一般情况下，最好不要带外人（与会议无关的人）、家人（特别是小孩）参加会议。

（3）不得逃会。参加会议，必须善始善终。万一有特殊原因需要中途离会，应当事先请假。必要时，还须向主持人说明原因，并表示歉意，不允许在会议中途不辞而别。在他人讲话期间当众退场，不仅自己失礼，也是失敬于对方的。

3. 认真倾听发言

对每一位听众而言，在会议进行期间认真倾听他人的发言，是尊重对方的具体表现，也是自己掌握会议精神的主要途径。要真正做好这一点，需要注意以下三点。

（1）会前准备。参加会议前，应做好必要的准备工作。其一，要充分休息，养精蓄锐，否则在开会时疲劳困乏，大打瞌睡，必定影响听讲；其二，要处理好其他工作，免得在开会时神不守舍、三心二意；其三，要预备好必要的辅助工具，如纸、笔、录音机等；其四，要认真阅读会议材料，以便全面了解会议情况，掌握会议主旨。

（2）聚精会神。在会议进行时，每位听众都要聚精会神地聆听他人的讲话、发言，唯有聚精会神、全神贯注，方能汲取他人发言的精华，抓住要点，发现问题。在聆听他人发言时，切勿心神不定，"魂游"于会场之外。自己在讲话、发言后，更要注意专心聆听别人的讲话、发言。

（3）笔录要点。"好记性不如烂笔头。"参加会议时，要尽可能地对他人的讲话、发言择其要点，予以笔录，这对于深入领会和准确传达会议精神帮助很大。

4. 正确就座

会议座位安排主要有两种方法：一是按指定区域统一就座；二是自由就座。进入会场后，在没有会务工作人员引导的情况下，选择座位时应注意以下几点。

（1）弄清楚哪个是上座，哪个是下座，按自己的身份、地位合理就座。一般情况下，面对正门的位置为上座，靠门边的、远离领导的座位为下座。不管是圆会议桌还是方会议桌，与上座领导面对面的位置属于次上座。

（2）有一定级别的领导，应坐到与自己级别相适应的座位上。

（3）抢坐前排或退居后排，在会场中间留出空白，这是与会人员就座的大忌。

（4）应勇于坐前排。座位的远近，在心理学上反映了自信心的大小和地位权力的微妙差距。爱坐后排者，往往是缺乏自信心的表现。你应善于表现自己，养成坐在会场前排的习惯。

（5）注意主宾的区别。如果以客人的身份参加会议，要注意主客的区别，做到客随主便。不需要起身为领导添茶，不要主动分发会议材料；不要评价会议准备工作的好坏，不要随意改变座位；不需要接洽会议安排事宜，应尽可能服从安排（为本单位领导安排行程除外）。

小贴士
会上应如何发言？

视野拓展
参加会议应注意的三个问题

自我认知测试

一、你的合作能力如何

请根据自己的实际情况，从下列各题所给备选答案中选出最符合你的一项。

（1）如果某位中学校长请你为即将毕业的学生举办一次介绍公司情况的晚间讲座，而那天晚上恰好播放你所喜欢的电视连续剧的最后一集，你是：

　　A. 立即接受邀请

　　B. 同意去，但要求改期

　　C. 以有约在先为由拒绝邀请

（2）如果某位重要客户在周末下午 5∶30 打来电话，说他们购买的设备出了故障，要求紧急更换零部件，而主管人员及维修师均已下班，你是：

　　A. 亲自驾车去 30 千米以外的地方送货

　　B. 打电话告诉维修师，要求他立即处理此事

　　C. 告诉客户下周才能解决

（3）如果某位与你竞争最激烈的同事向你借一本经营管理方面的畅销书，你是：

　　A. 立即借给他

　　B. 同意借给他，但声明此书是无用的

　　C. 告诉他书被遗忘在火车上了

（4）如果某位同事为方便自己出去旅游而要求与你调换休息时间，而你还未决定如何度假，你是：

　　A. 马上应允

　　B. 告诉他你要回家请示夫人

　　C. 拒绝调换，推说自己已经参加旅游团了

（5）如果你在急匆匆驾车去赴约的途中看到你同事的车出了故障，停在路边，你是：
  A. 毫不犹豫地帮忙修车
  B. 告诉他你有急事，不能停下来帮他修车但一定帮他找修理工
  C. 装作没看见他，径直驶过去
（6）如果某位同事在你准备下班回家时，请求你留下来听他"倾诉苦水"，你是：
  A. 立即同意
  B. 劝他等两天再说
  C. 以夫人生病为理由拒绝他的要求
（7）如果某位同事因要去医院探望病人，要求你替他去接一位乘夜班班机来的大人物，你是：
  A. 立刻同意
  B. 找借口劝他找别人帮忙
  C. 以汽车坏了为由拒绝
（8）如果某位同事的儿子想选择与你同样的职业，请你为他做些求职指导，你是：
  A. 马上同意
  B. 答应他的请求，但同时声明你的意见可能已经过时，他最好再找些最新资料做参考
  C. 只答应谈几分钟
（9）你在某次会议上发表的演讲很精彩，会后几位同事都向你索取讲话提纲，你是：
  A. 同意，并立即复印
  B. 同意，但并不十分重视
  C. 同意，但转眼即忘记
（10）如果你参加了一个新技术培训班，学到了一些对许多同事都有益的知识，你是：
  A. 返回后立即向大家宣讲并分发参考资料
  B. 只泛泛地介绍一些情况
  C. 把这个课程贬得一钱不值，不泄露任何信息

评分规则和结果分析

二、你的会议沟通能力如何

你在会议沟通中是否具有以下行为要点？
（1）总是在会议开始前3天就已经安排好了会议的日程，并将该日程通知每位与会者。
（2）当与会者询问日程安排时总是回答："还没定呢，等通知吧。"
（3）对于会议将要进行的每项日程都胸有成竹。
（4）会议开始前半个小时还在为是否进行某几个议题而犹豫不决。
（5）提前将每一项会议任务安排相关的工作人员去落实，并在会议开始前加以确认。
（6）临到会议开始前才发现还有一些会议设备没有安排好。
（7）预先拟定邀请与会人员的名单，并在开会前两天确认关键人士是否会出席会议。
（8）自己记不清邀请了哪些人出席会议，会议开始前才发现忘了邀请主管领导参加会议。
（9）会议时间安排恰当，能够完成所有的议题。

(10) 会议总是被一些跑题、多话者干扰，难以顺利进行。
(11) 会议室布置恰当，令与会者感觉舒适又便于沟通。
(12) 会议室拥挤不堪，令与会者感觉不快，大家都盼望着早点儿结束会议。

【计分方法】以上12个问题，可能是你在会议沟通活动中常见的表现，如果你对单数题号的题选择了"是"，请给自己加上一分；如果你对双数题号的题选择了"是"，请给自己减去一分。最后看自己的总分吧！

解析

知识巩固与训练

1. 案例分析

请扫描二维码，阅读案例原文，然后回答每个案例后面的问题。

案例原文

2. 思考与训练

（1）面试沟通应遵守哪些原则？

（2）请分析下面几句面试应答语中的错误。

① "我原来那个单位的人际环境太差了，小人太多，没法与他们相处。"

② "现在已有多家公司表示要我，所以请你们务必于这个月底之前答复我。"

③ "我毕业于名牌大学，学的又是热门专业，我是一个杰出的人才，我想实现我远大的理想和宏伟的抱负。"

④ "我很想知道我如果到你们公司，每个月能挣多少钱？"

（3）以下是一则面试对话，请分析应聘者面试失败的原因。

面试官："从你的简历得知，你的英语已过了国家六级水平，真是不简单呀。"

面试者："你过奖了。其实我周围很多同学都达到了这个水平，我的成绩一般。况且，我还有很多不足，比如，我的计算机水平跟不上，很多同学都过了二级，我还是停留在初级水平上；还有一些专业课成绩很不好，让我头痛得很。有时，我也觉得自己很没用。"

面试官："原来你对自己很没信心。"

（4）你和几位同学打算一起到一家公司实习，在公司的接待处，该公司前台工作人员说："我们公司一向不接受学生实习。我不能请我们的经理来，如果我请他来，过后他一定会责罚我！"假如这时同学们让你做代表跟她交涉，你该怎么办？

（5）根据面试者的提问，分析哪一种应答更能获得赞许。

① 没有工作经验，你认为自己适合我们的要求吗？

应聘者1：可是你们就是来招聘应届大学生的啊。

应聘者2：听说有一只幼虎因为没有狩猎经验，而被拒绝在狩猎圈之外，你认为它还有成长的可能吗？

② 为什么你读哲学，却来申请做审计？

应聘者1：你们已经说明"不限专业"，所以我想来试试。

应聘者2：据说外行的灵感往往超过内行，因为他们没有思维定式，没有条条框框。

应聘者3：我之所以跨专业谋职，是为了给自己提供这样一种动力，终生学习才不会被社会淘汰。

③ 你穿的西装好像质地不怎么样啊!

应聘者1：穿着并不影响我的表现，何况我还没工作，买不起更好的。

应聘者2：昨天我怀揣买西装的钱路过书店，发现两套对我来说至关重要的书，可能会为今天的面试提供帮助，我于是花掉了凑来买西装的钱。

④ 你不认为你做这项工作太年轻了吗？

应聘者1：我虽然年轻，但我有干劲，敢于接受挑战，相信我一定能做得很好。

应聘者2：事实上下个月我就满23周岁了，尽管我没有相关的工作经历，但我有整整两年领导学校学生会工作的经验。您可以想象，负责管理全校3 000多名学生并非易事，没有一定的管理才能和领导艺术，是无法胜任的。所以，我认为，年龄固然能说明一定的问题，但个人素质和能力更为重要。因为这是一个部门经理所不可缺少的。

（6）组织内部应采取什么措施加强团队沟通？

（7）请积极参加足球队、篮球队等团队活动，并在这些活动中体会与成员沟通的技巧。

（8）五湖四海公司为了答谢新老顾客对公司的厚爱，决定在公司会议室举办一次座谈会。如果让你来组织，你将怎样做？

（9）假如你是一次会议的主持人，在会议遇到以下问题时，你会怎样处理？

① 小王拖拖拉拉，开会总是迟到。

② 小张在会上默不作声。

③ 小刘和老赵在会上就一个观点发生了争执。

④ 几个与会者在开小会。

⑤ 在讨论中，与会者缺乏参与意识。

⑥ 大家讨论得很热烈，但在会议结束时，五个议题只完成了两个。

（10）请你借参加一个座谈会的机会，选定一位与会者，观察其在会议沟通时的语言和姿态，运用所学的知识进行分析，并指出其优缺点。

3. 实训项目

（1）举行模拟招聘会。

【实训目标】锻炼学生的自我推销能力，积累应聘经验，掌握应聘礼仪，增强自信心，全面认识自我。

【实训学时】2学时。

【实训地点】实训室。

【实训准备】模拟招聘企业情况、需求岗位、面试问题、面试桌椅等。

【实训方法】

① 选3~4名学生担任某企业面试考官，其他同学担任求职者。

② 面试考官先介绍单位及岗位需求情况，然后求职者依次进行一分钟自我介绍，面试考官提问，求职者回答问题。

③ 最后教师总结、点评。

（2）驿站传书。

【项目性质】团队合作沟通能力训练项目。

【项目目的】

① 沟通机制的重要性。

② 学习突破思维定式，能不断地进行创新，强化对风险的意识。

③ 如何灵活地面对环境的变化，同时遵守规则、规范、工作流程。

④ 提高分析、解决问题的能力和决策能力。

【器材】白板、白板笔、数字卡片。

【场地】普通教室。

【人员要求】40人左右。

【项目时间】项目完成时间：50～60 min；项目布课时间：10 min；项目挑战时间：20～25 min；回顾总结时间：20～25 min。

【项目概述】这是一个以团队合作为主的项目，考验团队成员如何进行有效沟通，在最短的时间内准确地完成任务。

【项目布置】

① 所有队员嘴里不允许发出任何声音。

② 从最后一名队员依次传递到最前面的队员。

③ 所有队员的肢体不能超越自己前后队友身体中心的平行线（以两肩轴为基点）。

④ 指导教师在实施项目过程中监督队员传递信息的方式不可以用在下一轮。

⑤ 所有队员严禁扭转身体以及回头。

⑥ 最前面队员得到信息后第一时间写到白板上，然后不得再进行更改。

⑦ 信息到达最前面队员最快并且最准确的队得5分，其余以此类推。

注意事项：根据项目实施的过程中每一轮组织队员分享一次，每轮结束后团队成员利用3～5 min时间进行讨论总结。

【安全控制】

① 任何人不能讲话（包括有规律地发出声音）、移动。

② 不能使用纸、笔及手机短信等工具。

③ 前面的人不能往后看。

④ 后面的人不能把手伸到前面的人的眼前比画。

【项目分享】

① 只有在行动的过程中不断修正自己的错误，发现更好的工作方法，才能使团队朝着完美的目标前进。

② 这个项目考验的就是全队信息传递的密切配合，如果只注意速度而不注意信息的准确性，传得再快也等于前功尽弃。

③ 一个优秀的团队能很好地进行沟通，好的沟通包括清晰地发送信息和准确地接收信息两个方面。

④ 揭示培训中的沟通技巧、方法的重要性。

⑤ 如何克服心理沟通障碍，及时进入角色，进行传递？

⑥ 怎样才能进行有效沟通？沟通中最重要的环节是什么？

⑦ 怎样才能成为一名好的传递者与接收者？

⑧ 在日常工作、学习、生活中如何学会善于沟通？（假如给你3 min，你怎样与客户沟通）

⑨ 作为队员，你有没有意识到充分沟通对团队目标实现的重要意义？

⑩ 制度规则的建立与修正。

⑪ 怎样才能实现有效沟通，并迅速形成有效决议？
⑫ 在行动过程中，你的博弈对手是谁？
⑬ 在此次团队行动中，领袖的作用力体现在哪些方面？
（3）模拟举行商务会议。

【实训目的】熟悉会议的流程，能够按照规范组织会议，会场服务符合规范。

【实训学时】2学时。

【实训地点】标准会议室。

【实训准备】设置好签到台，设定上级领导或院方领导、来宾若干人；安排签到人员、礼仪服务行业从业人员、会议记录员若干人。

【实训步骤】全班学生分成2组，以小组为单位进行。具体步骤如下。

① 会前布置。签到表、座位牌的制作；签到台、座位牌的放置；会场环境布置等。

② 签到、引导会议座次。签到人员、礼仪服务人员确定，表演准确地引导签到和座次，要求语言表达符合礼仪规范；与会人员进入会场在引导下签到、就座。

③ 统计到会人数。签到人员统计到会人数，并报告主席。

④ 会议组织控制。会议主持人的确定，表演要求语言表达流畅、应变协调等；小组发言人角色扮演；自由发言。

⑤ 会务服务与材料整理。资料发放规范训练：方位、顺序、姿势、用语等；茶水服务，礼仪训练；会议记录：除会务服务组人员和主持人之外，原则上每位学生均做记录；摄影等。

【实训考核】包括学生结果性材料与成绩考核：交会议签到表一份，占30%；交会议人数统计表一份，占10%；交会议记录一份，占10%；过程表现，占50%。

电子活页：网络沟通

一、认识网络沟通

1. 网络沟通的概念　　2. 网络沟通的特征　　3. 网络沟通的策略

二、网络沟通的主要方式

1. 电子邮件　　　　2. 微信

学生工作页

人际沟通方式 4——网络沟通

任务一	结合自身感受,谈谈网络沟通的特点
任务二	日常生活中,你都使用了哪些网络沟通方式?你有何感受?
任务三	使用电子邮件发送信息。在收件人一栏打上自己的电子信箱地址,给自己发一封公务信件。然后作为信件接收方,感受一下信件格式、所用文字、日期等是否恰当
任务四	或许你在网上对人有不礼貌的行为,或许别人对你有不礼貌的行为。请试举一例,并根据所学的知识和技术,提出解决问题的方案
任务五	请每位同学结合所学网络沟通的知识和自身使用网络的体会,制订一份网络沟通行为准则,然后分组进行交流
任务六	请以"我看网络沟通"为题写一篇文章,谈谈你对网络沟通的看法
班 级		学 号		姓 名	

学生自评

我的心得:

建议或提出问题:

教师评价

> 特色专题：
高铁客运服务沟通技巧

在信息化高速发展的时代，沟通是一件非常重要的事情。不论身在何处，面对什么样的人，良好的沟通往往可以达到事半功倍的效果。相反地，不良的沟通习惯不仅会伤害别人，更可能损害自己，因此，高铁客运服务人员要懂得建立恰当的沟通模式来推动建立良好的人际关系。本特色专题主要介绍高铁客运服务沟通技巧，以帮助高铁客运服务人员提高沟通效果，赢得旅客的满意和好评。

1. 有效倾听的技巧

如前所述，倾听是一种完整地获取有效信息的方法。对于高铁客运服务人员，倾听是一个在客运服务工作中的能动性的过程，是高铁客运服务人员在客运服务工作中，对感知到的信息经过加工处理后能动地反映自己思想的过程。要想做到有效倾听，高铁客运服务人员必须掌握以下技巧。

（1）在倾听旅客讲话时，要抓住要点。在每次沟通交流中，我们被迫接收大量的语言信息，而在这些语言信息里，有实际价值的往往只有几句甚至一两句。

高铁客运服务人员在与旅客沟通时，必须学会从这些纷繁复杂的语言信息里准确地抓住要点。常见的情况是：旅客常常把话语的意思隐含在一段话里。也就是说，前面的话，往往是引子，是提示；当中一段话，有时是要点，有时是解说；后面一段话，也许是结论，也许是对主要意见的强调或引申。高铁客运服务人员听话时，可以从以下几个方面捕捉说者所要表达的要点：一是说者话语的层次；二是说者的语气；三是说者的手势。千万不要急于表达自己的意见，要礼貌地请旅客先发表意见。以身体稍稍倾斜面向旅客的姿态来表示尊重并聆听旅客讲话，这样才有助于抓住旅客表达的要点。

（2）在倾听旅客讲话时，要积极回应旅客。一次和谐、愉快的沟通交流一定是浸透着高铁客运服务人员和旅客两方面的努力。高铁客运服务人员要暂时放弃自己的好恶，尽量"放空"自己，才能听进旅客的话，做出积极的回应。对旅客积极回应或适时引导，有助于顺利完成整个沟通交流过程。一般来说，高铁客运服务人员倾听时的回应有以下四种技巧。

① 体态语言。高铁客运服务人员要始终面对说者，身体微微侧向说者，不时点头表示理解，和说者保持视线的接触，表情专注并随着说者的情绪而有所变化。这样，旅客会感到你很尊重他，很重视他的见解，因此也会相应地保持一种放松的心理状态和积极的说话状态。

② 简短的评价。在沟通中，高铁客运服务人员应在适当的地方插入简短的评论，会使旅客感到你很在意他的表达。比如"嗯""对""是这样""我听说过""我明白了""很有意思""太不应该了""真的吗"。旅客会感激高铁客运服务人员表现出来的兴趣，并感到高

铁客运服务人员在认真地倾听。

③ 适时的提示。对说话抓不住重点的旅客，高铁客运服务人员可找准时机，用一个词、一句简短的话进行提示，帮助其厘清说话的思路，使对方从无序的状态回到主题。比如"后来那件事怎样了"，提醒说者迅速回归主题。

④ 善意的鼓励。高铁客运服务人员对说话能力和心理素质较差的旅客，可随时进行鼓励，比如"没关系""不着急，慢慢说""没事儿，我听着呢"。这样，会有效放松旅客的紧张情绪和不安心态，大大增强其把话说好的勇气和信心。

（3）在倾听旅客的讲话时，要善于推断其真实意思。俗话说"说话听声，锣鼓听音"。在沟通交流中，旅客由于各种原因或多种考虑，往往会不直接说出自己的真实意图，而是把它掩藏在众多言辞后面，这就需要高铁客运服务人员透过话语表面的含义推断其内在的含义。高铁客运服务人员在倾听后，万不可急于否定旅客，匆忙下结论，这种做法是非常危险的，有时候会制造误会，一定要给予自己时间，去思考和判断旅客的真意。

推断旅客的真意，可从四个方面入手。① 从一些表面上看似微不足道的谈话细节、语气、手势中，发现对方立场、目的、主观意图等有价值的信息。② 从对方谈话时常重复的词、爱使用的词、爱谈论的话题等，推断他的所思、所想、所爱、所论。③ 如果高铁客运服务人员对说者的话有疑问，可以直接提出来。比如"您的意思是……"或"我可否将您的意思理解为……"。④ 可以用自己的话复述给对方听，以确认是否正确理解了说话人的意图。

（4）在与旅客沟通的过程中，始终要有耐心。耐心倾听是一种涵养，是一种自尊，是一种境界。许多人不能给人留下良好的印象，不是因为他们表达得不够，而是由于他们没有耐心倾听的涵养。高铁客运服务人员一定不要轻易打断旅客的话，要让旅客把事情叙述完整，感情表达清楚，不满发泄出来。在倾听过程中，用简单的肢体语言（微笑、点头等）来表示自己紧跟着旅客的思路，在耐心地倾听着。耐心倾听既能显示出高铁客运服务人员的真诚，也能让旅客发挥得淋漓尽致，更能使高铁客运服务人员对情况的判断准确得当。如果高铁客运服务人员打断旅客的谈话或缩短倾听时间，旅客会认为高铁客运服务人员对他（她）的谈话不感兴趣——可事实上却并不是这样的。

【小案例】

列车长听出了旅客的问题

6月16日，G×××次列车从宁波站开出后，列车长小李巡视车厢时发现餐车连接处靠着一位老人，小李问道："大爷您好，请问您是几号车厢的，没有座位吗？"大爷从皱巴巴的衣兜里掏出车票，票面显示从宁波东到苏州，9车25号座位。小李随即问："大爷，您是不是不知道座位在哪儿呀，我领您过去好不好？"大爷并没有要跟小李走的意思，问道："啥时候到苏州？"

小李回答道："大爷，要18:43才到苏州呢，您不要着急，先回到自己座位上坐着，到站前我会过去提醒您的，放心好了。"大爷木讷地站在那里，小李心里"咯噔"一下，突然脑海中闪现出广播员培训时的情景，广播指导曾反复强调，中国好多地名发音相似，在播报站名时一定要咬字清晰、发音标准，以免耽误旅客行程。大爷说的是方言，他说的苏州会不会是宿州？想到此小李赶紧问："大爷，您是要去江苏的苏州，还是安徽的宿州？"大爷说：

"安徽，安徽宿州呀，过淮河……在符离集南边……宿州原先叫宿县！唉，刚才买票时俺说了半天，可售票员给了俺这张车票，这可咋办？"这趟列车终点站是南京站，不经过宿州。小李一边安慰大爷，一边查找中转列车时刻。还好，本次列车到达苏州站后刚巧有趟车路过宿州。小李连忙将中转车次、时间告知大爷，大爷突然哭诉说："姑娘，俺的钱全用来买这张车票了，现在身上只剩10元钱，还是用来转公交车的，俺这不是回不了家吗？""车长，我们大家一起帮他筹钱吧，钱也不是很多。"列车员小王提议。大家正准备筹钱，这时，一位旅客知情后掏出一百元救了大爷的急。考虑到大爷还没吃饭，列车员纷纷将自己带的泡面、饼干、牛奶拿出来送给大爷，周围旅客有的陪大爷聊天，有的帮他泡面。

列车到达苏州站，小李扶大爷下车，然后由站方将大爷送上中转去宿州的列车。

【点评】服务工作一定要认真细致，要通过察言观色、耐心询问，认真聆听，详细了解旅客的需求和困难，及时提供帮助。在帮助他人的时候，我们也能从中感受到助人的快乐。

2. 积极应答的技巧

应答是高铁客运服务人员在工作中回答旅客询问或响应对方召唤时所表现出的礼节性、沟通性行为。要做到积极应答，主要应注意以下几个方面。

（1）应答旅客询问时，要思想集中，全神贯注地倾听，不能目视别处，或心不在焉、说话有气无力。

（2）应答旅客提问或征询有关事项时，语言应简洁、准确，语气婉转，声音大小适中，不能随心所欲地谈天说地，或出现声音过大、词不达意等情况。

（3）如果旅客讲话含糊不清或语速过快，可以委婉地请旅客复述，不能凭主观猜测，随意回答。

（4）回答多位旅客询问时，按先后次序、轻重缓急，一一作答，不能只顾及一位旅客而冷落了其他旅客。

（5）对于旅客提出的无理要求，必须沉住气，或婉言拒绝，或委婉地回答："可能不会吧！""很抱歉，我确实无法满足您的这种要求，我帮您找其他人为您解答。"这样，既能表现得有教养，也能体现出自己的风度。

3. 服务语言应用技巧

服务与语言的关系非常密切。没有语言的服务被称为不完整的服务，因此，高铁客运服务人员对语言知识了解程度的深浅和使用语言艺术水平的高低，将直接影响服务的成败。服务语言是高铁客运服务人员等服务性行业的从业人员向客人表示意愿、交流思想情感和沟通信息的重要交际工具，是一种对客人表示友好和尊敬的语言。在服务过程中，它具有体现礼貌和提供服务的双重特性，是服务人员完成服务工作的重要手段。

【小案例】

重叠的菜盘

小李是某三星级酒店餐饮部的服务员。一次，有三个客人在酒店餐厅就餐，他们点了很多菜，其中的一道菜叫"海参扒肘子"。当最后一道菜上来时，小李发现餐桌上已经没有足够的空间可以放下新的菜品了，于是她不假思索就把新上的菜放在了客人吃的还剩一个肘子的海参扒肘子的餐盘上。其中一个客人发现后,半开玩笑地跟小李说:"小姐,我们这道菜还没有吃完,你怎么就把菜放到上面了?"小李当天的心情不好,听到客人说的话,更是不舒服,于是就顶了一句:"到这儿来吃饭,还在乎这么一个肘子吗?又不是没有钱。"本来开玩笑的一句话,经小李这么一说,客人笑意全无。于是,两个人就争吵了起来。客人觉得面子上很过不去,于是向餐厅经理投诉,小李受到经理的批评,向客人道歉。同时,酒店只得又重新做了一盘海参扒肘子给客人。

【点评】本案例中的服务人员没有正确使用服务语言,与客人发生摩擦,严重影响了酒店的声誉,这给我们的教训是深刻的。俗话说:"一句话使人笑,一句话使人跳。"这句话形象地概括了使用礼貌用语的作用和要求。服务人员要善于运用这一有用的交际工具,只有这样才能做好本职工作,赢得顾客的信赖和喜爱。

服务语言是服务人员在服务过程中使用的语言,广泛运用于旅游、餐饮、金融、娱乐、医疗、交通等诸多服务领域及各种服务活动之中。服务语言的工作对象是客人和客户,他们在交际中不仅希望解决具体和实际的问题,而且还希望得到"心理满足",即经历愉快的人际交往。服务语言是其中最重要的服务工具,因此,对于高铁客运服务人员来说,重视服务语言的特殊性,在服务工作中掌握礼貌用语、行业用语、应急用语的使用技巧,对于提高高铁客运服务质量,树立高铁企业良好的形象具有十分重要的意义。

(1) 礼貌用语。在高铁客运服务岗位上,高铁客运服务人员准确而恰当地运用礼貌用语,是服务礼仪规范的一项基本要求,同时也是高铁客运服务人员做好本职工作的基本前提之一。礼貌用语,对于高铁客运服务行业而言,是有其特殊界定的。要求高铁客运服务人员在其工作岗位上使用的礼貌用语,主要是指在高铁客运服务过程之中,表示高铁客运服务人员自谦恭敬之意的一些约定俗成的语言及其特定的表达形式。

小贴士

礼貌用语的特点

礼貌用语属于语言交际范围,使用得好可以将所处场合变得和谐融洽。高铁客运服务人员在其工作岗位之上所使用的礼貌用语,大致上具有以下三个主要特点。

(1) 主动性。在工作之中,使用礼貌用语,应当成为广大高铁客运服务人员主动而自觉的行动。唯其如此,礼貌用语的使用方能口到、心到、意到。正是出于这一原因,高铁客运服务人员在与旅客进行语言交际时,应率先主动地采用礼貌用语。

(2) 约定性。在高铁客运服务岗位上,高铁客运服务人员所常用的礼貌用语,在其内容与形式上,往往都是约定俗成、沿用已久、人人皆知的。所以,对其只能完全遵从,而绝对不宜另辟蹊径。不然,就难以得到认同,难以发挥功效。

(3) 亲密性。高铁客运服务人员在运用礼貌用语时,还须力求做到亲切而自然。让旅客听在耳中,暖在心里,心领神会。运用礼貌用语时讲究亲密性,必须是诚心所致,不落俗套,而非甜言蜜语、巧言令色、阿谀奉承,让人肉麻。

在高铁客运服务中,应注意以下礼貌用语的使用方法。

① 问候语。问候语是指高铁客运服务人员在接待旅客时,应根据时间、场合和对象的

不同，向对方询问安好、致以敬意或者表达关切之意所使用的规范用语。在高铁客运服务岗位上，一般要求高铁客运服务人员勤用对旅客的问候用语。一般情况下，适用于高铁客运服务人员采用的问候用语，主要分为下列三种。

- 标准式问候语。所谓标准式问候，即高铁客运服务人员直截了当地向服务对象旅客问候。其具体做法是在问候之前，加上适当的人称代词，或者其他尊称。例如，"先生您好！""旅客您好！""各位旅客，大家好！"等。标准式问候用语一般可用于以下几种情况：主动服务于旅客时，当旅客需要服务时，当旅客进入服务区域时，当旅客与自己距离过近或四目相对时，主动与旅客进行交流时。
- 时效式问候语。时效式问候语，即根据时间、节日的变化而进行问候的用语。其具体做法是问候之前加上具体的时间、节日，或是在二者之前再加以尊称。例如，"早上好！""中午好！""下午好！""先生，晚上好！""新年好！""祝您新春快乐！"等。
- 关切式问候语。关切式问候用语，即根据具体服务情况，对服务对象进行关心、提示的问候用语。例如，当旅客患病或身体不适时，应该主动表示关心，可以说："先生，请多保重！""祝您早日康复！"等慰问语；当气候发生变化时，应主动提醒："请您按气温添加衣服，当心感冒！""先生，请带好雨具！"

小贴士

使用问候用语的注意事项

（1）不论在何种场合，问候时表情应当自然、和蔼、亲切，脸上带着温和的微笑。
（2）高铁客运服务人员应首先向旅客进行问候。
（3）当被问候者不止一个人时，可采用以下两种方式进行问候：一是统一对其进行问候，如"大家好！""各位午安。"二是采用"由尊而卑"的礼仪惯例，先问候身份高者，后问候身份低者。

② 迎送语。迎送语主要适用于高铁客运服务人员在工作岗位上欢迎或送别旅客。高铁客运服务人员掌握得体、规范的欢迎用语与送别用语，才能使服务有始有终。

- 欢迎用语。高铁客运服务人员与旅客见面时，应主动说："欢迎您乘坐本次列车。""欢迎光临！""祝您旅途愉快！"

在高铁客运服务工作中，根据具体服务需要，在使用欢迎用语时，通常应当同时使用问候语，并向旅客主动施以见面礼，如注目、点头、微笑、鞠躬、握手等。如"旅客您好！欢迎光临！请问您需要什么帮助？""早上好！先生，欢迎您的到来！"这样就会使对方倍感自然、亲切。

- 道别用语。在使用道别用语时，高铁客运服务人员通常也要同时采用适当的道别礼，如注目、点头、微笑、鞠躬、握手等。向旅客道别或给旅客送行时，最为常用的道别用语主要有："再见！""慢走！""欢迎下次光临！""欢迎再次乘坐本次列车""一路平安！""多多保重！"等。

③ 征询语。询问在高铁客运服务工作中是十分重要的，起到解释、引导和提示的作用。在服务过程中，高铁客运服务人员往往需要以礼貌的语言主动向服务对象进行征询。高铁客运服务人员在使用征询用语时，务必要把握好时机，掌握提问的技巧，并且还须兼顾服务对

象态度的变化。一般情况下，高铁客运服务人员应用最广泛的征询用语主要有以下四种。

• 直接式征询用语。直接式征询方式是指高铁客运服务人员可以直接向旅客提出问题，请求旅客给予回答。主要适用于主动向服务对象提供帮助时。例如，对旅客说："您好，请问您需要什么帮助？""请问，我能帮您什么忙？"这种提问方式比较直截了当，简单明了，节省时间，能方便快捷地得到答案。其缺点则是如果把握不好时机，便会令人感到唐突、生硬。

• 封闭式征询用语。封闭式征询用语多用于向服务对象征求意见或建议时。通常情况下，只给对方一个选择方案，以供对方及时决定是否采纳。例如，"女士您好，您觉得这个温度合适吗？""先生您好，您需要一杯温水吗？""先生，您需要我为您调节一下座椅靠背吗？""您不介意我来帮助您吧？"

• 选择式征询用语。选择式征询方式是指高铁客运服务人员在向旅客提出问题时，将预计的两种或两种以上的方案一并提出，以供对方选择。选择式征询一般用于征求对方的意见。例如，"请问您需要橙汁还是咖啡？""午餐为您提供三杯鸡米饭套餐、咖喱鸡肉米饭和牛肉面套餐，请问您比较喜欢哪一种？""女士，您是需要把空调出风口风量调小，还是需要毛毯？"

• 提示型征询用语。在不便直接向旅客提出建议或要求的情况下，高铁客运服务人员可以采用提示型询问的方式去暗示旅客。提示型询问是一种比较委婉的交流方式，可以让旅客避免尴尬，比较轻松地达到了解某些问题的目的。例如，"先生，如果您把椅背角度稍微再调整一下的话，这样您和后排旅客都会舒服些。""这位家长，列车行进时让孩子坐在座椅上会更安全。"

④ 应答用语。应答用语，是指高铁客运服务人员在工作岗位上为旅客服务时，用来回应旅客的招呼或者在答复其询问时所使用的专门用语。

在高铁客运服务工作中，高铁客运服务人员所使用的应答用语是否规范，往往直接反映他们的服务态度、服务技巧和服务质量。高铁客运服务人员在使用应答用语时，要做到：有问必答，灵活多变，热情周到，尽力相助，不失恭敬。应答用语主要有以下三种形式。

• 肯定式应答用语。它主要用来答复服务对象的请求。这类应答语主要有："好的""好的，我明白您的意思""随时为您效劳""听候您的吩咐""很高兴能为您服务""我会尽量按照您的要求去做""一定照办"等。一般不允许高铁客运服务人员对服务对象说"不"字，更不允许对其置之不理。

• 谦恭式应答用语。当旅客对被提供的服务表示满意，或是直接对高铁客运服务人员进行口头表扬、感谢时，一般宜用此类应答用语进行应答。这类应答用语主要有："请不必客气""这是我的荣幸！""这是我们应当做的""请多多指教！""您过奖了"等。

• 谅解式应答用语。在旅客因故向高铁客运服务人员致以歉意时，应及时予以接受，并表示必要的谅解。如"不要紧""没有关系""不必不必""我不会介意的"等。

⑤ 感谢用语。在人际交往中，使用感谢用语，意在表达自己的感激之意。运用感谢用语，可以使自己的心意被他人所接受，而且也可以展示本人的修养，因为"礼多人不怪"。在高铁客运服务中，高铁客运服务人员在获得他人的帮助时、赢得他人的理解时、感到他人的善意时或受到他人的赞美时应使用感谢用语。感谢用语有以下三种形式。

• 标准式感谢用语。通常只包括一个词——"谢谢"。有些情况下，在使用标准式感谢用语向人道谢时，还可在其前后加上尊称或人称代词，如"金先生，谢谢！""谢谢王科长!"等,这样做可使其对象性更明确。

• 加强式感谢用语。有时,为了强化感谢之意,可在标准式感谢用语之前,加上某些副词。这就是加强式的感谢用语。若对其运用得当,往往会令人感动。最常用的加强式感谢用语有"十分感谢!""万分感谢!""非常感谢!""多多感谢!""多谢!"等。

• 具体式感谢用语。具体式感谢用语,一般是因为某一具体事宜而向人致谢。在致谢时,致谢的原因通常一并提及。例如,"有劳您了""让您替我们费心了""给您添了不少麻烦""这件事情太让您为我费心了"等。

⑥ 请托用语。请托用语,是请求他人帮助时使用的专项用语。在工作岗位上,任何高铁客运服务人员都免不了可能会有求于人。无论是需要理解,还是寻求帮助,都需要诚恳地使用请托用语。请托用语有以下三种形式。

• 标准式请托用语。主要就是一个"请"字。当高铁客运服务人员向旅客提出某项具体要求时,只要加上一个"请"字,往往很容易为对方所接受。如"请稍候""请您让一下"等。

• 求助式请托用语。最常用的有"劳驾""拜托""打扰""借光"等。它们往往是在向他人提出某一具体要求,如请人让路、请人帮忙或打断别人的交谈时,才被使用。

• 组合请托用语。前两者混合在一起使用就是组合请托用语。如"请您帮我一个忙""劳驾您帮我扶一下东西"等。

⑦ 赞赏用语。赞赏用语,主要用来肯定他人。及时、恰当的赞赏,不但可以激励别人,也可以促进、改善双方之间的人际关系。高铁客运服务人员在工作岗位上对旅客使用赞赏用语时,要少而精且恰到好处。在实际运用中,赞赏用语有三种形式。

• 评价式赞赏用语。主要用于高铁客运服务人员对旅客的所作所为,在适当之时予以评价。如"太好了!""真不错""对极了""太合适了""非常出色"等。

• 认可式评价用语。当旅客发表某些见解之后,往往需要由高铁客运服务人员对其是非直接作出评价。在对方的见解正确时,一般应对其作出认可。如"还是您懂行""看来您一定是一位内行""真是您说的那么回事""没错,没错"等。

• 回应式赞赏用语。主要适用于旅客夸奖高铁客运服务人员之后,由后者回应对方之用。如"哪里,哪里,我做得还很不够""我做得不像您说的那么好""承蒙夸奖,真是不敢当,不过得到您的肯定,的确让我开心"等。

⑧ 道歉语。在工作中,因种种原因而带给他人不便,或妨碍、打扰对方时,高铁客运服务人员必须及时地向对方表达自己的歉意。

对于道歉语的使用,不要羞于启齿,不论在谁面前,该道歉时就道歉。一句道歉语就会化解可能出现的冲突。

最常用的道歉语主要有:"抱歉""对不起""请原谅""失礼了""不好意思了""很是惭愧""真过意不去"等。

【小案例】

话 语

7月9日,G7042次列车途中临时停车。"服务员,服务……"突然的停车让车厢里的乘客炸开了锅，气氛紧张起来。听到声音，保洁员小殷赶紧跑上前，"您好，先生，前方线路故障，为了保证大家的安全，列车临时停车。""这是什么高铁啊，尽吹牛！还临时停车呢，我有急事！"其他旅客也耐不住了，情绪急躁起来。小殷稳定情绪，微笑着说："诸位旅客，请不要着急，列车晚点也不是我们希望的，临时停车是为了大家的生命安全，安全大于一切。我会把车厢打扫干净，让大家在一个干净舒适的环境中等候。我将会负责给需要的旅客倒水，有哪位旅客需要水，我给您倒。"听到这些话，车厢里的气氛慢慢缓和了。

15 min 过后，列车缓缓移动了，小殷终于松了一口气。

思考题：本案例对你有何启示？

（2）行业用语。行业用语又叫行业语、行话，一般是指某一社会行业所使用的专门用语，主要用以说明某些专业性、技术性的问题。高铁客运服务人员只有恰到好处地使用了某些行业用语，才能更好地说明问题，才能显示其业务上很在行，才能赢得服务对象的充分理解和信任。在具体运用服务行业用语时要注意以下几点。

① 实事求是。即要客观地、正确地使用行业用语，不要不懂装懂，随口乱说，更不可随意编造，以假充真。

② 使用得当。即一定要准确使用，并注意行业的规范性与地方的差异性，力求使用行业服务用语正确无误。

③ 适得其所。行业用语要简单明了，使用适度，不可过多地使用专业术语，以旅客听懂为度。

【小案例】

热情过度

一对老夫妻去一家服装店闲逛，刚一进门，呼啦一下子围上来三四个女售货员，有的喋喋不休地宣传其品牌的特色，有的奉承叔叔阿姨身材好、气质好，适合穿这个品牌的服装；有的则拥着他们去她的柜台；有的则说叔叔阿姨不是一般的消费者，准是"白领""工程师"，夸得老两口身上直起鸡皮疙瘩。随后他们来到一家化妆品商店的柜台前。商品琳琅满目，他们本想买些中档护肤品，可是售货员的宣传却虚张声势，高深晦涩，刻意引用许多专业性很强的术语，令人雾里看花，不知所云。更有一位打扮时尚的售货员走过来拿着专业广告来迷惑消费者："请您使用××品牌的润肤霜，它是采用H_2O天然分子之精华，经几千次反复提炼而成……"唬得老两口面面相觑，落荒而逃。

【点评】服务人员太过热情，过度使用专业用语，反而会适得其反，欲速则不达。

④ 注意忌语。忌讳，即行业服务人员在服务于人时应当努力避免使用之语。高铁客运服务人员在服务工作中，应该坚决不用的服务忌语主要包括以下四类。

• 不尊重之语。在服务过程中，任何对服务对象不尊重之语，均不得为高铁客运服务人员所使用。在正常情况之下，不尊重之语多是触犯了服务对象的个人忌讳，尤其是与其身体条件、健康条件方面相关的某些忌讳。例如，面对残疾人时，切忌使用"残废"一词。一些不尊重残疾人的提法，诸如"傻子""呆子""侏儒""瞎子""聋子""麻子""瘸子""拐子"之类，更是不能使用。

● 不友好之语。在任何情况之下，都不允许高铁客运服务人员对服务对象采用不友善，甚至满怀敌意的语言。例如，在服务对象要求服务人员为其提供服务时，后者以鄙视前者的语气说："你买得起吗？"当服务对象表示不喜欢服务人员推荐的商品、服务项目，或者是在经过了一番挑选，感到不甚合意，准备转身离开时，后者在前者身后小声嘀咕"没钱还来干什么""装什么大款""一看就是穷光蛋"等。凡此种种，不仅皆属于不友好之语，而且还是不友好到极点。在工作中如此对待服务对象，既有悖于职业道德，又有可能无事生非。

● 不耐烦之语。高铁客运服务人员在工作岗位上要做好本职工作，提高自己的服务质量，要在接待服务对象时表现出热情与足够的耐心。要努力做到：有问必答，答必尽心；百问不烦，百答不厌；不分对象，始终如一。

● 不客气之语。高铁客运服务人员在工作中，客气话是一定要说的，而不客气的话则坚决不能说。如在劝阻服务对象不要动手乱摸乱碰时，不能说"老实点""瞎乱动什么""弄坏了你赔不起"。

高铁客运服务人员只有在工作岗位上不使用服务忌语，时刻牢记服务忌语的危害，才能赢得旅客，做好高铁客运服务工作。

小贴士

高铁客运服务工作的日常用语

（1）开场用语。列车从始发站发出时说："旅客们，你们好，我是××车乘务员，欢迎乘坐××次列车，本次列车开往××方向。"

（2）安全用语。提醒旅客注意安全时说："旅客们请注意，车辆在行驶中发生晃动，请您坐稳，以免受伤。""车辆靠站，请注意安全，不要拥挤。"

（3）疏导用语。出现拥挤现象进行疏导时说："上车请往里走，请旅客们放置好自己的行李物品。""车上人多拥挤，请大家互相照顾一下。"

（4）查验车票用语。需要查验车票时可以对旅客说："刚上车的旅客，请准备好车票，配合查票。""您好，请出示您的车票。"对持有效票证的旅客查验后应说："谢谢！请收好。"

（5）温馨提示用语。列车快要到站时说："列车马上到达××站，有下车的旅客，请做好下车准备，随身携带的行李、物品请不要遗忘在车上。"关车门时说："列车就要开车了，站在车门附近的旅客，请到车厢里边按席位就座，车门即将关闭，请不要倚靠车门，注意安全。"向旅客进行防盗提示时说："各位旅客，请看管好随身携带的贵重物品，防止丢失。"

（6）车门立岗时标准用语。在车门立岗迎接旅客上车时说："您好，欢迎乘车。"遇雨、雪天气时说："您好，欢迎乘车，请注意脚下。"旅客携带行李较大时说："您好，为了方便您下车，大件行李请放置在车厢两端大件行李存放处，谢谢配合。"在车门立岗送别旅客时说："再见，欢迎您再次乘坐本次列车（感谢您选乘动车组列车旅行，期待与您再次相逢）。"

（7）途中作业时标准用语。制止旅客吸烟时说："您好，请不要在动车组列车任何区域吸烟，感谢您的合作！"整理行李架时说："您好，为了确保安全，避免行李掉落砸伤周围旅客，我帮您调整一下行李。"制止衣帽钩挂包（小茶桌放重物）时说："您好，衣帽钩（小茶桌）承重有限，为了避免发生意外，请您将物品放在行李架上。"制止儿童在车厢内跑动时说："请您照顾好您的孩子，不要让孩子在车厢内跑动，以免发生意外。"为旅客更换清洁袋时说："您好，为您更换一下清洁袋。"收取杂物时说："您好，请问这个您还需要吗？我帮您清理一下吧。"提示旅客正确使用电茶炉时说："您好，如果您要取用开水，请等待绿灯亮起。""您好，取用开水时请不要接太满，以免烫伤。"为商务座、一等座旅客送食品时说："您好，这是为您准备的餐点（食品），请慢用！"提醒旅客注意卫生时说："为了保持车厢整洁，请不要将垃圾扔在通道内，车厢两端备有垃圾桶。"

（8）告别用语："各位旅客你们好，下站是本次列车的终点站。感谢大家一路上对我们工作的支持与合作，欢迎您下次乘坐。"

（3）应急用语。每当发生紧急事件时，高铁客运服务人员受突发情况的影响，情绪会变得紧张，在这种情况下，往往容易忘记高铁客运服务的语言要求和重要性，面对旅客的提问变得冷漠甚至敷衍塞责。这样，旅客可能因其问题没有得到满意的回复和解答，又受到冷落和敷衍而引发不满、不解甚至投诉，对铁路企业产生不良的影响。因此在突发状况下或者非正常状况下，高铁客运服务人员更应该保持良好的服务态度，使用正确的应急服务用语，让旅客感到安全。

① 因某些原因造成停车或晚点。这方面的应急用语主要有以下几种。
- 当旅客询问停车原因时，解答示例如下：

非常抱歉，由于晚点给您的旅行带来不便。现在列车长正在与相关部门进行联系，请您耐心等待，我们一得知原因，会第一时间通知大家，感谢您对我们工作的理解和支持。
- 当旅客询问具体开车时间时，解答示例如下：

现在开车时间还不能确定，我们正在与相关部门积极联系，尽快恢复通车，由此给您的出行带来不便，我们深表歉意。
- 当旅客询问因晚点延误换乘飞机时，解答示例如下：

乘务员：非常抱歉，由于晚点给您的旅行带来不便，我立即将您的情况转达给列车长，请列车长给您解答和处理，请您稍后，谢谢。

列车长：非常抱歉，由于晚点给您的旅行带来不便，列车到站前请您到××号车厢车门处等候下车，以确保您第一个出站，最大限度地缩短您的出站时间。
- 当旅客询问因晚点赶不上中转列车时，解答示例如下：

非常抱歉，由于晚点影响您的旅行了，我们正在积极联系，在确保安全的情况下尽早开车，这趟车如果赶不上的话，我们可以为您联系车站，办理改签，转乘最近的一趟车，再次向您致以歉意。
- 当旅客询问因晚点延误签合同，影响到生意而要求索赔时，解答示例如下：

非常抱歉，由于列车晚点给您带来不便，我们也能体会到您焦急的心情，我们会抓紧时间，确保尽快开车。请您再耐心等待，谢谢您的理解和配合。
- 当旅客询问挂置防护网运行是否安全时，解答示例如下：

请您放心，我们每个开启的车门都有专人设置防护，并挂有防护网。为保证您的安全，也请您自己配合我们的工作远离车门，减少走动，感谢您的配合。

② 信号故障。旅客询问没有信号的原因时，解答示例如下：

非常抱歉，由于晚点给您的旅行带来不便。现在列车由于没有任何运行信号造成停车，我们正在积极联系，有消息立即通知您。

非常抱歉，由于晚点给您的旅行带来不便。现在前方列车（线路）发生故障，请您耐心等待。谢谢您的配合。

③ 中途换车。当旅客询问中途换车是否安全时，解答示例如下：

请您放心，我们有专人设置防护，保证您的安全。也请您配合我们的工作，按照工作人员的引导按顺序换乘到相邻列车上，谢谢您的配合。

④ 空调故障。当旅客询问车厢里闷热的原因时，解答示例如下：

对不起，列车空调出现了故障，我们正在维修，请您谅解，谢谢。我们会帮助重点旅客转移到通风条件好的前排座椅处，并打开车门通风，同时也请您配合我们坐在座位上，不要聚集到车门处，谢谢您的配合。

⑤ 茶炉故障。

• 当旅客询问茶炉没有热水的原因时，解答示例如下：

非常抱歉，茶炉出现了故障，暂时无法为您提供热水，我们正在进行维修，请您谅解。您可以到相邻车厢去接水。

如果是重点旅客，则应回答："我帮您去相邻车厢接水吧，您稍等。"

• 当旅客询问什么时候修好茶炉时，解答示例如下：

我们的机械师正在积极抢修，修好后我会马上通知您，我先为您到相邻车厢去接水。

⑥ 座椅故障。

• 当旅客告知座椅坏了，没法坐时，解答示例如下：

非常抱歉，给您带来不便，我马上去给您调整一个座位，找到后请您过去，您稍等，谢谢。

• 当旅客抱怨刚刚的座位靠窗，这个不靠窗，想要换座位时，解答示例如下：

非常抱歉，现在只有这个空座位，请您先坐下稍等，机械师正在修理您的座位，修好后我立即请您过去，谢谢您的配合。

⑦ 卫生间故障。当旅客询问卫生间不能使用的原因时，解答示例如下：

非常抱歉女士（先生），这个卫生间临时出现了故障，暂时不能使用。请您去相邻车厢卫生间，给您带来不便，请您谅解。

⑧ 餐饮服务员忘找零钱。

• 当旅客询问不找零钱的原因时，解答示例如下：

非常抱歉，由于购买商品的旅客较多，餐饮服务员忘记为您找零钱，我们马上为您退还零钱。

• 当旅客指责餐饮服务员责任心太差，要求退货时，解答示例如下：

非常抱歉，餐饮服务员一时忙碌，忘了给您找零钱，让您的情绪受到影响，实在对不起，请您谅解。

如果旅客要求必须退货，在确保商品未被拆封的前提下，可以退货。

⑨ 列车上未提供矿泉水。

当旅客询问自己现在想喝水，怎样可以取到水时，解答示例如下：

餐吧有免费纸杯，您可以去取杯子，去茶炉接水喝。

如果是重点旅客，则应回答："请您稍等，我去餐吧取纸杯，去茶炉给您接水。"

⑩ 高铁列车上验票，旅客不理解。针对高铁列车上验票旅客不理解的情况，应对的技巧如下：

验票时，要使用正确的宣传用语："为了了解旅客的去向，更好地为旅客服务，现在开始核对席位。"并对旅客的配合表示感谢，可说："谢谢大家的配合！"个别旅客不理解时，要注意站在旅客的立场上解释："先生！您讲的是对的，席位核实是为了了解您的乘车信息，方便为您提供更准确的提示服务，请您配合，谢谢！"

⑪ 旅客滞留在列车上或阻止开车。如果遇列车晚点造成旅客滞留在列车上或阻止开车时，列车长应该及时赶到现场，帮助站台的工作人员对旅客进行解释劝解工作，请旅客到站台上指定的地点进行赔付。解答示例如下：

列车长："各位旅客，我们的列车已经到达终点站，由于列车晚点给您带来不便，我再次向大家表示歉意，请谅解！如果因为我们列车的晚点造成您赶不上接续的列车，我们带您去车站指定的地点进行退票或者改签。我们肯定会为您安排好其他列车，将您送到目的地，请放心。如果有什么问题，请随我到车站进行协商，我们一定会尽量为您解决，您这边请。"

旅客："解决完问题后，我们再下车。"

列车长："先生，我们一定会给您解决问题，您跟我们到车站，咱们坐下慢慢谈，您看可以吗？如果您不下车，咱们就要随列车入库，到时会安排再送您回来，但是车库离车站较远，会耽误您的时间，我们都是为您着想，我们也是带着诚意和歉意来给您解决问题的，谢谢您的配合，您这边请！"

⑫ 旅客进行苛刻提问。当遇到旅客进行苛刻提问时，解答示例如下：

旅客："马上给我开车！"

列车长："先生，对不起，为了保证各位旅客的生命财产安全，列车现在出现故障还不能马上开车，这样会有危险，我们现在正在努力抢修，故障排除后就会马上开车，请您在座位上耐心等待，感谢您的配合！"

旅客："那给我开车门，我要下车！"

列车长："对不起，先生！现在不能打开车门，我们这也是为了您和其他旅客的安全着想，线路会有过往的列车经过，十分不安全，我们不能让您下车，请您谅解。不过故障正在抢修中，故障排除后就会尽快开车，请您到座位上再休息一下，一会儿有确切消息，我们会第一时间通过广播向大家通报。实在是对不起！"

项目2

冲突管理

在一个充满一定人群的世界，冲突不可避免地伴随创造性而产生。没有冲突，就没有个人的改变与社会的进步。另一方面，不断持续的冲突会损坏人们力求达到的某种目标。因此，冲突管理变得尤其重要。

——［美］哈维·赛佛特

爱人者，人恒爱之。敬人者，人恒敬之。

——〔战国〕孟子

是故百战百胜，非善之善者也；不战而屈人之兵，善之善者也。

——〔春秋〕孙武

惟宽可以容人，惟厚可以载物。

——〔明〕薛瑄

缺乏冲突的关系或组织可能是死气沉沉的。冲突体现了参与、承诺和关心。如果能够被理解或解决，冲突可以促进人际关系的变化和发展。

——［美］戴维·迈尔斯

任务5 认识冲突

■ 学习目标

掌握冲突的概念、内涵、特征和类型；了解冲突对组织的影响；明确冲突水平与组织绩效的关系，掌握冲突形成的过程；掌握冲突管理的内涵、目标和原则，明确冲突管理的条件和时机，了解冲突管理的功能和影响因素；掌握冲突管理方式和策略，明确西方早期、西方近代冲突管理的发展，了解冲突管理的研究展望。

■ 任务导入

面对航班上发怒的旅客

有一次，航班延误了两个多小时。旅客登机后由于机场流量过大，航班还需要等待约2个小时的航空管制。部分旅客终于愤怒了。一个乘坐127人的737飞机上，有七八个旅客在怒吼。针对航班延误问题，这些旅客还将其他的不满一并朝乘务员发作。后舱的3名乘务员正在给客舱旅客服务，当班乘务长小姜打来电话，要求她去后舱看看。小姜赶紧来到后舱，三名乘务员正在解答旅客问题。航空管制导致航班延误不是机组可以掌握的，在这时不停强调原因很难得到旅客的满意。于是小姜把乘务员召集到后舱开了个小会，要求大家沉住气，顶住压力，由小姜自己出面回答旅客的问题，其他乘务员都进客舱进行送水、发报纸、打开通风等客舱服务。旅客们的问题依然很多，小姜主要采取倾听的办法与旅客们交流。虽然大家都很忙，但客舱秩序明显好转。

在客舱中，乘务员通过实际的服务工作和倾听的方法向旅客传递了友好的态度，避免了为解释不清的问题与旅客发生正面冲突，"躲"过了旅客的气头，缓解了客舱气氛。事后，还有旅客为她们留下了表扬信。

思考题：
（1）生活中，我们会遇到哪些冲突？
（2）面对航班上发怒的旅客，乘务长小姜的做法对你有何启发？

世界本来就是充满着各种各样的矛盾和异常激烈的竞争的，有矛盾、有竞争就难免会有冲突。各种各样的冲突在人类历史的发展中就从未间断过。冲突是社会的常态，同时冲突也是组织中一种很普遍的现象，是组织生存状态的真实写照。这一点对市场竞争的主体——企业而言，也毫不例外。可以说一个企业从诞生的那一天起，就无时无刻不伴随着冲突。现代管理在某种意义上就是冲突的管理。随着企业面临的市场竞争环境日益复杂和激烈，遇到的冲突问题会越来越多。有调查显示，企业管理者花在解决冲突上的工作时间占到20%，处理冲突和加强沟通已成为管理人员必须掌握的两大人际交往技能。可见，如何有效地进行冲突管理已经成为企业管理者提高组织绩效、实现组织目标，甚至是关系到企业生死存亡的重要课题。冲突既有有利的一面也有不利的一面，对那些具有破坏性的冲突需要积极干预及时化解，对有些具有建设性的冲突就需要积极引导。对不同的冲突进行管理，使其朝着有利于整个组织发展壮大的良性方向发展，是组织管理中一项非常重要的工作。因此，在企业中如何进行有效的冲突管理是非常值得研究的问题。

5.1 冲突的概念、内涵与特征

美国管理学家理查德·L.达夫特（Richard L. Daft）认为："无论何时，只要人们在一起工作就会出现冲突。"由于信息不对称、资源的稀缺以及个人期望、态度、价值观、个性等的差异，冲突在组织中不可避免地存在着。进入21世纪，随着市场竞争的加剧以及市场的全球化，组织成员在个性、价值观、态度、概念、语言、文化和国家背景等方面的差异正在扩大。可以预见组织中的员工会不可避免地出现多元化、差异化。这种多元化、差异化是导致组织中冲突的潜在因素，使组织中的冲突比以往任何时代更频繁、更激烈。因而对管理者冲突管理的素养也提出了更高的要求。

5.1.1 冲突的概念

【小案例】

微课
冲突的概念

薪酬的冲突

万丽从事人力资源管理工作，公司实行"薪酬保密制度"。一日，万丽收到一封刚来公司不久的一位女助理的电子邮件。信中写道：她十分重视这份工作，但签合同的当天，另一位同事却透露，邻桌的女孩比她薪水高很多。可那个女孩的学历又不高，工作量也不大，她想问一下原因。

万丽收到这封信非常不高兴。她认为这个女助理过于自傲，回了一封言辞激烈的信，信里这样写道：世上没有绝对的公平，这是公司里的游戏规则。请记住，每个员工都无权询问别人的薪水，大家的薪水不仅是今天不一样，而且永远也不可能一样。

女助理无奈地接受了这个"游戏规则"，但两年后她却报复了万丽。她拉拢同事，在公司里散布万丽的谣言，同时联络外面的公司，最后不但自己跳槽，还带走了万丽手下好几位优秀员工。结果万丽受到了上司的严厉批评。

思考题：结合案例谈谈是什么原因造成了这样的后果，导致企业蒙受损失？

冲突这一词汇，最早起源于拉丁语动词Configere，意思是争执与对抗，同时也指不同的观点、思想、个性或行为之间的对立。在《现代汉语词典》中，将冲突解释为两层含义：第一层即矛盾的表面化，发生激烈的争斗；第二层即互相矛盾，不协调。在《哲学大辞典》中，同样对冲突给出两种解释：第一是矛盾和矛盾斗争的表现形式之一；第二是对原本和谐状态的破坏与否定。

目前,相关领域的学者对冲突的概念,仍然没有给出一个能被普遍接受的定义,各有各的见解。较为被大家接受的观点有四个:第一,冲突是一种主观体验;第二,冲突是一种对立行为;第三,冲突是一种交互过程;第四,冲突是一种现象。[1]

1. 冲突——体验说

持此观点的主要人物是琼斯(E. E. Jones),琼斯认为冲突是一个人做出两个或多个互不相容的反应时所处的矛盾状态。雷文将冲突定义为:在两个或两个以上的成员之间,由于实际或期望的反应互不相容,从而产生的紧张状态。主要强调个体的内部主观体验,其主观状态表现在情绪方面为:冷漠、恐惧、不满等。

2. 冲突——行为说

这一观点的主要代表人物是多伊奇(Morton Deutsch),多伊奇认为,当对立发生时,便会产生冲突,此种对立活动主要表现在阻止、干涉、伤害或妨碍对立方,或者以任何方式使对立方变得没有任何效率。主要强调个体外显的行为表现,诸如:攻击、辱骂等。

3. 冲突——过程说

持此观点的主要人物是罗宾斯(P. Robbins),罗宾斯曾将冲突定义为一种过程,并认为这一过程始于一方察觉到另一方对自己的事情将产生消极影响或已经产生消极影响。托马斯(K. W. Thomas)也认为冲突是一个过程,即冲突是起源于一方察觉到他人侵犯或准备侵犯其利益的一个过程。M. A. Rhaim 将冲突定义为实体内部或实体之间出现的不相容、不协调或不一致的一种互动过程。主要强调冲突是一种动与静交互的过程。国内学者周晓虹同样将冲突解释为一种方式或者一个过程,并认为冲突是人与人或不同群体之间为达到自身目的而相互斗争、打压乃至消灭对方。

4. 冲突——现象说

有一部分学者的观点是冲突——现象说。他们将冲突界定为一种现象。如学者俞文钊对冲突概念的界定是:由于工作群体或个人,试图只满足自身需要,而使其他群体或个人受到挫折的社会心理现象。学者涂平晖也提出了自己的观点:人际冲突是指人们交往互动时,因争执、分歧或对抗,造成彼此之间关系紧张,并且能够被双方感知到的一种现象。

此外,刘易斯·科塞(Lewis A. Coser)持冲突—斗争说,他认为:冲突是为了价值或对一定资源、权力、地位的争夺,以及双方为使对手受损或者被消灭的斗争。

综合国内外学者的观点,可知冲突是两个或两个以上主体基于对客体所期望结果或处置方式互不相容、互相排斥而引起的心理上、行为上的矛盾对立过程。冲突双方既相互对立又相互依赖,在冲突管理中就是要寻找出这种依赖关系,使相互对立的状况转化为正面效应,抵消冲突的负面效应,使其朝良性方向发展。[2]

冲突是一种广泛存在的社会现象,它不仅存在于正式组织的活动中,也存在于人类社会的各种活动中。冲突既包括内心的冲突,也包括形之于外的冲突,如吵架等。冲突表现的状态多种多样,最低水平的冲突为微妙、间接、理性控制的状况,如男女朋友之间吃醋赌气;

---

[1] 孙庆. 大学生同学间人际冲突及对策研究 [D]. 大连:辽宁师范大学,2014.
[2] 许怡,高惠珠. 论现代组织的冲突管理 [J]. 现代经济信息,2008 (6):9-10.

最高水平的冲突为明显、公开的活动，如罢工、骚乱和战争等。

> **课堂互动**
> 根据你的理解，请给"冲突"下个定义。

5.1.2 冲突的内涵

由于人们不同的社会存在所决定的不同的社会冲突意识，由于人们在研究冲突问题时对其成因、过程和后果的不同侧重，由于人们所追求的冲突管理目标的差异，使得社会学、人类学、经济学、政治学、哲学、管理学、心理学等学科对于冲突有着不同的诠释，即使组织行为学这门学科内部也有着多种不同的冲突定义。但是，如果我们从系统而全面的冲突管理视野出发，以冲突的内在矛盾运动状态为导向，以辩证唯物主义观点认识和剖析冲突，仍然可以归纳出具有共性的冲突本质内涵：

其一，冲突是不同主体或主体的不同取向对特定客体处置方式的分歧，而产生的行为、心理的对立或矛盾的相互作用状态。前者主要表现为行为主体之间的行为对立状态，后者主要表现为主体内部心理矛盾状态。

其二，组织的冲突是行为层面的人际冲突与意识层面的心理冲突的复合。客观存在的人际冲突必须经由人们去感知，内心去体验，当人们真正意识到对不同主体行为比较中的内在冲突、内心矛盾后，才能知觉到冲突。因此，冲突是否存在不仅是一个客观性问题，而且也是一个主观的知觉问题。

其三，冲突的主体可以是组织、群体或个人；冲突的客体可以是利益、权力、资源、目标、方法、意见、价值观、感情、程序、信息、关系等。

其四，冲突是一个过程，它是从人与人、人与群体、人与组织、群体与群体、组织与组织之间的相互关系和相互作用过程中发展而来的，它反映了冲突主体之间交往的状况、背景和历史。冲突是在人与人之间的互动中所感知、所经历的。

其五，冲突的各方既存在相互对立的关系，又存在相互依赖的关系，任何冲突事件都是这两种关系的对立统一状态。人们对于冲突管理，是以冲突各方的相互依赖关系为基础，相互对立关系状况的转化或诊治为重点，寻找矛盾冲突的正面效应并制约其负面效应，调整彼此的对立统一关系。①

小贴士
冲突与竞争、合作的关系

5.1.3 冲突的特征

冲突具有如下几个特征。

1. 冲突的主体具有多元性

冲突的主体可以是组织、群体或个人。冲突可能发生在员工内部，包括个体内部的冲突、个体之间的冲突；还可能发生在个体和群体之间，如一个员工与本部门之间的冲突或是一个员工与其他部门之间的冲突；也可能发生在群体之间，如不同部门之间的冲突等。

---

① 马新建. 冲突管理：基本理念与思维方法的研究 [J]. 大连理工大学学报（社会科学版），2002（9）：19-25.

2. 冲突的客体具有多样性

引起冲突产生的客体可以是物质利益、权力地位、方法意见、认知情感、个性和价值观等。客观的外部世界是多姿多彩的，冲突的客体也是多样的，具有不确定性。

3. 冲突双方具有对立统一性

冲突存在于两方或多方之间的相对立的矛盾关系之中，只有各方之间相互排斥、相互对立，才能产生冲突。但同时双方或多方之间又是相互影响、相互联系的，冲突的产生是建立在各方相互联系、相互作用基础上的矛盾对立，没有联系则谈不上对立。

4. 冲突具有客观性

冲突是一种客观存在的、不可避免的、正常的社会现象，它潜伏在所有的人际关系和活动中。可以说人时刻生活在冲突之中，一种冲突解决后，便会产生另一种新的冲突，冲突总是处在"产生—解决—再产生—再解决"的循环运动之中，无论人们是否能够正确面对，冲突总是时时处处存在的。

5. 冲突具有过程性

冲突的发生、发展是一个过程，是一个包括潜伏、认知、表现、分析和解决的过程，它是从个人、组织、群体之间不同层次的相互关系和相互作用的过程中发展而来的。[①]

小幽默

夫妻间的冲突

有一对夫妻平时很恩爱，但这天丈夫因在外喝酒回家晚了，妻子同他吵起了架。盛怒之下，妻子气哼哼地嚷道："天哪，这哪像个家！我再也不能在这样的家里待下去了！"说完，她就拎起自己放衣服的皮箱，夺门冲了出去。看到妻子如此生气的样子，丈夫有些后悔了，心想有什么大不了的事，为何一定要吵架？真傻！但他知道妻子是一个倔脾气，现在怎么劝都不会听的。于是，他也大叫起来："等等我，咱们一起走！天哪，这样的家有谁能待下去呢！"他拎上自己的皮箱，赶上妻子，并把她手中的皮箱接了过来。看到丈夫如此可笑的行为，妻子眼里还含着泪呢，就不由得扑哧一声笑了。随后，又怒气未消地抱怨道："当初真不知怎么会看上你，真是一朵鲜花插在了牛粪上。"丈夫笑嘻嘻地回答道："对，我就是牛粪，所以养得你如此年轻漂亮。"妻子顿时羞红了脸，娇嗔地打了丈夫几拳，冲突化解了，夫妻双双把家还。

【点评】与人发生矛盾和冲突的时候，如果我们能撇开愤怒，抛弃争吵，不急于争辩谁对谁错，而是学会用幽默的语言去沟通、调节，即使对方脾气大发、怒气冲冲，也会做出下意识的、收敛怒气的反应。不知不觉地，彼此间的冲突和不快就被化解了。

5.2 冲突分析的要素和程序

正确地进行冲突分析是采取正确策略，处理冲突、管理冲突的基本前提。为此要把握冲突分析的要素和程序。

---

① 黄志伟. 组织中的冲突分析及管理刍议 [J]. 社科纵横，2007（6）：53-55.

5.2.1 冲突分析的要素

想要分析冲突,首先要了解冲突分析的要素。冲突分析的要素是指冲突事件的要素,是使现实冲突问题模型化、分析正规化所需要的基本信息。在20世纪80年代,国外该领域的M. Fraser博士和W. Hipel博士共同提出了冲突分析(conflict analysis)策略。在这一策略中,冲突分析的要素主要包括以下内容。

1. 时间点

时间点标志着"冲突"开始发生的时刻。

2. 局中人

局中人是指参与冲突的组织或个人,即利益主体,他们的特征是掌握部分或完全的决策权。

3. 选择或行动

这是指参与到冲突事态中的各方可能采取的行为动作。

4. 结局

参与冲突的组织或个人就冲突策略的组合而共同形成冲突事态的结局。

5. 优先顺序或优先向量

参与冲突的组织和个人按照自己的目标要求,对可能导致的结局排出优劣顺序,形成各自的优先顺序或优先向量。

【小案例】

放行李

开始登机啦,旅客们按顺序一一走进飞机客舱,空姐小吴站在客舱中部迎接和协助旅客,一名看起来身强力壮的旅客走到小吴面前,指着他的拉杆箱说:"你给我放上去。"面对旅客这一不太绅士,不太礼貌,令人不快的做法,小吴没有迟疑,没有面带怒色,而是语气温和地对这位男士说:"先生,我们一起把这件行李放上去吧。"没想到这位男士却对小吴的话置之不理,这时小吴仍做到平心静气,她又礼貌地对这位男士说:"请您稍等一下,我去找人来帮我。"小吴与另一位空姐共同举起这位男士的拉杆箱放了上去。

事后小吴觉得,作为一名空姐,要履行好自己的职责,学会与不同类型的旅客交往,尽量为旅客营造良好宽松的乘机氛围。当冲突要发生时,在内心估计一个后果,想一下自己的责任,将自己升华倒是一个有理智、豁达大度的人,就一定能控制住自己的心境,缓解紧张的气氛。

思考题:结合本案例谈谈冲突分析的要素。

5.2.2 冲突分析的一般程序

了解了冲突分析的要素,还要进一步了解冲突分析的程序。冲突分析的一般程序如图5-1所示。①

---

① 张珈豪. 有效冲突管理 [M]. 深圳:海天出版社,2010.

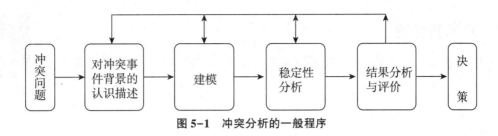

图 5-1 冲突分析的一般程序

1. 对冲突事件背景的认识描述

对冲突事件背景的认识和描述，首先要收集冲突事件的背景资料，并整理出来作为分析的雏形。收集整理的内容是否准确也是分析之前要反复确认的重要工作。尤其是对于复杂的冲突进行分析时，主要理论依据更是需要对背景有深刻的了解。

2. 建模

建模，即建立"冲突分析模型"。冲突分析模型是指在对初步的信息处理过后，对冲突事态进行稳定性分析所使用的冲突事件或冲突分析要素间相互关系及其变化情况组成的模型，通常用表格形式来体现。

3. 冲突的稳定性分析

对冲突的稳定性分析是使冲突问题得以完满解决的关键所在，重点是要把握大局，使正在冲突的事件保持平稳。所谓平稳是指所有参与冲突的组织或个人都可以接受的结果。可以说，平稳结果就是最优结果。

4. 结果分析与评估

对分析结果进行评估，其实就是对稳定性分析的结果进行评价，对当前的平稳局势做进一步科学的逻辑分析和系统评价，从而向决策者提供更有实用价值的决策参考信息和参考意见。

小幽默

吃出头发

一家饭店的卫生不太好，顾客在用餐时经常发生不愉快的现象。一次，一位顾客在吃饭时，在碗里发现了一根头发，于是把服务员叫来，问道："你们餐厅是不是换新厨师了？"

服务员很诧异："你怎么知道的？"

顾客："当然知道啦，平日的汤里总有一根白头发，今天的碗里是根黑头发。"

服务员灵机一动，脱口而出："先生，您说的可能是以前的情况，可是现在我们的厨师是一位秃子。"

【点评】这位顾客非常聪明地发挥了他的幽默，既向对方委婉地表达了自己对该餐厅饭菜卫生的意见，又给对方留了面子，使他们不至于恼羞成怒而引发冲突。而更绝的是该餐厅的服务员，他又用幽默成功地走出了尴尬，在一片欢笑声中避免了一场口舌干戈。

5.3 冲突的类型

冲突的类型

在组织活动中,冲突的发生是不可避免的,从不同的视角,有不同的分类方法,常见的有以下几种。

5.3.1 按照冲突的性质划分

按照冲突的性质,可以把冲突分为良性冲突和恶性冲突。当某些冲突对组织目标的达成具有促进作用时,这些冲突便是具有建设性的良性冲突(functional conflict);若某些冲突的存在会对组织目标的达成有阻碍时,这些冲突就是具有破坏性的恶性冲突(dyfunctional conflict)。管理者要判断冲突是良性或是恶性,必须先知道冲突与绩效的关系。当组织中没有冲突或冲突很少时,组织成员会习惯于安乐、自满与冷漠,组织会缺乏活力与创新。然而,如果组织中存在着太多冲突时,组织成员会充满着敌意,且缺乏合作意愿,因而导致较低的绩效。只有当冲突适中的时候,组织才充满活力和生机,创造出最高的绩效。管理者所面临的挑战是要为组织或团队创造出一种适度冲突的环境,在此环境中,组织的创新力最大,绩效也最高。因此管理者在冲突管理上,有时可以引发冲突来获得对组织建设性的效果,但当冲突太大而变成破坏性的力量时,则要设法予以降低。

良性冲突与恶性冲突的划分不是绝对的,两者往往有交叉,可以相互转化。如果管理者处理得当,恶性冲突可以转化为良性冲突,反之,良性冲突也会升级为恶性冲突。所以,人力资源管理者须设法将恶性冲突转化为良性冲突,并在此基础上,发挥良性冲突促进管理的积极作用。

5.3.2 按照冲突所处的阶段划分

按照冲突所处的阶段,可分为潜在冲突和正面冲突。潜在的冲突是指冲突的萌生阶段,主要表现为发生互动关系的主体之间已经积累了一定的能够引发冲突的前提条件,但还不足以导致冲突的发生,如果主体对这种潜在的不一致处理不当,就可能使潜在冲突明显化,造成正面冲突。正面冲突就是潜在冲突的明显化和公开化,冲突的双方直接交锋。

5.3.3 按照主体差异和客体内容不同划分

按照主体差异和客体内容不同,冲突可分为5种类型。

1. 目标型冲突

这是指冲突双方或多方因所希望达到的结果和目标互不相容、不可调和时所发生的冲突。

2. 情感型冲突

这是指冲突双方或多方因在情感或情绪上无法达到相一致、不可调和时所发生的冲突。

3. 强势型冲突

这是指冲突双方中的一方凭借着自己的绝对优势对另一方进行强行压制而发生的冲突。

4. 背景差异型冲突

这是指冲突双方或多方由于个性、立场、价值观、教育程度等方面的差异而导致的冲突。

5. 实质型冲突

这是指冲突的双方或多方由于规章制度、职责任务、方法、程序、工作的分配等问题而引发的冲突。①

5.3.4 按照冲突产生的方向划分

按冲突产生的方向，可分为垂直冲突和横向冲突两类。垂直冲突，即组织系统内纵向成员之间的冲突，如制造商和终端卖场的冲突等；横向冲突，即组织同一层次的成员之间的冲突，如企业分销系统中的大型卖场和百货店之间的冲突。

5.3.5 按照冲突发生对组织产生的结果划分

根据冲突发生对组织产生的结果，可将冲突分为有益冲突和有害冲突两类。

1. 有益冲突

冲突也有有益的一面。能产生建设性结果的冲突就是有益冲突。有益的冲突能够创造活力，就如鲇鱼效应一样。渔民在不爱动的沙丁鱼中间放一条活蹦乱跳的鲇鱼，这样就提高了长途运输中沙丁鱼的存活率。在组织中，有益冲突使团队成员间能进行真诚的交流，团队成员虽然有不同的观点，但是愿意彼此倾听、彼此交流并互相理解。通过冲突，成员找出了彼此的分歧，从冲突中看清了问题的重点到底在哪里；经过讨论、学习，消除了分歧，从而得出解决问题的方案；同时使团队成员在感情上更加亲近，更能了解彼此的想法，减少了疑虑及压力，从而可以提高士气。

【小案例】

鼓励适当的冲突

某公司打算重新购置一批打印机。行政财务部在讨论购买打印机事宜时，上司有意让参与讨论的人各抒己见，展开争论。有人对价格比较了解；有人常用打印机，了解公司员工的实际需要；有人对性能及耐用度比较了解。讨论中，虽有冲突，但员工彼此之间的辩论却能将问题揭示得更加明白，最终能得出实际以及有利的结论，使公司能买到合适的打印机。如果大家都害怕起冲突，让行政部经理全权代理，有可能出现以偏概全的状况，最终买来的打印机就不一定适合公司。

思考题：企业是否应鼓励适当的冲突？为什么？

分析参考

当有益冲突呈现不同强度时，可能暴露出目标不恰当、过高、过大、过难或超出组织成员目前水平与能力等不同情况，对此应进行必要的修改，以利于目标的实现。有益冲突还能暴露出组织在管理上的漏洞，引导组织加强制度建设，堵住漏洞，提高管理水平，推动组织向目标方向运动，提高组织的效率，并有利于让组织重新分配组织资源，使之更趋合理。

---

① 李鹏，张成虎. 现代企业组织的冲突分析与管理对策 [J]. 经济纵横，2007（4）：71.

【小案例】

关于广告的宣传的冲突

某家电公司开发出一种吹风机,准备推向市场。一日,产品设计部王经理挥着一本广告宣传册冲进市场部赵经理的办公室。

设计部王经理:新产品的宣传册怎么做好了我都不知道?上面宣传的这些功能,产品上还没有,这样可是对消费者不负责任!

市场部赵经理:这是广告宣传!否则在市场竞争中,顾客怎么会关注你的产品?

设计部王经理:可这样宣传是不真实的,如果顾客发现产品与广告不符,对我们的公司和品牌都会造成很坏的影响。我建议你重新调整一下广告宣传。

市场部赵经理:我也是希望新产品能卖得更好,不过你的建议是有道理的,我会重新调整一下宣传的角度。但顾客希望有更新更好的产品设计,我也希望设计部能做出满足顾客需求的产品,那市场推广就更有效了。

思考题: 如果设计部主管一言不发,就不会引起冲突,那样是不是更好呢?

分析参考

2. 有害冲突

有害冲突是指导致消极和负面结果的冲突。当冲突不能得到正确处理时,会伤害组织与成员的感情,影响团结,影响组织目标的实现。这种冲突会使团队分裂,将团队的工作重点从实际问题上转移到不必要的冲突上,消耗组织的人力、物力和时间。

钓过螃蟹的人会发现这样一个现象:当篓子里放了一群螃蟹的时候,不必盖上盖子,螃蟹也无法爬出来。因为只要有一只螃蟹试图向上爬,其他螃蟹便会纷纷攀附在它的身上,结果是把它拉下来,最后没有一只出得去。这可谓是有害冲突中最典型的例子。企业和团队里常有一些人,不喜欢看到别人的成就与杰出表现,天天想办法对别人进行破坏和打压。他们不会在意公司的目标,只顾着自己的小算盘。如果不尽早进行处理,团队中只会剩下一群相互牵制、毫无上进心的螃蟹。

有害冲突会破坏团队士气,使团队成员之间的分歧扩大化,人们的行为变得不负责任,充满破坏性,甚至争吵、打架。冲突的强度越大,给公众的震动和压力越大,若不能调节,会损害人的心理健康,甚至诱发悲剧性事件。冲突发展到一定阶段后,往往会涉及私人问题,乃至使某位成员名誉扫地,使团队合作名存实亡。而团队中因为冲突而充满压力,紧张气氛使团队成员的表现变差。冲突可能导致曲解组织目标,使组织目标走向歧途,增加了组织目标实现的难度,甚至使目标夭折。①

【小案例】

这样的冲突有利吗?

营销部内,大家针对新一年的营销计划展开讨论。

小李:我们的营销重点客户不太突出。怎样才能使我们的营销计划落到实处呢?

---

① 姜旭平. 我的冲突处理课堂 [M]. 上海:上海交通大学出版社,2006.

小张：最大的问题还是预算定得不好，老王那个组的预算经费定高了，别的组就不够用了。

老王：我们组的预算很合理，你们组才不合理，上次你们聚餐居然还敢报销，那次去玩居然敢说是请客户。我看，就你们组做的事情少，白拿钱。而且小张，你上次提出的那份计划书，简直是可笑到极点了，连你组长都被嘲笑啦！

小张：你简直是血口喷人，我们本来就是请客户。你们才是浪费钱呢，上次……

【点评】在讨论公事的过程中，组与组之间开始彼此攻击，公司重要的计划却没有得到充分讨论。大家沉迷于讨论计划的预算，而预算是已经定下来的事。由于有害冲突的产生，讨论没有抓住问题的重点，浪费了宝贵的讨论时间，也在员工心理上投下了阴影。

5.3.6 按照工作之间与个人之间的关系划分

按照工作之间与个人之间的关系，可以把冲突分为实质冲突与关系冲突。实质冲突（substantive conflict）又称认知冲突或任务冲突，是指来自所面对问题的观念或行动方案上，存在差异而引发的冲突。例如：组织成员对于开发某一新产品，因为看法歧异所引发的争议和冲突。关系冲突（relationship conflict）又称情感冲突或情绪冲突，是指来自人际间的差异所引发的冲突。例如，组织成员因为彼此性情不合或私交上的问题所引发的争论或冲突。这种冲突的分类方法，我们可以把它看成是对事的冲突与对人的冲突。实质冲突偏向是一种对事的冲突，而关系冲突偏向是一种对人的冲突。一般认为，适度的实质冲突对组织是有利的，但关系冲突则是一种负面的冲突。[①]

5.3.7 按照冲突的等级划分

按照冲突的等级划分，可将组织内部的冲突划分为下列三种。

1. 个人内部的冲突

个人内部的冲突，也称为内心斗争，指的是一个个体内部不同的欲望、信念、价值观或情感之间发生的冲突。这种冲突在人类心理活动中普遍存在，并对个体的行为产生重要影响。个人内部的冲突既存在于个人内心深处，也与外界的刺激相互作用。

2. 成员之间的冲突

冲突不仅会在个人内心中产生，而且在组织成员当中也会经常发生冲突。

3. 群体之间的冲突

群体之间的冲突与群体之间的竞争有很大的关系。美国行为学家谢里夫通过实证研究，得出了群体间竞争对群体间关系的主要影响有：各群体相互间的看法从中性变为敌对，把对方看为敌人；各群体相互抱有偏见，对自己只看到长处，不看短处；认为对方只有短处，没有长处；各群体之间的敌意逐渐增加，信息交流逐渐减少因而偏见难以纠正；如果迫使双方进行信息交流，则群体往往不认真听取对方发言，而只注意对方发言中符合自己偏见的部分。

小故事
"计取桂阳"

---

① 王宏宝. 论冲突管理与组织绩效 [J]. 科技情报开发与经济, 2010 (10): 141-149.

> 小贴士

冲突对组织的影响

冲突对组织的影响如表 5-1 所示。①

表 5-1 冲突对组织的影响

	消极影响	积极影响
对组织成员心理的影响	带来损害，引起焦虑、紧张、使人痛苦，增加人际敌意	使坚强者从幻觉中清醒，从陶醉中震惊，从不能战胜对方中看到弱点所在，发奋图强
对人际关系的影响	导致人与人之间关系的排斥、对立、威胁、攻击，使组织涣散，削弱凝聚力	使人加强对对方的注意，一旦发现对方的力量、智慧等令人敬畏的品质，就会增强相互间的吸引力，团体间的冲突还可以促进团体内部成员一致对外，抑制内部冲突，增强凝聚力
对工作动机的影响	使成员心情消极，心不在焉，不愿服从与之有冲突的管理人员的指挥，不愿与相冲突的同事配合，破坏团结愉快的心理气氛，减弱工作动机	使成员发现与对方之间的差距和不平衡，激起竞争，发挥创造力
对工作协调的影响	导致人与人之间，团体与团体之间相互不配合，互相封锁、互相拆台，破坏组织的协调统一和工作效率	使人注意到以前没有注意到的不协调，发现对方的存在价值和需要，采取有利于各方的政策加以协调，使有利于组织的各项工作均得以开展
对组织效率的影响	互相扯皮，互相攻击，转移对工作的注意力，政出多门，互不通气，降低决策和工作效率，互争人、财、物，造成积压和浪费	反映出认识的不正确，方案的不完善，要求有关人员全面地考虑问题，使决策更为周密
对组织生存和发展的影响	冲突达到一定程度后，双方互不关心对方的局部利益，并由此影响到组织的整体利益，从而有可能使组织在内乱中濒于解体	冲突本身是利益分配不平衡的表现，它迫使人们通过妥协让步和互相制约监督调节利益关系，使各方在可能的条件下均得到满足，维持内部的相对平衡，使组织创新

5.4 冲突的形成过程

冲突是一个动态的过程。实际上冲突一般是从冲突相关主体的潜在矛盾而映射为彼此的冲突意识，再经过酝酿形成彼此的冲突行为意向，然后表现为彼此显性的冲突行为，最终造成结果与影响，这是一个逐步产生、发展和变化的过程。

微课
冲突的形成过程

---

① 黄志伟. 组织中的冲突分析及管理刍议 [J]. 社科纵横，2007（6）：53-55.

美国行为学家斯蒂芬·P. 罗宾斯（Robbins）认为冲突的发展主要经历了 5 个阶段：潜在冲突期、认知冲突期、行为意向期、冲突行为期和冲突结果期。如图 5-2 所示。

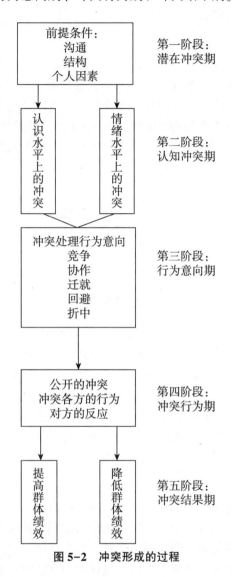

图 5-2　冲突形成的过程

5.4.1　第一阶段：潜在冲突期

冲突过程的第一步是可能存在产生冲突的前提条件。这些条件并不一定导致冲突，但它们是冲突产生的必要条件。这个阶段组织认识到了潜在的对立和不一致，具备了产生冲突的条件。为了简化起见，可以把这些前提条件（人们也常把它们视为冲突源）概括为三类：沟通、结构和个人因素。

1. 沟通

沟通不畅是产生冲突的本源。有关研究表明，语义理解困难、信息交流不充分以及沟通渠道中的"噪声"都构成了沟通障碍，从而成为冲突产生的潜在条件。具体而言，培训差异、选择性知觉、缺乏他人有关的必要信息等等，都会导致对对方语义理解的困难从而产生冲突；沟通过少或沟通过多都会增加冲突的可能性；信息传递中的过滤、正式与非正式通道中的沟通偏差等也可能造成冲突。

2. 结构

结构因素包括这样一些变量：群体规模、分配给群体成员任务的具体化程度、管辖范围的清晰度、员工与目标之间的匹配度、领导风格、报酬系统以及群体间相互依赖的程度等。具体而言，群体规模越大，任务越专门化，出现冲突的可能性越大；管理范围的模糊性增加了群体之间为控制资源而发生冲突的可能性；追求不同目标的群体间可能发生冲突；参与型领导风格由于鼓励人们提出不同的意见而可能导致冲突；一个人利益的获得以另一个人利益的丧失为代价的报酬系统，以及一个群体依赖于另一个群体都可能导致冲突。

3. 个人因素

个人因素包括人格、情绪和价值观等。某些人格类型，如专制、教条、冷酷、敏感、以自我为中心等，有可能导致冲突；负面情绪传染、价值观差异都可能导致冲突。

【小案例】

嚣张的女乘客

2019年5月3日，据网友爆料称，北京开往汉口的G521动车组上一名女士（旅客）拒绝查票，与列车员发生冲突，这位女士情绪激动，扬言："我打你怎么了，还碰到乘务人员碰瓷的了！"旁边有少年不停地劝阻："阿姨，每个人都要检票的啊！"女子大声回应道："坐着，大人说话，小孩别插嘴。"列车长赶到时，女子更是强调列车员"服务态度不好"。而在旁一直忍着的列车员，再也抑制不住自己内心的委屈，掩面痛哭起来。围观网友们都怒了！

思考题：试运用所学知识，简要评析女乘客的言行。

5.4.2 第二阶段：认知冲突期

在冲突的这一阶段，客观存在的双方的对立或不一致将被冲突主体意识到，并且产生了相应的知觉，开始推测、辨别是否会有冲突，是什么类型的冲突和是什么性质的冲突等，从而使冲突问题与矛盾变得明朗化，潜在冲突向显在冲突转化。在这一阶段，冲突主体会在感知潜在冲突的基础上认识和界定冲突，形成个性化的冲突认知，而且不同主体对冲突的认知的方式将极大地影响到后续的冲突的行为意向和冲突的可能解决办法。在这一过程中，情绪对冲突认知有重要作用。研究表明，消极情绪会导致对对方的信任感降低，以及对对方的行为作出消极解释。相反，积极情绪促进人们以开阔的视野来看待情景，采取创造性的办法来解决冲突。

【小案例】

列车员餐车吃饭被旅客怒怼

2024年春节后的火车上，一名列车员在餐车用餐时与旅客发生口角，引发网友热议。

2024年2月22日深夜12时许，在上海南开往海口的K511次列车上，准备接夜班的列车员们前往餐车用餐。然而，此时餐车内的一些旅客却对他们的用餐行为表示不满。

据旅客回忆，当时他们正在餐车内休息或准备用餐，突然听到一阵嘈杂的声音。他们发现列车员们正在用餐，声音较大，而且不时发出餐具碰撞的声音。

旅客们认为这影响了他们的休息和用餐体验，于是向列车员提出了建议，希望他们能够小声一些。然而，列车员认为对方上来就拿着手机拍，明显是在找碴，他们认为只是在正常用餐，并没有故意打扰旅客。

在列车上，列车员因为乘客的一句话觉得不太合适，于是回应说："12点吃夜宵怎么了。"然而，这个看似平常的说辞却引发了乘客的不满，双方情绪激动，在争论中各执一词，言辞激烈，场面一度十分紧张。旅客们纷纷表示不满和抗议，而列车员们也坚持自己的立场，不愿意妥协。最后，有旅客将整个过程拍摄下来并发布到了网上。

次日，广铁集团发布了一份通告，就列车员与乘客之间发生的冲突事件进行了声明：通告中指出，列车员在此次事件中的服务意识不足，需要进行批评教育。为了确保每位乘客的舒适休息，我们对列车员在餐车吃饭可能引起的打扰表示歉意。我们已经对其进行了批评教育，并将其计入考核处理。我们真诚地向受影响的乘客道歉。

【点评】这起发生在K511列车上的列车员与旅客争吵事件虽然看似只是一起简单的纠纷，但却引发了公众对服务行业质量、旅客权益以及公共场所秩序等问题的关注。双方的认知是有差异的，这种差异引发了冲突。列车员认为旅客只是购买了一个座位，并没有购买整个餐车。列车员在餐车用餐是其权利，而旅客则不应该对此提出过多的要求。旅客则认为餐车是供旅客用餐的地方，列车员作为客运服务人员应该尊重旅客的权益，不能给旅客造成不良影响。从客运服务的角度看，我们对广铁集团的声明点赞，根据广铁的通告，列车员在此次事件中存在疏忽。这件事给我们的启示是：要从中吸取教训，加强对服务行业的监管和培训，提高人们的权利和责任意识，加强公共场所的管理和监管，以促进社会的和谐与稳定。

5.4.3 第三阶段：行为意向期

行为意向介于个体的认知、情感和外显行为之间，是从事某种特定行为的决策。那么，为什么要把行为意向作为独立阶段划分出来呢？主要是为了明确了解自己如何针对他人的行为做出回应，你必须首先推断他人的行为意向。很多冲突之所以不断升级，主要原因在于一方错误地推断了另一方的行为意向。另外，行为意向与行为之间也还有一段明显的距离，因此，一个人的行为并不总能准确地反映出他的行为意向。

美国行为科学家托马斯（K. Thomas）提出了冲突行为意向模式，根据两个维度构建了人们应对冲突的五种主要行为意向。其一是肯定程度，即一方愿意满足自己愿望的程度；其二是合作程度，即一方愿意满足对方愿望的程度。

1. 竞争

竞争，即我赢你输，是指一个人在冲突中寻求自我利益的完全满足，丝毫不考虑对方的利益，也不愿与对方合作。例如，试图以牺牲他人的目标为代价而达到自己的目标；试图向别人证实自己的结论是正确的，而他人的则是错误的；出现问题时怪罪别人；虽然自己对出现的问题也负有责任，但试图让别人完全承担责任。

2. 协作

协作即互为双赢，是指冲突双方均希望满足对方利益，并在合作中寻求相互受益的结果。在协作中，双方的意图是坦率地澄清差异，表达各自需求并找到解决问题的办法，而不是迁就不同的观点。例如，找到能使双方目标均得以实现的办法；寻求综合双方见解的最终结论；创造新方法能同时满足双方利益。

3. 迁就

迁就即你赢我失，是指为了维持相互关系，一方愿意作出自我牺牲，放弃自己的观点或利益，满足对方的愿望，愿意与对方合作。例如，为了抚慰对方，愿意牺牲自己的目标，使对方达到目标；尽管自己不同意，但还是支持他人的意见；原谅某人的违规行为，并允许他继续这样做。

4. 回避

回避即放弃得失，是指一个人可能意识到了冲突的存在，但希望逃避它或抑制它。在这种冲突处理模式中，既不主张自己的利益和观点，也不与对方合作。例如，试图忽略冲突；回避其他人与自己不同的意见；避而不见对方。

5. 折中

折中即得失参半，又称妥协。当冲突双方都放弃某些主张和利益而共同分享利益时，则会带来折中的结果。在这种模式中没有明显的赢者或输者，双方愿意共同承担冲突问题，并接受一种双方都达不到彻底满足的解决办法。它的明显特点是，双方都倾向于放弃一些东西。例如，成本或责任各自承担一部分；客户想50万购买这台机器，供方想60万出售，经过一番讨价还价，最终决定中间10万的差价各自承担一半，以55万元成交。

5.4.4 第四阶段：冲突行为期

大多数人在考虑冲突情境时，更倾向于看重和强调第四阶段。因为在这一阶段当中，冲突是显而易见的。它主要包括冲突双方进行的声明、活动和态度。冲突行为通常是冲突各方实施行为意向的公开尝试，但与行为意向不同，这些行为带有刺激性、对立性和互动性。由于判断失误或在实施过程中缺乏经验，有时外在行为会偏离原本的行为意向，导致冲突的发生。潜在的冲突变成明显可见的公开冲突，往往一方有所行为，对方就会做出反应行为，是人们通常最容易认识、感受和强调的冲突状态。

5.4.5 第五阶段：冲突结果期

在第五阶段中，冲突主体之间的行为导致了冲突的最后结果，冲突的最后结果又会间接或者直接地影响到冲突主体，并反馈形成新冲突的前提条件，这样就会产生新一轮的"潜在冲突"。在此阶段，冲突的最后结果一般表现为两种不同的冲突结局：一个是功能正常的建设性冲突，即冲突的结果提高了群体的工作绩效，另一个是功能失调的破坏性冲突，即减低或破坏了群体或组织绩效的提高。

【小案例】

冲突的发生

恃才傲物是有普遍性的，因为有才者一般都认为自己比他人、比领导聪明，所以当他的顶头上司管理他时，他内心有一种逆反情绪，这就是管理者常说的不服管。进而管理者也往往带着情绪和偏见来管理这样的员工。

一位业绩一直第一的员工,认为一项具体的工作流程是应该改进的,她也和主管包括部门经理提出过,但没有受到重视,领导反而认为她多管闲事。

一天,她就私自对工作流程进行改变,主管发现了就带着情绪批评了她。而她不但不改,反而认为主管有私心,于是就和主管吵翻了,并退出了工作岗位。主管反映到部门经理那里,经理也带着情绪严肃批评了她,她置若罔闻。

于是经理和主管就决定对她进行严惩(扣三个月奖金甚至开除)。这位员工拒不接受。于是部门经理就把问题报告到老总这里。老总就把这位早有耳闻的业务尖子叫到办公室谈话,并没有一上来就批评她,而是让她先叙述事情的经过。通过和她交谈,交换意见和看法,老总发现这位员工确实很有思路,她违反的那项工作流程确实应该改进,而且她还说出了许多现行的工作流程和管理制度中存在的不完善之处。老总的这种朋友式的平等的交流,真诚地聆听她的意见,让她感觉受到了重视和尊重,反抗情绪渐渐平息下来,从而开始冷静地反思自己的行为,从开始的只认为主管有错,到最后承认自己做得也不对。在老总策略性的询问下,她也说出了她认为自己的错误应该受到的处罚程度,最后高兴地离开了办公室。此后,老总与部门经理以及主管交换了意见和看法,经理和主管也都认同了"人才有用不好用,奴才好用没有用"的道理。

大家讨论决定按该位员工自己认为应受的罚金减半罚款,让她在会上公开做了自我检讨,并补一个工作日的班。她十分愉快地甚至可以说是怀着感激之情接受了处罚,而且公司还以最快的速度把那项工作流程给改进了。

事情过后,同事们发现这位员工一下子改变了原来的傲气和不服的情绪,并积极配合主管的工作,工作热情大增,大家说她好像变了个人似的。

分析参考　　视野拓展
　　　　　　冲突水平与
　　　　　　组织绩效的
　　　　　　关系

思考题:请在上述案例中标明她与公司管理者冲突发生的各个阶段。

5.5 企业组织冲突研究的回顾

按照组织理论发展过程,可以将组织理论对企业组织冲突的研究划分为两个阶段:一是早期的研究,指人际关系学说及其以前的研究阶段;二是现代的研究,指现代组织理论的研究阶段。

5.5.1 西方早期组织冲突研究回顾

传统的组织理论学者并不欣赏冲突对组织的各种影响。他们的内在假设就是:冲突阻碍了组织提高效率,所以,组织中的冲突必须限制在最小的程度。他们规定了严密的组织结构——规则和程序、等级序列、指挥统一等,使组织成员之间不可能发生任何冲突。正是在协调、合作的假设之上,管理者才把减少冲突看作提高组织效率的适当渠道。这一时期,具有代表性的人物及其观点如下。

1. 代表性人物的"利润分享计划"

查尔斯·巴贝奇(Charles Babbage,1792—1871)是英国的数学家、发明家和科学管理的先驱。除了提出过企业管理的一般原则、劳动分工及对作业进行分析外,巴贝奇还对劳资关系进行了研究，并提出通过"利润分享计划"来解决劳资冲突。

巴贝奇劝告工人们应看到工厂制度有利于他们生活状况的改善，他还试图说明工人和工厂主有一致的利益。他说："工厂主的繁荣和成功对工人的福利是十分重要的……工人作为一个阶级，会因他们雇主的富裕而得到好处，这是千真万确的，但是我并不认为每个工人分享到的好处将同他为雇主的富裕做出的贡献完全成比例。"

巴贝奇的分享利润的计划包括两项内容：① 工人的部分工资同工厂的利润挂钩；② 工人如果能提出任何改进建议，将获得额外的好处，即建议奖金。

巴贝奇认为这种固定工资加分享利润的工资制度有如下好处：每个工人同公司的繁荣有直接的关系；激励每一个工人都来抵制浪费和不当的管理；会使每个部门的工作有所改进；鼓励工人提高技术。总之，这种"利润分享计划"使工人同雇主的利益一致，能减少冲突，达到共同繁荣、富裕。

2. 弗雷德里克·泰勒的"心理革命"

"科学管理之父"泰勒（Frederick W. Taylor，1856—1915）在科学管理中提出劳资双方必须在思想上进行一场深刻的革命，使"双方不再把注意力放在盈余的分配上，不再把盈余分配看作重要的事情。他们将注意力转向增加盈余的数量上，使盈余增加到使如何分配盈余的争论成为不必要"。即双方合作并尽到生产最大盈利的努力，这是科学管理绝对需要具备的两个要素之一。

泰勒的科学管理理论企图从两个方面来解决劳资冲突问题：一方面，希望通过心理革命使劳资双方把注意力转移到盈余的增加上，即共同提高劳动生产率，从深层次上去除劳资冲突产生的根源；另一方面，通过物质、经济刺激和组织设计等科学管理方法提高劳动生产率，以解决表面化的冲突。

3. 玛丽·福莱特的"利益结合原则"

玛丽·福莱特（Mary Fllett，1898—1933）在《创造性的经验》一书中对团体冲突问题进行过考察，并提出了"利益结合原则"。她认为任何一种利益的冲突都可以通过以下四种途径来解决：① 一方自愿退让；② 斗争以及战胜另一方；③ 妥协；④ 结合。

福莱特认为，第一种和第二种方法并不可取，因为它们要用到统治的权力，冲突双方中必然有一方的需要不能得到满足，冲突不能得到根本解决；第三种方法也是无益的，因为它把问题的解决推迟了，而且"真理并不是在于双方之间"。最有效的解决方法是结合，冲突的双方从各自利益的共同点出发，找到一种使双方都感到满意的解决方法。

4. 人际关系学说的"感情的逻辑"

美国的行为科学家梅奥（Elton Mayo，1880—1949）在霍桑试验的访谈试验和绕线圈的试验中发现：物质的刺激作用并不是提高生产率的最好的途径，职工除了有物质方面、经济方面的需求外，还有社会的和心理方面的需求要得到满足。于是，人们为了寻求在正式组织中不能获得的社会、感情方面的满足，形成了各种小团体——非正式组织。个人会把对其伙伴团体的信任看得比管理当局的控制更为重要，因此组织中正式组织与非正式组织、职工与管理者之间自然就会发生冲突。

为了有效地解决企业组织中的各种冲突，梅奥还把企业中管理人员的领导能力分为：技术经济的技能和人际关系的技能，前者是管理人员为提高生产效率而改进生产技术、降低产品成本，使职工在经济方面的需求得到满足的技能；后者是管理者为满足职工社会、感情方面的需要而调解人际关系的技能。梅奥认为领导者必须具有技术经济的技能和人际关系的技能，不仅要了解正式组织的"效率的逻辑"，还要了解非正式组织的"感情的逻辑"，要使职工的经济需求和社会需求达到平衡。这样领导者就可以在区分事实和感情的基础上，在企业的"效率的逻辑"和工人的"感情的逻辑"、职工的"经济需求"和"社会需求"之间求得一种平衡，从而使职工为实现组织的目标而合作努力，避免冲突。

梅奥等人的研究为企业组织冲突的研究提供了新的思路：企业中还存在与正式组织相互依存的非正式组织，解决冲突的方法不能仅限于技术方面，而应该掌握一种综合的（包括社会技能在内的）管理技能，特别是要注意职工的"感情的逻辑"。

综合早期的组织理论学者对组织冲突问题的研究，可以发现他们有一个共同点：都希望消除冲突，即都认为组织中存在冲突是一件坏事情。（人际关系学说在这一点上似乎有些进步，并没有认为应该压制非正式组织，而认为应该在正式组织和非正式组织之间求得一种平衡）

> **小贴士**
>
> **冲突是人际关系周期的直接产物**
>
> 冲突是人际关系周期的直接产物，即当关系破裂并给一方带来损失、失望、挫折、折磨甚至是痛苦（无论是真实的还是预期的）时，冲突便随之产生了。
>
> 然而，如果你了解人们是如何对待损失的，你就会对冲突有更加深入的体会，并更好地解决它。要知道损失、失望，甚至改变都可能会给人们带来距离感或者内心苦痛，并最终导致工作关系的破裂。

5.5.2 西方现代组织冲突研究回顾

西方现代组织理论中，各个学派都从自己学科的角度对企业组织冲突问题进行了不同程度的研究。现代组织理论中对冲突的认识与传统的观点相比有了根本性的改变。怀特（White）曾经这样简洁地论述冲突的功能："在组织发挥其功能的过程中，和谐是一个令人讨厌的现象。管理的目的并不是建立一个和谐的组织，而是建立一个能够发现其面临的问题以及如何解决问题的组织。因为冲突是组织生命中不可缺的一部分，所以，冲突解决过程也成为组织设计中一个重要的组成部分。"

1. 社会系统学派的研究

社会系统学派的代表人物——切斯特·巴纳德（Chester I. Barnard，1886—1961）用社会学的观点来研究组织，把组织看成人们进行相互协作的一种社会系统。巴纳德对组织冲突的研究侧重于个人目标同组织目标之间的冲突。

巴纳德还研究过在经营管理中遇到的一种特殊冲突形式即道德冲突。每一个组织成员都会碰到一定的道德冲突问题，组织中地位愈高的经理人员遇到的冲突愈是复杂而难以解决的。如果一个人在组织中的地位以算术级数提高，则其道德准则的冲突就以几何级数增加。对此，巴纳德提出，要下意识地按照一种优先次序来处理组织中的问题，以免陷入困境；当发生冲突时，应分析情况和提出问题，避免发生新的冲突。

由以上分析可知，巴纳德的组织理论试图建立一个协作的系统，把组织目标同个人目标、组织的经济需求同个人的经济需求结合起来，以减少冲突。从这一点来看，巴纳德的观点同福莱特的观点有异曲同工之处，都认为组织目标的实现有利于个人目标的实现，认为两者应该结合起来。

2. 决策理论学派的研究

1978年，诺贝尔经济学奖得主西蒙（Herbert A. Simon，1916—1995）创立的决策理论学派对组织冲突问题也进行了一定的研究。西蒙（Simon）和马奇（Marc）认为冲突使组织的标准决策机制遭到破坏，导致个人或团体陷入难于选择的困境。西蒙和马奇认为"冲突"一词即意味着决策机制的崩溃，在任何情形中冲突主要以三种形式产生：① 因为不能接受最理想的选择；② 因为各种选择的结果不稳定；③ 因为不能比较各种选择。

显然，由于以下原因之一——不能接受选择，选择不确定，不能比较选择，正常的决策机制遭到破坏，个人面临着两难的决策问题，因此，个人可能会发生内心的冲突或与他人的冲突。

3. 其他学派的研究

1）威廉·富特·怀特的"冲突缓冲器"

怀特是最早对社会系统同技术工作系统的相互作用进行研究的人，他的结论建立在对饭馆企业中的人群关系的研究基础上。怀特的研究分析中使用了一个关键概念——地位（即一项工作在一个人的眼中或在其他人看来的相对声誉）和一个基本假设（对其他人安排工作是地位较高者的事，如果地位低的人给地位高的人安排工作，就不可避免地会发生冲突）。

2）巴基的"组织的结合"

耶鲁大学的怀特·巴基在对新英格兰电话公司作了一项试验调查后，曾试图确定公司和工会如何在一种复杂的社会系统中结合在一起，以减少正式系统与非正式系统之间的冲突，即企图通过"组织的结合"来减少企业组织冲突。

除此之外，其他学者也对组织冲突的性质、产生的原因及冲突的管理等问题进行了研究。特别是在组织行为学的有关研究中，都把组织冲突作为一项重要内容，如 Ross A. Webber 所著的《组织理论与管理》、美国的加里·约翰斯的《组织行为学》等。此外，美国行为科学家杜布林（Andrew J. DuBrin）、托马斯（K. Thomas）、让享（Rahim）等人也对组织冲突进行了研究。

德·波诺（De Bono）是最近出现的又一位把管理冲突等同于彻底消灭冲突的学者。他用了一个新鲜名词 confliction 来表示在组织中激发冲突，而用另一个词 de-confliction 来表示相反的意义。他说："de-confliction 并不是指谈判或交易，也不是任何解决冲突的办法。它是使冲突消失所要进行的努力。正如 confliction 是激发冲突一样，de-confliction 是它的相反过程，即使冲突销声匿迹的过程。"

在现代组织理论中，人们已经开始意识到冲突研究的重要性，并且充分认识到冲突影响的积极作用及压制冲突的不合理性，开始探索对冲突进行有效管理的方法。今天，组织冲突已经被看作合理的、不可避免的现象，甚至作为有效组织管理的一个指标。限制在一定范围内的冲突对组织效率是有益的。没有冲突或者冲突过少容易导致组织停滞不前、决策效率低下、管理无效。但另一方面，过多的组织冲突也会导致无法控制的后果。

纵观冲突的研究历史，发现人们对冲突的认识经历了如表 5-2 所示的三个阶段。①

---

① 万涛. 冲突管理［M］. 2版. 北京：清华大学出版社，2018.

表 5-2　人们对冲突的认识经历的三个阶段

观点	盛行年代	基本假定	对冲突的看法
传统观点	1930—1940 年	冲突的防治、避免	带来负面效益，必需
人群关系观点	1940—1970 年	冲突的接受	自然存在，无法避免，可能有正面效益
互动观点	1970 年至今	冲突的激励	绝对需要，有正面力量，应维持适当水平

自我认知测试

你处理冲突的能力如何？

以下是经常遇到的冲突现象，请从后面的选项中选择你会采取的做法，测试一下你处理冲突的能力。

1. 赵倩和李媛个性不合，赵倩个性火爆，直来直去，李媛却是慢性子，两人在工作上总是磕磕碰碰。作为团队领导你会：

　　A. 尽量不把她们安排在一个团队中，使她们在不同的方面发挥各自所长

　　B. 不管不问，个性的差异是没有办法的事情，随她们去吧

　　C. 思想碰撞才会出现火花，越是不合，越是要将她们安排在一起，慢慢磨平两个人的个性

　　D. 树立工作质量标准，在结果上见分晓，如果她们的个性影响了工作，让她们"吃不了兜着走"

2. 自己加班赶出来的方案为公司赚取了大额利润，但自己的分红却和先前谈好的不同，你会：

　　A. 想不通，"借酒浇愁"

　　B. 向关系好的下属诉说心中的不快，联合起来闹事

　　C. 与上司沟通，问明原因，争取自己的合法利益

　　D. 一笑而过，没什么大不了

3. 有段时间，公司里疯传要炒人，一时间人人自危。一天，小王去机房上网，发现不知道是谁开了个不良网页忘记关闭，小王不以为然，随手将之关闭。令她万万没有想到的是，第二天，整个公司竟然传开了她看黄色网页的谣言。作为团队领导你应该：

　　A. 找小王了解情况，舒缓她的压力

　　B. 一门心思地认定是小王看不良网页，批评她的这种不光彩的行为

　　C. 开会澄清这件事，批评"好事者"的行为

　　D. 明知这件事不是小王干的，但谁让她在这个关头"闯祸"了呢？不管三七二十一把她炒掉

4. 小马和小王不知因为什么事情结下了"梁子"，从此在工作上横眉冷对，互相使"绊子"，再也不互相协作。作为团队领导你应该：

　　A. "隔山观虎斗"，谁出了错就"炒"掉谁

　　B. 找到冲突的原因，私下里找他们沟通，解决问题

　　C. 警告两人不可因私人情况影响工作

　　D. 找上司对两人施压

5. 你在工作中得罪了上司,他(她)找借口扣了你的奖金,你会:
   A. 向交往多的下属诉苦,联合起来对付上司
   B. 保持沉默
   C. 向更高级领导报告
   D. 据理力争

6. 与爱人吵架后,当你心情平静下来,你想什么?
   A. 想想夫妻间曾有过的愉快的事,想想吵架的原因,自己有什么不对的地方,深刻反省后再与爱人心平气和地沟通
   B. 暗中报复对方
   C. 想想自己已经忍受了多少次欺负
   D. 无论有多苦为了爱情都要忍下来

7. 工作中的压力使你和爱人变得容易发怒时,你会:
   A. 尽量不钻牛角尖,设法避免引起争吵
   B. 设法向第三者倾诉
   C. 坚持和爱人一起讨论,研究解决的办法
   D. 打不还手,骂不还口

8. 每逢节假日,你和爱人为去看望谁的父母而发生口角时,你会:
   A. 认为最公正的办法是根本不和家人共聚,以减少麻烦
   B. 订个生硬计划,不分情况,平分秋色,每个节假日都要和家中的各个成员共度
   C. 决定在重要的节假日和你的家人团聚,在其他节假日与爱人的家人共度
   D. 在重要的节假日,拜访距离远的家人,在平时的节日与距离家近些的家人共度

9. 你"升职"了,资历比你长的同事对你不服,你会:
   A. 找机会给他点苦头吃
   B. 随他去,他会自己调整好情绪的
   C. 请上级出面协调或直接与他沟通
   D. 与他直接沟通

10. 你的好朋友想背叛公司,并带走公司的商业秘密,他告诉了你,你会:
    A. 为了朋友,假装不知道
    B. 劝朋友放弃想法
    C. 用匿名信的方式告发
    D. 直接向上司告发

11. 公司举行业务团队活动,你与恋人有约会,你会:
    A. 直接与恋人约会,给公司打电话说有事不能参加活动
    B. 借口身体不适,请假在家休息,然后与恋人约会
    C. 向公司说明情况,征得同意后与恋人约会
    D. 参加团队活动,向恋人说明情况,求得谅解

12. 当公司部门内部出现拉帮结派的现象,并联合起来对付其他团队时,你会:
    A. 参加"最具实力"的帮派,寻求他们的支持
    B. 保持中立,漠不关心

C. 重新分配任务进行团队组合，实在不行就辞退主要"好事者"

D. 请上司出面摆平

13. 部门内部不知道从哪里传出谣言，说公司经营业绩不佳，即将倒闭，从此人心惶惶，你会：

A. 找出谣言的制造者，将其解雇

B. 收集信息，召集员工开会，请上司及财务主管出席并澄清事实

C. 报告上司让上司来处理

D. 与员工私下沟通

14. 小王和小刘都是你手下的得力干将，他们两个都想接手个房地产项目，你会？

A. 和小王关系好一些，所以把机会交给小王

B. 小刘对待房地产更有经验，把机会交给小刘

C. 让两人同时拟订策划书，经上司及各部门主管开会研究表决，谁的更有吸引力就把机会交给谁

D. 由上司说了算

测评结果

评分标准：

题号	A	B	C	D	得分
1	4	1	3	2	
2	2	1	4	3	
3	4	3	2	1	
4	1	4	2	3	
5	1	3	2	4	
6	4	1	2	3	
7	3	1	4	2	
8	1	3	2	4	
9	1	2	3	4	
10	1	4	2	3	
11	1	3	2	4	
12	1	2	4	3	
13	1	4	2	3	
14	1	3	4	2	
合　计					

知识巩固与训练

1. 案例分析

请扫描二维码，阅读案例原文，然后回答每个案例后面的问题。

案例原文

2. 思考与讨论

（1）简述冲突的概念和内涵。

（2）冲突有哪些特征？

（3）冲突有哪些类型？

（4）冲突对组织有何影响？

（5）冲突水平与组织绩效的关系是怎样的？

（6）简述冲突形成的过程。

（7）简述冲突管理的内涵和目标。

（8）冲突管理需要把握哪些原则？

（9）冲突管理的条件与时机是怎样的？

（10）冲突管理有哪些功能？

（11）冲突管理的影响因素有哪些？

（12）简述冲突管理方式的一维、二维、三维模型。

（13）管理学的发展与冲突管理的发展有什么区别和联系？

（14）试论述西方早期、西方近代冲突管理的发展。

（15）试与同学讨论，面对冲突应该采取的积极态度是怎样的？

3. 实训项目

（1）请做下面的实践练习题。如果在冲突中你出现过下列的情形，请在后面的括号中打"√"。看看你对冲突采取的反应和对策是否恰当。

① 争吵时我总是很难让自己的心情平静下来。（　）

② 我通常会先为自己的行为向对方道歉。（　）

③ 发生争执时我总是努力在舌战中取胜。（　）

④ 争吵时我还是不忘围绕问题本身说话。（　）

⑤ 作为经理人，我当然会为我的部门/员工说话。（　）

⑥ 在争论当中我总是坚持自己的意见。（　）

⑦ 我认为聆听别人的看法比自己说更重要。（　）

⑧ "双赢"只不过是一种时髦但却没用的说法。（　）

⑨ 我总是努力寻找弥合双方矛盾的其他方法。（　）

启示：争吵时心情难以平静是一些冲突激化的因素。同时，在争论中总是坚持己见的管理者很容易与身边的人产生冲突，需要加强自我训练，努力克服不良反应和对策。

（2）请您做下面的实践练习题。以下是在办公室因个性引起冲突的常见现象。如果它在您或您的员工身上发生过，在后面打"√"，看看一共有几项。

① A 总是抓住一切机会表现自己，太引人注目了，只要有他在的场合，他就是主角，别人都如同"被月亮隐去光芒的繁星"。因此，公司里的同事都不愿与之为伍，有意地疏远他。（　）

② B 很圆滑，只要有上司的地方就看得到他的身影，连上司的太太过生日他都会请假买礼物去祝贺。公司的人对他冷嘲热讽，十分反感他的行为。（　）

③ C 年轻貌美，喜欢奇装异服。大家认为她很怪异，穿着打扮太不文雅，非常看不惯。（　）

④ D说话声音清脆，大家都认为她是有意发嗲，装腔作势，因此对她很不满。（   ）

⑤ E是个身高1.80 m的北方小伙子，行为动作却像个女孩子。个性开朗，性格直率，大大咧咧的王芳很是看不惯他，言语间时有冲撞。（   ）

⑥ F喝水的时候"声势浩大"，公司同事一提到他就皱眉头，戏称他为"农民"。（   ）

⑦ G开会时从来不发言，每每提到他，大家都摇头称此人能力太差。有次他正好听见同事们的谈话，他愤怒地摔出一大沓获奖证书予以反驳，气氛很是尴尬。（   ）

⑧ H总是喜欢向上司邀功，明明是一个小组共同完成的工作，见到上司却说："我和同事们多辛苦才干完这活儿，这会儿他们都收工了，我还要赶报告。"（   ）

在以下横线上补充你所在公司员工在工作中因个性不合而与同事产生的冲突事例。

_____
_____
_____

评价标准：打"√"的项目越多，或横线上你补充的内容越多，表明公司员工因个性而引起的冲突越多。

电子活页：情绪调控

一、认识情绪和情绪陷阱

1. 认识情绪　　2. 认识"情绪陷阱"

二、提防六种情绪陷阱

人与人的沟通中主要存在六种常见的思维习惯，这些习惯如同陷阱一般经常带来负面情绪，有意无意地左右着人们的思维。了解以下列举的六种情绪陷阱，可以帮助我们正确地审视和处理沟通双方的情绪状况，有效化解冲突，让情绪成为为人处事的活力、精力、动力之源，避免成为人际关系或心灵世界的阻力。

1. 错误推定对方动机　2. 急于辩驳　3. 不良的说话习惯　4. 印象差　5. 偏见　6. 强势语气

三、情绪调控的常用方法

情绪调控，即培养情绪自我控制能力。情绪调控主要是指对负面情绪的控制、疏导和消除，培养乐观积极的情绪。对于情绪的调节和控制，并不等同于简单的压抑情绪，因此要做到自如地调控自己的情绪，必须了解情绪调适的可能性，并学习一些常见的情绪自我调控方法。

1. 合理情绪疗法　　2. 合理宣泄法　　3. 放松训练法　　4. 注意转移法

学生工作页

冲突管理技巧1——情绪调控

任务一	掌握情绪的概念、要素和功能；明确不良情绪导致冲突的事实
任务二	明确"情绪陷阱"的含义、特性以及危害
任务三	仔细回想最近一周你的情绪变化，按照天气预报的方式写出来，然后仔细分析自己的情绪状态
任务四	你是否有掉入"情绪陷阱"的经历，你是怎样摆脱的？
任务五	试着用合理情绪疗法，帮助一位情绪不良的同学进行情绪调节
任务六	请以"我看'情绪陷阱'"为题写一篇文章，谈谈你对"情绪陷阱"的看法。
任务七	如果你有一位好朋友工作中遇到了挫折，情绪很低落，认为自己不适合从事这一行，想辞职又拿不定主意，心中很苦恼。你将如何利用所学帮助这位朋友调节情绪？
任务八	如果有人在同学面前说你坏话，恰好被你发现了，你的第一情绪反应是什么？你会怎么处理？
班 级		学 号		姓 名	

学生自评

我的心得：

建议或提出问题：

教师评价

任务6 冲突管理基本问题探讨

■ 学习目标

掌握冲突管理的内涵,明确冲突管理的最高目标和最低目标,掌握冲突管理应遵循的原则;明确冲突管理的条件和时机;了解冲突管理的影响;明确西方早期的冲突管理的发展状况;掌握西方近代冲突管理的发展状况。

■ 任务导入

宇航公司的烦恼

吉姆·史密斯(Jim Smith)是宇航公司系统开发部经理,他在这家公司工作的15年间,训练了许多管理人员,他鼓励他们成长发展。但他看到的是,大多数人获得高级学位之后离开了公司。该公司实行一种开明的教育补偿政策(公司负担75%的学费和书费),工程师中大约有50%的人有技术方面的硕士学位,他们中的很多人得益于这种教育政策。

一位名叫琼·哈里斯(Joan Harris)的电气工程师来见她的上司吉姆·史密斯,史密斯祝贺她通过公司教育计划的帮助获得了工商管理硕士学位。

令史密斯吃惊的是,哈里斯女士说她要离开公司到这家公司的竞争对手那里去工作,因为她在宇航公司看不到任何升职的机会。

史密斯先生大为恼火,因为这种事以前已经发生过好几次。他立即去见主管人事的副总经理,对公司的教育补偿和缺乏系统的人事管理方法表示不满。

思考题:

(1)为什么职员在通过教育补偿计划获得学位后还要离开公司?上述案例反映了管理过程中的什么冲突?

(2)这种冲突产生的原因是什么?是否可以避免上述冲突?是否有更好的解决冲突的方法?

冲突是企业经营管理中的常见问题。从哲学角度看,冲突是世界充满矛盾的具体表现。由于矛盾无时不有,并且无处不在,冲突在企业经营管理中也处处存在,并贯穿经营管理的全过程。因此冲突管理是企业经营管理最基础的工作之一。从商业实践看,许多企业由于对冲突管理不当,造成产品质量严重下降,优秀员工大量流失,企业信誉大幅滑坡,甚至由于严重的人际对抗而导致企业崩溃。我国企业由于冲突处理失误而造成企业震荡乃至解体的事例也并不少见。相反,那些能够妥善处理冲突的企业都能顺利渡过危机,保持企业长期稳定发展。由此看来，冲突管理作为一种新的管理模式而迅速兴起并非偶然，对冲突进行有效管理是企业成功的重要驱动力，也是优秀企业在经营管理中遵循的基本原则。

6.1 冲突管理的内涵、目标和原则

6.1.1 冲突管理的内涵

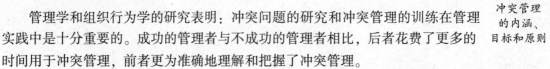

微课 冲突管理的内涵、目标和原则

管理学和组织行为学的研究表明：冲突问题的研究和冲突管理的训练在管理实践中是十分重要的。成功的管理者与不成功的管理者相比，后者花费了更多的时间用于冲突管理，前者更为准确地理解和把握了冲突管理。

冲突管理（conflict management）有广义与狭义之分。广义的冲突管理应当包括冲突主体对于冲突问题的发现、认识、分析、处理、解决的全过程和所有相关工作，也就是对于潜在冲突（潜在的对立或不一致）→认知冲突（冲突的认识和个性化阶段）→意向冲突（冲突的行为意向阶段）→行为冲突（冲突主体采取行动阶段）→结果冲突（冲突形成结果及其结果的影响阶段）的全过程进行研究管理；狭义的冲突管理则着重把冲突的行为意向和冲突中的实际行为以及反应行为作为研究对象，研究冲突在这两个阶段的内在规律、应对策略和方法技巧，以便有效地管理好实际冲突。迄今所见的论述冲突管理的大部分文献多立足于狭义冲突管理的范畴。

传统的冲突管理理念把冲突管理仅仅等同于"消除冲突""解决冲突"或"处理危机"，其隐含的前提假设是"冲突是破坏性的"，"冲突管理是冲突事件发生以后的工作"，这显然是片面的。现代冲突管理观念认为，冲突不仅具有客观存在性和主观知觉性，而且具有两重性，即：冲突对于组织或群体既具有建设性、推动性等正面属性，又具有破坏性、阻滞性等反面属性。组织和管理者的任务不再是防止和消除冲突，而是要管理好冲突——限制破坏性冲突和促进建设性冲突，刺激功能积极的冲突，充分利用和发挥冲突的积极影响并控制其消极影响。现代冲突管理的概念应涵盖上述广义冲突管理的范畴，应当包括激发冲突、预防冲突、转化冲突、解决冲突等功能。具体而言，冲突管理的基本内容为：避免不必要的冲突（如过于激烈的情绪，沟通不畅，以偏概全等）；减少破坏性冲突的影响；界定和分析冲突的实质内容（目标、利益、价值、程序等），寻找解决问题的对策；利用一定的策略方式达成冲突各方可以接受的协议；采用适当的方法、技巧控制或转化冲突的方向、水平或属性。

冲突是当今世界日益凸显的管理问题。冲突管理是任何组织都无法避免或忽视的重要管理工作。因此，一个组织、群体以至个人能不能学习、掌握和提高冲突管理的科学知识和艺术技巧，能不能及时、正确、有效地实施冲突管理，趋利避害地驾驭冲突，直接影响着自身目标的实现，关系到组织、群体和个人的生存和发展。

> **小贴士**
>
> ### 三种不同观点
>
> 冲突管理对组织中存在的冲突形成了三种不同的观点。
>
> 第一种为传统的冲突观点，认为冲突是有害的，会给组织造成不利影响。冲突成为组织

机能失调、非理性、暴力和破坏的同义词。因此，传统观点强调管理者应该尽可能避免和清除冲突。

第二种为冲突的人际关系观点，认为冲突是任何组织无法避免的自然现象，不一定给组织带来不利的影响，而且有可能成为有利于组织工作的积极动力。管理者就应该接纳冲突，承认冲突在组织中存在的必然性和合理性。

第三种是新近产生的冲突的互动作用观点。与人际关系观点只是被动地接纳冲突不同，互动作用观点强调管理者要鼓励有益的冲突，认为融洽、和平、安宁、合作的组织容易对变革和革新的需要表现为静止、冷漠和迟钝，一定水平的有益的冲突会使组织保持旺盛的生命力，善于自我批评和不断革新。冲突与差异是否真实存在并没有关系。只要人们感觉到差异的存在，则冲突状态也就存在。对于不希望出现的冲突，管理者应该采取切实有效的策略解决冲突。当冲突过于激烈时，管理者应该采取一定的措施和方法来减缓和削弱冲突。

课堂互动

根据你的理解，请给"冲突管理"下个定义。

6.1.2 冲突管理的目标

冲突管理的目标可以分为两种：最高目标和最低目标。

最高目标即为解决冲突奠定过渡的基础。从冲突较深层次的原因看，冲突管理不仅要在冲突的强度、规模、后果的严重性程度上有所效用，制止破坏行动，减少冲突升级的可能性，还要设法解决双方的需求，改变冲突双方的互动关系，促使冲突的性质由毁灭性向建设性的转化。其结果也就是变冲突的恶性循环为良性互动，并在一定程度上扭转冲突自身运转的动力机制，为冲突的解决创造条件。

最低目标即防止冲突升级。从冲突的现象来看，冲突管理要维持或降低冲突的强度，控制或缩小冲突的规模，遏止冲突的破坏性后果。这是冲突管理必须达到的最低限度，如果达不到这一目的，那么冲突的管理就是失败的。

当然，从冲突当事方和管理者的角度看，冲突管理还应当达到使冲突双方的敌对关系缓和，促进双方放弃武力手段解决争端的企图，敦促双方寻求以和平的方式来谋求冲突的解决，鼓励冲突双方尊重并接纳管理者的立场或建议，努力构建管理冲突的无形规则和有形机制。

冲突管理具体要达到何种层次的目标，则要实事求是地分析具体情况。不仅要了解冲突产生的根源和冲突的实质以及冲突自身发展的动力，还要了解冲突各方的战略目标和策略，并考虑自身可资利用的杠杆资源和权力及可采取的手段。只有对这几方面因素进行综合而全面的考虑，才能制定切合实际目标，从而实现成功的冲突管理。

最后，冲突管理成功的一个关键在于必须保持冲突各方参与管理的动力，否则冲突管理进程就难以持续下去。如何成功地引导冲突各方（主动或被动地）参与冲突管理，比较稳定的还应是构建一种管理机制，由这种机制产生参与管理的鼓励性或约束性的动力，推动冲突管理进程的继续。

> **小贴士**
>
> **冲突解决与冲突管理的区别**
>
> 冲突解决与冲突管理的区别如表6-1所示。
>
> 表6-1 冲突解决与冲突管理的区别
>
> | 比较项目 | 冲突解决 | 冲突管理 |
> | --- | --- | --- |
> | 管理理念 | 冲突代表体系出了差错 | 冲突代表体系的正常部分 |
> | 基本心态 | 冲突双方一定要分出胜负 | 冲突可能是为了达成共同的目标 |
> | 处理方式 | 利用各种手段消灭冲突 | 以理性的态度寻找处理冲突的最佳途径 |
> | 处理态度 | 防卫自己，压制他人 | 开放自己，愿意改变立场 |
> | 对冲突的忍受 | 无法忍受冲突的存在 | 对组织有利的冲突可以存在 |

6.1.3 冲突管理的原则

处理各种冲突时，我们要注意把握以下四个原则。

1. 积极适度原则

在繁杂的冲突事件中，良性冲突和恶性冲突往往是交织融合在一起的，区分起来也并不简单。这就要求管理者在面对这样的冲突问题的时候，心态积极，把握分寸，防止"一刀切"，造成误解和伤害，甚至冤假错案。

2. 及时全面原则

管理者在合理分析，了解冲突性质类型之后，切莫置之一旁，任其发展。要及时、迅速地采取最佳处理方案，以防破坏性冲突事态得到不良蔓延，进而影响到整个组织的正常运行。

3. 公平公正原则

在冲突发生的时候，难免要涉及不同个体或群体的利益。管理者要以实事求是为依据，查明冲突发生的前因后果，做到奖惩分明；坚决杜绝掩盖、包庇等不公平、不公正现象出现。若不能维持该原则，长久下去，组织发展状况将进一步恶化。

4. 人本情感原则

当管理者对冲突双方进行处理，甚至是不同程度的奖励或惩罚时，一定要考虑冲突对象的承受能力，一旦处理的负效应大于管理者设想的正效应时，组织的冲突管理成本会大大增加，这对组织发展是很不利的。因此，管理者要以广阔胸怀、坦荡胸襟包容员工一般行为，让他们感受到组织的温暖、宽容，从而达到教育、感化的目的。

在严格按照上面几大原则进行冲突管理过程中，并不是摈弃其他一些重要的冲突管理法则，如有备无患，预防为主的法则；积极沟通，互帮互助的法则等。在复杂多变的各类冲突现象中，这些法则应当是相互联系，相互融通，绝非是孤立、单一的限制框架。

小幽默

我要打胜的那只

有一次,一位顾客在一家有名的饭店点了一只油焖龙虾。但当菜上来以后,顾客发现盘中的龙虾少了一只虾螯。这位顾客很不高兴。

服务员抱歉地说:"对不起,您是知道的,龙虾是一种残忍的动物。这只龙虾一定是在和它的同类打架时被咬掉了一只螯。"顾客巧妙地回应道:"那么请调换一下,把那只打胜的给我。"

【点评】服务生和顾客双方都用幽默的表达方式,委婉地指出双方存在的分歧,从而避免了冲突的发生。

小案例
某建筑公司的人力需求冲突

6.2 冲突管理的条件、意愿和时机

小贴士

怎样面对航空安全与服务旅客的冲突?

空乘人员在服务过程中,如果遇到安全与服务旅客发生冲突的情况,应该按照以下步骤进行处理。

1. 优先考虑安全

空乘人员的首要职责是确保旅客和航班的安全。因此,在任何情况下,如果安全受到威胁,空乘人员应该立即采取行动,确保旅客和航班的安全。

2. 保持冷静和礼貌

在处理冲突时,空乘人员应该保持冷静和礼貌,避免情绪化的反应。空乘人员应该耐心地向旅客解释安全规定和程序,并尽可能提供帮助和指导。

3. 寻求协助

如果一个空乘人员无法处理冲突,可以向其他空乘人员或机组人员寻求帮助。如果需要,也可以向机长报告情况,并请他们参与解决冲突。

4. 记录事件

空乘人员应该记录事件的发生和处理过程,包括涉及的旅客、冲突的原因和处理方式等。这些记录可以用于后续的报告和分析,以提高服务质量和管理水平。

5. 反思和改进

空乘人员应该在事件发生后进行反思,分析冲突的原因和自己的处理方式,并寻求改进的方法。航空公司也应该对事件进行调查和分析,以提高服务质量和管理水平,减少类似事件的再次发生。

总之,空乘人员在服务过程中遇到安全与服务旅客冲突的情况时,应该以安全为首要考虑,保持冷静和礼貌,寻求协助,记录事件并反思和改进。

对冲突进行有效管理不仅需要必需的条件,也需要恰当的时机。也就是说,有效管理冲突不仅需要管理者具备一定的资格并且拥有适当的资源与能力杠杆,还需要把握冲突当事方

的接纳时机。

6.2.1 冲突管理者需要具备的条件

一方如果想作为第三方对存在于两方之间的冲突进行有效的管理，必须具有以下相关条件或资格：① 管理方必须在冲突双方看来具有一定的权威性。这种权威性可以赋予介入方以一定程度的"合法性"。② 第三方在两方的冲突中有切身的利害关系，冲突会威胁或损害其利益。利益的牵连性很大程度上赋予第三方的"准一方"地位，使得冲突双方不得拒绝拥有部分发言权的第三方。③ 第三方具有对冲突双方构成某种影响的能力杠杆，使得冲突双方不能忽视第三方的态度。④ 第三方在冲突双方看来有一定的中立性和可接受性。

6.2.2 当事方有接受冲突管理的意愿

第三方具备的上述条件只是一种资格，并不会必然导致冲突管理的形成。冲突主要是当事方之间的事情，所以当事方的意愿，即当事方同意有关第三方对冲突进行管理是冲突管理得以实施的前提条件。冲突方的意愿也是有条件的：① 冲突的每一方都希望看到第三方的介入会增进自己的利益。最主要的是当事方希望管理可以促进冲突达成自身希望的结果，实现比继续进行冲突更为有利的结果。② 冲突各方希望第三方的管理对自己无法控制的恶化局面进行管理，以减少冲突升级或者失控的危险，从而便于冲突接近缓和乃至解决。③ 冲突双方希望第三方可以作为"证人"，监察或保证他们之间达成的协议，使得协议更加具有权威性和合法性，以此作为以后约束对方行为、减少对方破坏协议的危险性的一种手段。④ 冲突各方希望在冲突双方直接谈判无望或不可能产生有效结果的情况下，第三方的管理能够帮助达成解决方案或提供一种比直接谈判更有利的解决结果。只有在这种情况下，也就是只有当事方认为接受调停对自己更有利的情况下，他们才愿意接受第三方对冲突进行管理，这种管理才能水到渠成。

6.2.3 冲突管理的时机

进行有效的冲突管理不仅要同时具备上述两方面的条件，还需要把握进行冲突管理的时机。无论是当事方的意愿还是介入方的资格，从一定意义上说是一些"程序"。只有当这些"程序"达到"契合点"，第三方才能进行冲突管理。这个"契合点"就是实施冲突管理的最好时机。对第三方而言，其衡量的标准是冲突达到损害自身利益的时刻或出现促进自身利益的机会；对于冲突当事方而言，其衡量的标准是"互相伤害僵局"的形成，这意味着冲突双方在冲突中谁都无法赢得胜利，双方的互动已经陷入僵局，只有通过外界力量的帮助才能遏制冲突的升级。具体而言，第三方的冲突管理不会自动生成。只有当当事方相信冲突会威胁其自身的利益，或者当他们意识到介入冲突进行解决是一个增进其利益的机会，才会采取冲突管理行动。这种利益包括其切身战略利益和企业声望与影响。当事方也不会轻易接受外界介入。只有当他们意识到接受第三方调解更有利于自身的利益时，他们才会接受第三方对冲突进行管理。冲突有自身的周期。对于冲突管理者来说，介入的时机即进行冲突管理的最佳时机大致是在冲突周期的中间时段，并且是在冲突各方自身的努力失败之后。在这个阶段，冲突当事方解决冲突的兴趣处于最高点，为实施冲突管理提供了一个良好的机会。

冲突有其自身发展的动力。第三方要想确保介入的有效性，应当等各方与冲突达到一种

"稳定状态",即"相互伤害的僵局"时再介入。这样冲突方才不会再考虑使用武力获取单方的优势,转而愿意考虑其他选择。如果双方只是在分歧上纠缠不休,冲突方就很难意识到机遇和危险。只有当冲突"升级"到一定程度后,冲突当事方才会重新考虑或评估其政策。因为到了这个时候,冲突双方才发现继续冲突的成本在逐渐增大,自己操控冲突以获得解决优势的努力毫无效果,靠自身解决问题或赢得冲突的机会已经逐渐消逝。并且僵局的持续很可能对双方造成更大的伤害,而这是双方都不愿意看到的。因而,相互伤害僵局的存在就成为决定介入的最好机会。此时,第三方应当促进冲突当事方充分认识到冲突日趋恶化以及继续升级会产生的严重后果,以增大当事方的危机感。第三方一面向冲突当事双方警示冲突升级的危险;另一面提出具有吸引力的谈判解决办法,这样便可开启冲突管理的进程。

> **小贴士**
>
> ## 列车员与旅客发生冲突怎么办?
>
> 了解列车员与旅客冲突的心理原因,有助于我们正确地看待冲突,并避免冲突的发生。当与旅客发生冲突时和已发生冲突后,在坚持"旅客就是'上帝',旅客总是有理"的前提下,列车员或服务部门应坚持以下原则,正确处理与旅客的冲突。
>
> 1. 耐心地倾听
>
> 耐心地倾听旅客叙述事情发生的经过,不打断旅客的话。也许他的陈述很奇怪,甚至十分荒唐,但是必须让他把怨气全部发泄出来。一旦旅客讲完了所有郁积在心里头的事,事情也就平息了一半。
>
> 2. 不要立即自我辩解
>
> 在与旅客发生冲突中,列车员一定不要立即自我辩解。任何辩解都会进一步激发旅客的情绪,争吵更是要不得的。一旦发生争辩,列车员要微笑并认真倾听旅客的抱怨。这其实是给旅客一个心理宣泄的时间,分析旅客抱怨的核心问题,为下一步的工作做准备。
>
> 3. 要表示歉意
>
> 列车员要主动表示歉意,即使是旅客错了,你仍要表示歉意。如果是服务企业本身错了,更要表示歉意。歉意不能仅仅停留在语言上,更要体现在行动上,如有可能由具体的工作人员签字负责赔偿。
>
> 4. 要提供投诉方便
>
> 如有必要,应向旅客介绍有关投诉人员的姓名、职务及投诉的方法等,避免事态的扩大。确保旅客投诉渠道的畅通,一旦发生旅客投诉事件,要第一时间做出回应并给予旅客相应的答复。
>
> 5. 确保兑现承诺
>
> 确实保证对旅客诺言的兑现,沉默只能扩大与旅客的冲突。列车员要注意不要轻易对旅客许诺,一旦有所承诺,就要兑现。
>
> 6. 多为旅客着想
>
> 在处理冲突的过程中,列车员应设身处地替旅客着想,切不可站在自己的立场用自己的价值观念、处世态度看待问题。列车员要洞察旅客的心理,从旅客的动机、情绪、需求等方面考虑如何为旅客提供更好的服务。

6.3 冲突管理的影响因素

6.3.1 管理风格对冲突管理的影响

Gmelch 指出"管理者众多职能中的一个重要职能就是建立一个健康的释压机制,冲突管理是他的本质职能"。Marquis 和 Huston 认为组织冲突管理方法的选择与当前的形势、决策的紧迫性、问题的重要性和成员的成熟度有关。Towne 认为人们面对冲突的时候通常会有三种形式的冲突管理风格:接受和顺应目前的状况,利用权力改变现状,通过协商获得一致。而这三种冲突管理方式通常又会产生三种结果:一方获利,一方失利;双方都失利;双赢。因此,我们有理由认为冲突管理与管理人员的领导风格相关。亦有研究表明事务型领导趋于选择回避冲突,以求获得组织的稳定性;而变革型领导则趋于选择激发和积极面对冲突,以期获得创造性的意见和解决办法。

6.3.2 组织文化对冲突管理的影响

Rashed 认为组织文化和组织管理风格之间存在内在的相互作用。领导对问题的反应,解决危机的方法,对员工的奖惩都与组织文化相关。认可组织变革的领导者将倾向于建立这样一种友好而富于创新性,问题导向型,进行冒险和实验的组织文化。领导者对权利的态度将影响他们对冲突的战略选择并因此决定员工合作效率的高低。例如,员工导向型领导者趋于选择信任,这对自我学习型组织效益的提高至关重要。

6.3.3 管理者的管理能力对冲突管理的影响

管理者的冲突管理的特殊知识和技能能确保冲突管理的顺利实施。这是因为领导者对组织成员和组织绩效都有很大影响。有研究表明,管理者高水平的整合能力较之管理者的其他能力更有利于冲突的管理。一般认为,卓越的领导者不但有能力使相互敌对的团体朝着共同的目标奋斗,他还有能力鼓励和支持组织成员,帮助释放成员压力,统一不同意见和有效地解决导致组织分裂的问题。[①]

【小案例】

列车员的管理能力

1. 主动承担坏变好

2月22日,D5571次列车运行途中,5号车厢,一名中年男性旅客在座位上大喊大叫,还不时拍打桌椅要求"赔偿",情绪非常激动。列车长小郑接到5号车厢列车员小李的报告后,立即赶来,耐心听其"陈述",原来是座位上遗留的口香糖粘在了这位旅客的裤子上。小郑听完后,为没能及时发现和清除座位上的口香糖,给旅客带来不便表示歉意,并为其调换了座位进行安抚。"这位先生,要不您将裤子换下来,我来想办法帮您去除?"小郑轻声商量道。这位先生看看车厢,又看看自己的裤子,有点为难。小郑看在眼里,会意道:"没关系,我带您到多功能室把裤子换下来,等我处理好后您再穿上。"经过小郑的耐心劝说,

---

① 芦红,吕庆华. 冲突管理:研究动态与展望 [J]. 广西财经学院学报,2009(4):33-36.

这位先生终于接受了小郑的提议,同意将裤子换下清理,小郑先是用温水反复冲洗裤子上的污迹,等完全清理干净后再想办法烘干,并将原来脱线的裤脚缝补整齐。半小时后,旅客从小郑手里接过裤子,不由一怔,面露喜色,"啊,不仅干净如初,连脱线的裤脚也被缝好了"!

2. 沉着应对靠理智

8月7日,G7333次列车从嘉善南站开车后,列车长小王按规定巡视车厢,当走到1号车厢时,被一位满脸酒气的中年男子拦住:"你们是怎么管理的,其他旅客的座椅都可以自动调节,为什么我的调节不了?"小王试了一下座椅的调节按钮,发现作用良好,并帮旅客调节到合适的位置。可是这位旅客话题一转,又说:"2号车门口有小姑娘立岗,为什么我们1号车门口没有人立岗?同样是旅客,这绝对不公平!"

小王耐心解释,可这位旅客不依不饶,不断提出新问题。他的妻子对小王说:"我老公酒喝多了,他一喝多就这样,你不要理他,去忙你自己的事情吧,谢谢!"列车在隆隆地行驶。列车终于到了上海虹桥站,这位旅客不但不肯下车,还和老婆吵了起来,小王耐心劝说才将他劝下了车。终到作业完毕后,小王带领值乘班组回公寓,没想到这位旅客还没有出站,突然跑到小王面前大呼小叫,小王见状,提醒列车员做好自身安全防护,并立即联系上海虹桥站客运值班员,说明情况,开具客运记录交站处理。

思考题:(1)你觉得以上案例中列车长小郑和小王的管理能力如何?
(2)良好的管理能力对解决冲突有何作用?

6.4 冲突管理研究的回顾

在管理活动中,协调是相对的、暂时的,不协调是绝对的。没有矛盾的产生和解决,就不可能有新的进步、发展和飞跃。在日常的学习、工作、生活过程中,冲突是时有发生,无法回避的,其影响既有消极的一面,也有积极的一面。

因此,在遇到冲突的时候,不应盲目地一概加以反对,不惜代价、不计后果地去克制、消除冲突。容不得冲突出现的组织,不但不会使组织健康发展,反而会使组织的机体老化。冲突过少与冲突过多同样是不良组织病症的反映。管理部门应该允许一定程度的冲突存在,并根据冲突对组织活动效率与组织目标的影响进行区别对待,因势利导地进行协调管理。实际上,各国学者很早就开始了冲突管理的研究。

6.4.1 西方早期冲突管理回顾

西方早期的古典管理理论已经对组织中的冲突管理问题有所涉及。简要介绍如下。

1. 泰勒的科学管理理论

泰勒的科学管理理论主张雇主和工人必须来一次"心理革命",变对抗为信任,共同为提高劳动生产率服务。

科学管理不仅仅是将科学化标准化引入管理,更重要的是提出了实施科学管理的核心问题——精神革命。精神革命基于科学管理认为雇主和雇员双方的利益是一致的。因为对于雇主而言,追求的不仅是利润,更重要的是事业的发展。而事业的发展不仅会给雇员带来较丰厚的工资，而且更意味着充分发挥其个人潜质，满足自我实现的需要。正是这事业使雇主和雇员联系在一起，当双方友好合作、互相帮助来代替对抗和斗争时，就能通过双方共同的努力提高工作效率。生产出比过去更大的利润，从而可使雇主的利润增加，企业规模扩大相应地也可使雇员工资提高，满意度增加。这样，员工和雇主之间的冲突就得到了有效的解决。

2. 法约尔的"14项原则"

法约尔的"14项原则"中，提出了"个人利益服从集体利益""报酬应当公平""重视合作和维护个人相互之间的关系"等观点，并强调了"纪律"的重要性。

法约尔认为，人员报酬首先"取决于不受雇主的意愿和所属人员的才能影响的一些情况，如生活费用的高低、可雇人员的多少、业务的一般状况、企业的经济地位等，然后再看人员的才能最后看采用的报酬方式"。人员的报酬首先要考虑的是维持职工的最低生活消费和企业的基本经营状况，这是确定人员报酬的一个基本出发点。在此基础上，再考虑根据职工的劳动贡献来决定适当的报酬方式。对于各种报酬方式，法约尔认为不管采用什么报酬方式，都应该做到以下几点：① 它能奖励有益的努力和激发热情；② 它能保证报酬公平；③ 它不应导致超过合理限度的过多的报酬。

人们往往由于管理能力的不足，或者自私自利，或者追求个人的利益而忘记组织的团结。为了加强组织的团结，法约尔特别提出在组织中要禁止滥用书面联系。他认为在处理业务问题时，当面口述要比书面快，并且简单得多。另外，一些冲突、误会可以在交谈中得到解决，"由此得出，每当可能时，应直接联系，这样更迅速、更清楚，并且更融洽"。法约尔的这些观点，其实就是在介绍组织在执行预定目标时遇到各种冲突时的解决方法。

3. 组织理论之父韦伯理想的行政组织体系

韦伯主张建立一种高度结构化的、正式的、非人格化的"理想行政组织体系"，认为这是对个人进行强制性控制的最合理手段和提高劳动生产率的最有效形式，并强调了组织的稳定性和纪律性。

韦伯认为，管理就意味着以知识和事实为依据来进行控制，"领导者应在能力上胜任，应该依据事实而不是随意地来领导"。他指出：最纯粹的应用法定权力的形态是应用于一个行政组织管理机构的。只有这个组织的最高领导由于占有、被选或被指定而接任权力职位，才能真正发挥其领导作用，每一个官员都应按准则被任命和行使职能。

4. 梅奥及霍桑实验

霍桑实验的研究结果否定了传统管理理论对人的假设，表明了工人不是被动的、孤立的个体，他们的行为不仅仅受工资的刺激。影响生产效率的最重要因素不是待遇和工作条件，而是工作中的人际关系。据此，梅奥提出了自己的观点：① 人是"社会人"而不是"经济人"；② 企业中存在非正式组织。

正是梅奥提出"社会人"假设以后，学者对人的心理和行为进行了广泛研究，非正式组织、情绪、价值观、心理需求等概念的提出，为今后组织冲突的研究指明了新的方向。

上述只是早期对冲突管理研究具有代表性的一部分，可见，古典管理理论的创立者们已经意识到企业组织中冲突的存在，也意识到对冲突加以管理的必要性，但由于当时侧重于研究工作效率问题，对人的认知基本上停留在"经济人"假设的层次上，所以对组织冲突及其管理没有专门加以研究。

6.4.2 西方近代冲突管理回顾

管理科学的发展经过科学管理、行为管理之后，进入现代管理丛林阶段。在该阶段，虽然管理理论层出不穷，但解决管理过程中所遇到的各种冲突一直是各种管理理论的实质所在，可以说，近代管理学的发展始终伴随着近代冲突管理的发展，二者紧密联系，相辅相成。

信息技术的高速发展推动着管理理论的不断创新，以早期科学管理理论为基础，结合系统论、心理学、运筹学、博弈论、现代数学和网络信息技术等，诞生了众多学派并存的现代管理理论学派。现代管理理论学派主要包括社会合作系统学派、管理科学学派、决策理论学派、权变理论学派、人际关系行为学派、经验或案例学派、管理过程学派等。

1. 以切斯特·巴纳德为代表的社会合作系统学派

美国的切斯特·巴纳德是社会合作系统学派的创始人，他的著作《经理的职能》对该学派有很大的影响。他认为，人与人的相互关系就是一个社会系统，它是人们在意见、力量、愿望以及思想等方面的一种合作关系。管理人员的作用就是要使物质的（材料与机器）、生物的（作为一个呼吸空气和需要空间的抽象存在的人）和社会的（群体的相互作用、态度和信息）因素去适应总的合作系统。他是从社会学的角度来分析各类组织的。总的来说，社会合作系统学派的特点是将组织看作一种社会系统，是一种人与人的相互关系的协作体系，它是社会大系统中的一部分，受到社会环境各方面因素的影响。

该学派的理论有以下一些要点。

（1）组织是一个社会协作系统。这个系统能否继续生存取决于：① 协作的效果，即能否顺利完成协作目标；② 协作的效率，即在达到目标的过程中，是否使协作的成员损失最小而心理满足较高；③ 协作目标能适应协作环境。

（2）指出正式组织存在的三个条件。这三个条件是：① 有一个统一的共同目标；② 每一个成员都能够自觉自愿地为组织目标的实现做出贡献；③ 组织内部有一个能够彼此沟通的信息联系系统。

此外，还指出，在正式组织内部还存在非正式组织。

（3）对经理人员的职能提出三点要求。这三点要求是：① 建立和维持一个信息联系的系统；② 善于使组织成员提供为实现组织目标所不可少的贡献；③ 规定组织目标。

2. 以埃尔伍德·斯潘赛·伯法为代表的管理科学学派

埃尔伍德·斯潘赛·伯法是西方管理科学学派的代表人物之一。这个学派认为，解决复杂系统的管理决策问题，可以以电子计算机作为工具，寻求最佳的计划方案，以达到企业的目标。管理科学其实就是管理中的一种数量分析方法，它主要用于解决能以数量表现的管理问题。其作用在于通过科学的方法管理，减少决策中的风险，提高决策的质量，保证投入的资源发挥最大的经济效益。

3. 以赫伯特·西蒙为代表的决策理论学派

决策理论学派的主要代表人物是曾获诺贝尔经济学奖的赫伯特·西蒙（Herbert Simon）。该学派是在社会系统学派的基础上发展起来的，他们把第二次世界大战以后发展起来的系统理论、运筹学、计算机科学等综合运用于管理决策问题，形成了一门有关决策过程、准则类型及方法的较完整的理论体系。该学派认为管理的关键是决策，用"管理人"假设代替"理性人"假设。

4. 权变理论学派

20世纪70年代的美国，社会不安，经济动荡，政治骚动，社会生活中各种冲突矛盾巨大，企业中也是冲突不断。以往的管理论主要侧重于研究加强企业内部组织的管理，大多在追求普遍适用的、最合理的模式与原则，这些管理理论在应对瞬息万变的外部环境时显得无能为力。正是在这种情况下，人们不再相信管理会有一种最好的行事方式，而认为必须随机制宜地处理管理问题，于是形成了一种管理取决于所处环境状况的理论，即权变理论，"权变"的意思就是权宜应变。

权变理论强调在管理中要根据组织所处的内、外部环境随机应变，没有普遍适用一成不变的管理方式，要针对不同的实际情况，寻求特定条件下的最合适的管理模式、方案和方法。

小贴士

权变理论对企业管理的指导意义

面对全球经济一体化、信息化的浪潮，权变理论对企业适应新环境有重要的指导意义。在新形势下，企业管理者要权宜应变，对管理模式和手段大胆进行革新，并进行业务流程重组，以提高管理效率、降低成本、提升企业竞争力。

1. 不同岗位企业中的权变应用

（1）生产一线的体力劳动群体。这部分劳动容易监督和管理，其劳动成果易于计量和检测；对于本企业来说，计件报酬也不是一成不变，对于大批量简单品种的生产，单件报酬应该低些，对于小品种试制新产品的计件报酬则应高得多。

（2）技术工人、一般技术员、重要管理人员、部分研究开发产品的人员。他们的工作专业性强，不易替代，工作内容相对稳定。他们不仅着眼当前的报酬，更关注企业发展和自身成长。工作分配要许以重任、压以重担，使其使命感与责任感倍增，激发其创新潜能和工作热情。

2. 不同特点员工的权变运用

以体力劳动为主的工人群体，挣工资养家是主要目的，因此要重物质激励、重短期激励。体力、脑力均衡的劳动者，他们不仅考虑物质利益，且重自身发展和提高，需要赢得管理者的重视和信任，觉得自己的能力被重视，才能激发其更努力地去工作。

3. 同一人不同时期的权变应用

人是在不断发展变化的，因此激励方式要因人而异、因时而异。年轻人刚参加工作时最迫切的需求是关心和工作上的指导。当工作已能胜任，他们则需要完善自己的工作，迫切希望得到技术上的发展和生活水平的提高。这时最需要的是物质激励和学习提高的机会。当其走向工作成熟期，要给予他们发挥自身才能的机会，让他们积极主动地开展工作，对他们取得的成就及时给予物质、精神方面的奖励。当进入成熟期后，工作已成为他们生活不可缺少的部分，他们会主动干好工作，不太计较物质奖励，需要得到尊重和精神上的满足。

结论：随机制宜，"兵无常势，水无常形"，权变理论要求管理者根据组织的具体条件及面临的外部环境采取相应的组织结构、领导方式和管理方法,灵活处理各项管理业务。

5. 人际关系行为学派

人际关系行为学派的依据是,既然管理就是让别人或同别人一起把事情办好,就必须以人与人之间的关系为中心来研究管理问题。这个学派的学者大多数都受过心理学方面的训练,他们注重个人,注重人的行为的动因,把行为的动因看成一种社会心理学现象。其中有些人强调处理人的关系是管理者应该而且能够掌握的一种技巧;有些人把"管理者"笼统地看成"领导者",甚至认为管理就是领导,把所有的领导工作都当成管理工作;还有不少人着重研究人的行为与动机之间的关系,以及有关激励和领导问题。所有这些,都提出了对管理人员大有助益的一些见解,如马斯洛的"需求层次理论"、赫茨伯格的"双因素理论"、布莱克和穆顿的"管理方格理论"。

6. 以德鲁克为代表的经验或案例学派

经验或案例学派主张通过分析经验(通常是一些案例)来研究管理问题。经验或案例学派的主要观点如下。① 作为企业主要领导的经理,其工作任务着重于两方面:一是造成一个"生产的统一体";二是经理做出决策或采取行动时,一定要把眼前利益与长远利益协调起来。② 对建立合理组织结构问题普遍重视。③ 对科学管理和行为科学理论重新评价。④ 提倡实行目标管理。

归根到底,管理是一种实践,其本质不在于知而在于行,其验证不在于逻辑,而在于成果,唯一的权威就是成就。管理理论自实践而产生,又以实践为归宿。

7. 管理过程学派

管理过程学派又称管理职能学派。该学派把管理看作在组织团体中通过别人或同别人一起完成工作的过程,而管理过程同管理的计划、组织、人事、领导、控制职能是分不开的,力图把管理实践的概念、原则、理论和方法糅合到一起,以形成一个管理学科。他们认为,有了管理理论,就可以通过研究、通过试验、通过传授管理过程中包含的基本原则等方式改进管理的实践。

在现代管理理论中,人们已经逐渐意识到冲突研究的重要性,也认识到冲突的存在并非完全是坏事,要能够科学合理地利用冲突,实现组织的最大效能。近代科学理论中,组织冲突已经被看成必不可少的、合理的现象,甚至作为有效组织管理的一个指标。限定在一定范围内的冲突对组织效率是必要的,一方面,没有冲突或者是冲突过少容易导致组织停滞不前,决策效率和组织绩效低下,管理无效;另一方面,过多的组织冲突会导致无法控制的不良后果。①

可见,企业的冲突管理是企业管理中的重要环节,它关系到企业的健康成长和持续发展,每个企业都必须正确认识、慎重对待。只要采取了正确的态度和方法,就一定能变被动为主动、化压力为动力,最终达到互利双赢的目的。

小贴士
中国冲突
管理回顾

视野拓展
冲突管理的
研究展望

---

① 万涛. 冲突管理 [M]. 2版. 北京:清华大学出版社,2018.

自我认知测试

你善于冲突管理吗?

请通过下面的测试来看你是否善于对冲突进行管理。

1. 你如何对待冲突:
   A. 都有必要进行管理
   B. 无法全部管理,只要看到就会处理
   C. 大多数可以忽视,只管理重要的冲突

2. 你认为:
   A. 冲突就等于破坏,因此要严加控制
   B. 只处理看到的,多一事不如少一事
   C. 合理保持冲突水平,鼓励建设性冲突

3. 你对员工的个人处事风格、员工间搭配和员工与岗位的搭配:
   A. 没有注意
   B. 有所注意
   C. 十分重视

4. 当你与他人发生冲突时,你会:
   A. 直接而紧急地处理
   B. 先弄清对方的想法
   C. 先反省自己,再弄清对方的思路,发现解决的办法

5. 对于内部价值观的统一问题,你会:
   A. 觉得束手无策
   B. 尽量统一价值观来减少冲突
   C. 用文化来统一价值观,也鼓励不同意见的创新

6. 对一些无法解决或者问题严重的冲突,你会:
   A. 暂且搁置,等待时间的缓冲
   B. 采取相应的隔离措施
   C. 如果冲突无法解决,只能严肃处理冲突主体

7. 当你的下属之间发生激烈冲突时,你的处理方式为:
   A. 回避
   B. 找这两个人谈话
   C. 将这两人调开,其中的一人安排到另外的部门

8. 面对一触即发的紧张局面,你会:
   A. 马上着手解决矛盾
   B. 分别进行单个沟通
   C. 着眼于冲突的感情层面,先不急于解决问题

9. 冲突发生是由于自己的错误引起的时,你会:
   A. 保全自己的颜面

B. 淡化自己的错误

C. 有原则地迁就对方,化解冲突

10. 在制定激励政策、福利政策与绩效考评时,你是否关注公平、平等:

A. 没有刻意关注

B. 有所关注

C. 十分关注,因为员工的不公平待遇往往是冲突的根源 ①

测评结果

知识巩固与训练

1. 案例分析

请扫描二维码,阅读案例原文,然后回答每个案例后面的问题。

2. 思考与讨论

案例原文

(1) 什么是冲突管理?

(2) 冲突管理的目标是什么?

(3) 冲突管理应遵循哪些原则?

(4) 如何把握冲突管理的条件和时机?

(5) 冲突管理的影响因素有哪些?

(6) 试论早期西方冲突管理的发展。

(7) 请与其他同学讨论冲突和冲突管理的区别。

(8) 李明是某物流公司的业务经理,该仓库每天要处理众多的配送业务,在一般情况下,登记订单、按单备货、发送货物等都由仓库管理员承担,但在不久前,接连发生了多起错发货物事件,把应发给 M 的货物发给了 N,N 的货物却发给了 M,引起了客户极大的不满,明天又将有一大批货物发送,李明不想让这种事情再次发生。

请与同学讨论:面对目前状况,李明是应亲自核对这批货,还是仍由仓库管理员处理?并给出理由。

3. 实训项目

(1) 冲突管理自我评估。

将你在工作中所遇到的各种冲突记录在下表中,再分析它们相互之间的关联性,并尝试与管理体系进行结合,找出你管理中的缺陷或不足。

发生时间	冲突事件	处理办法与结果	分析总结

---

① 张珈豪. 有效冲突管理 [M]. 深圳:海天出版社,2010.

（2）提升成员间合作能力的游戏。

在组织成员间相互的协作与解决冲突的能力是最重要的。请通过下面的游戏来提升成员间的合作能力。

目标：使成员在游戏中建立及加强相互之间的合作能力。

规则：先用绳子在一块空地圈出一定区域，在这里撒满各式物品作障碍物。两人一组，一人指挥，另一人蒙住眼睛，听着同伴的指挥绕过障碍物，过程中只要踩到任何东西就要重新开始。指挥者只能在线外，不能进入区域中，也不能用手扶伙伴。

用具：绳子一条、障碍物若干。

注意事项：

1. 不可用尖锐或坚硬物作障碍物。
2. 不可在湿滑地面进行。
3. 需注意两位蒙眼者不要对撞。

电子活页：理性思考

一、提升理性思考的六大途径

人们的思想主要包括了知识、意志和情绪。这三者原本是中性的，对每一个人的利弊，完全取决于个人的习惯及运作。西谚有云："播下一种思想，收获一种行为；播下一种行为，收获一种习惯；播下一种习惯，收获一种性格；播下一种性格，收获一种命运。"这就是在提醒我们习惯的重要性。在日常沟通中，要去观察和评估自己的思维习惯，留意情绪陷阱在我们内心和人与人之间所造成的冲突和破坏，多方提升自己理性思考的能力。增强理性思考能力主要通过以下六条途径。

1. 定义差异

2. 价值差异

3. 人性需求

4. 语境文化

5. 换位思考

6. 包容心态

二、提升理性思考的案例研讨

结合以下案例进一步理解提升理性思考的途径和价值，不但能使冲突双方在平和的气氛中沟通，最终化解冲突，更有可能因此"不打不相识"，建立新的交情和人脉。

1. 案例介绍

2. 案例分析

学生工作页

冲突管理技巧 2——理性思考

任务一	请谈谈你在与人沟通时是如何处理定义差异、价值差异，从而避免冲突的。
任务二	举例说明"人际沟通中的三大人性需求"。
任务三	明确语境文化的概念；在跨文化交际中如何避免误解、冲突的发生。
任务四	在人际沟通中应学会换位思考，请举例说明。
任务五	以"人际沟通中的包容心态"为题写一篇文章，谈谈你的看法。

班　级		学　号		姓　名	

学生自评

我的心得：

建议或提出问题：

教师评价

任务7　冲突管理的流程、策略和方法

■ 学习目标

明确冲突管理的流程；掌握应对与上司的冲突、同级间的冲突、与不同类型下属的冲突的策略，明确管理下级间冲突、平息与客户间冲突的策略；明确谈判的概念、特征、要素和主要阶段，明确谈判前应做好的准备工作，掌握解决冲突的谈判技巧；明确冲突管理中第三方的概念和特征，了解冲突管理中第三方的地位与角色，掌握冲突管理中第三方干预的常用方法。

■ 任务导入

失败的经理

员工高明和赵黎怒气冲冲地走进经理办公室，要求经理评评理。

高明：经理！你说说，明明是我开发的客户，居然被赵黎抢过去了！您说这应该吗？

赵黎：胡说！这个客户我去年便有过联系，后来我被调到了其他部门才断了联系，现在我又回来了。这个单子当然算是我的！

高明：你这么挖下去，我什么都不用干了！

赵黎：好呀，我帮你干，你可以自动走人！

高明：你这家伙……（开始动手动脚）

经理：行了行了，这不是小事吗，别吵了，有什么大不了的！就这点儿事也值得打起来？真不争气。你们不是给我们部门丢脸吗！到时公司就说，你们销售部不好好干活，成天窝里斗，破坏安定团结！

高明：不，这事可不小，这客户可关系着我的年终奖金呢！

赵黎：就是，您怎么一点儿也不……

经理：你们冷静冷静，这事情你们都有责任。不过话说回来，你们知道，我当初做销售时也一样过来的……（说起了自己的陈年往事）

高明和赵黎：（低语）算了，我们再也不指望你了……还是走吧……

思考题：

经理在处理这场冲突时存在什么问题？

上述案例中的这位经理的做法不但没有解决冲突，反而使自己站到了冲突双方的火力中

心。他先是试图降低问题的严重性,然后表达对冲突的不愉快情绪,还试图转换话题。他完全没有做到倾听和设身处地为员工着想。其实,现实中这样的例子不少,最终结果只能是伤了员工的心,使他们失去对上司的信任感,将冲突埋藏得更深而已。

因此,各级管理人员必须高度重视冲突管理。对企业组织的冲突进行科学管理是其生存发展的客观要求,任何忽视冲突、逃避冲突和放任冲突的思想和行为都是极端有害和不可取的。

7.1 冲突管理的流程

企业组织冲突的管理客观地表现为一种动态过程,只有熟悉冲突管理的一般过程,采用系统的程序来处理冲突,才有助于科学地解决冲突。对企业组织冲突进行管理的整体流程可以描述为冲突认知环节、冲突诊断环节、冲突处理环节、冲突效果环节和冲突反馈环节,这几个环节要素构成了一个开放性的闭环系统,并且相互影响和制约。

7.1.1 冲突认知环节

认知环节是进行冲突管理的起始环节。管理任务是在确立企业组织冲突管理的目标的基础上,客观地认知冲突的性质特点,认真进行调查研究,搜集资料,明确冲突中的关系人,弄清冲突发生的对象主体及冲突主体之间的对立和依赖关系。客观真实地了解冲突一系列情况后,果断采取措施,避免事态蔓延加剧,妥善地将冲突问题处理在潜伏阶段;若不能保证顺利解决冲突问题,通过全面、细致工作,也可以为后续冲突管理打下坚实基础。

1. 确立企业组织冲突管理的目标

在理论研究上,根据企业组织中存在的冲突问题确立企业组织冲突管理的具体目标,似乎并不困难。然而,事实上情况并非如此,企业组织冲突管理目标的确立是一项十分繁杂而关键的工作,在日常的企业管理活动中,管理人员遇到的冲突问题往往很多,但不是所有的冲突都需要解决。对所有的冲突都进行管理,既不现实,也无必要。发生冲突或经常发生冲突的人或群体,只是企业组织或其他外部组织中少数的一部分人。众多的冲突问题,真正需要管理或值得管理的只占少数。

在任何特定的群体中,重要的因子通常只占少数,而不重要的因子则占多数。只要能控制具有重要意义的少数因子,即能控制全局。这就是管理的"二八原则",据此我们可以得到以下关于企业组织冲突管理的启示。

并非所有的企业组织冲突都需要管理,冲突过少和过多都不是好事,关键是在多少之间搞好平衡。对企业的整体发展目标而言,冲突的影响作用有主次大小之分,只要抓住主要矛盾和中心问题,对影响企业发展的一些冲突问题进行科学管理,便可达到预期的管理效果,并极大地提高冲突管理的效率。管理者应将控制着全局作用的20%的少数冲突问题当作管理的重点。

在众多的冲突问题中,到底哪些冲突是主要矛盾呢?找出这些主要矛盾,确立企业组织冲突的管理目标,并非易事,需要大量的调查、分析和论证。一旦企业组织冲突管理目标的确立出现失误或偏差,不仅会导致企业组织冲突管理的无效,而且,大量的精力、物力被投入无效的管理中,给企业的发展带来一定的损害。

2. 确认冲突中的关系人

作为一位冲突的主要当事人的管理者或是一位没有关系的冲突管理的第三者，分析和确认冲突中的关系人都是十分重要的。通过资料收集与冲突分析，可以了解谁是冲突中的关系人以及存在于他们之间的关系，是哪种实质的、程序的或情感的利益使他们分离。确认冲突中的关系人，要做到以下几点。

首先，要确认利益主体。确认冲突中的各利益主体是取得冲突中有关问题、人员资料的第一步。冲突皆包含特定的人。在考虑冲突中的关系人时，必须确认主要的利益团体与个人以及次级团体。确认主要的利益团体与个人时，主要方法是：① 确定主要的利益团体有哪些，每一个主要团体中的主要发言人是谁。从冲突类型的论述中知道，有些冲突背后隐藏着团体的利益关系。想要管理冲突，必须先了解相关的利益团体有哪些，有了这些资料后，才可以较为全面地掌握有什么团体会被卷进冲突来；② 确认团体中哪些已经进入冲突中，分析他们被包含进来的原因是什么。还要分析其他还有哪些主要团体在争论中有利益可得，从而推知将来可能会进入冲突的团体；③ 了解每一团体主要发言人中代表人的地位，给发言人提出意见的有哪些人；④ 分析冲突因素在各参与者中影响力的大小。团体之间有可能认同冲突中的争论点是什么；⑤ 了解当冲突扩大时谁可能获得利益，借着冲突升级，谁将有收获。这样以后便可以了解冲突的可能推动力和发生趋势；⑥ 分析有决策责任的决策者。

确定了主要的利益团体与个人后，还要确定次级团体。次级团体的问题影响到冲突的解决。随着冲突的进行，次级团体有可能上升为主要的利益团体。这主要分析以下方面：① 在冲突问题上哪些团体有次要的利害关系？② 在特定争论点之外，哪些其他团体可能会被卷入，理由何在？③ 在团体的组织内部如何做决策？④ 有多少内部协议，其结合的结果如何？

其次，要评估团体的利益。社会的发展，社会主体的多样性、主体需求的多样性，客观事物根本属性的多样性等这些都决定了利益的多样性，更造成了利益在各主体间的剧烈冲突，同时也决定了这种利益的必然冲突。每一团体对其有关利益或需求的争论，都希望获得满意的解决。利益有三种类型：实质的、程序的和心理上的。实质上的利益，即团体认为他们需要得到满意解决的具体结果。程序上的利益，即指执行解决协议的方法。例如：公平听取各方要求的个案，所有的方案及团体的观点都要被考虑的需求。心理上的利益，即团体希望从争论过程获得的结果。例如：团体间的信任与开放沟通的关系。在评估一个机构或团体的利益时，必须考虑以下几个因素：① 什么是解决问题时一定会遇到的利害关系（实质的、程序的或心理的）？② 这些利害关系是否会与其他团体所拥有的直接发生冲突？有某些可相容或双赢的局面能达成吗？③ 在这些团体所追求的立场与利益中存在何种关系？这些冲突在日后于相同团体间会不会再度引发争议，或仅仅是单一事件，不会再发生争议？④ 这些团体或法定代理人是谁？有多少空余时间供此代理人设计解决过程？争议有什么可能结果？

再次，要分析关系人的态度。分析关系人的态度有助于理解冲突的发生，为冲突的解决提供思路。搞清楚以下问题是分析关系人态度的内容：① 对于争论点，什么是当事人的一般态度？② 对其他关系人有敌意吗？③ 对于争论点，他们的期望是什么？④ 对于其他的关系人，他们的期望是什么？⑤ 对于解决问题，他们的期望是什么？⑥ 对于争论点与关系人，还会有什么其他的态度出现？⑦对于谈判关系人的态度是什么？

最后，要分析关系人的动机。关系人的动机是其行动的原因。分析关系人的动机包括：

① 关系人的行为是受现实的还是非现实的标准及期望激发的？② 关系人过去抱怨扮演什么角色？害怕扮演什么角色？现在致力于扮演什么角色？③ 希望是关系人行动的一个因素吗？④ 关系人的欲望如何影响团体与个人卷入冲突中？欲望如何控制或影响冲突中人们的参与？⑤ 领导者的利益影响团体的动机吗？

通过确认利益主体和评估团体的利益，在此基础上分析关系人的态度和动机等，从而达到确认冲突中的关系人的目的。

课堂互动

请你做下面的实践练习题。

想一想你自己遇到的冲突——自己描述那个冲突。写下有可能从事件的结果中获得好处的那些人的姓名，包括与他们一起生活的人。指出每一个利益相关者的立场或与你的关系。

利益相关者的姓名　　　　　　　　　　　　立场或关系

_____

_____

注意：你列出的利益相关者的名单可能只限于你认为的主要"人物"，但也要考虑到很可能与冲突的解决有关或受其影响的其他人。

7.1.2 冲突诊断环节

冲突本身是存在于人们意识中的东西。企业组织冲突的诊断在整个冲突管理过程中显得非常重要，它是管理决策或管理方法制定的可靠依据。

诊断环节是进行冲突管理的发展环节。管理任务重在找出冲突发生的真正原因，分析企业中冲突的量的多少，明确企业什么时候应该激发冲突，什么时候应该减少冲突，分析冲突的实质内容，辨别、分析、判断冲突的具体形式，冲突发生的层面，冲突过程中双方的角色态势，冲突双方期望的理想结构以及可能的未来走向等。在这个阶段，管理者一定要对冲突的各种状况给予明确、清晰判断，并开出相应指导结论。在这个过程中，仍需要把握各个方面反应，调整策略，这样，将会使得接下来的冲突处理环节显得有的放矢、游刃有余。

> 微课
> 冲突诊断环节

小贴士

冲突诊断模型

美国学者伦纳德·格林哈尔希提出了一个较有实用价值的冲突诊断模型。该模型可以帮助确定诊断要素。如表7-1所示。

表7-1　格林哈尔希冲突诊断模型

诊断要素	不易解决	容易解决
争论的焦点	原则性问题	可调和性问题

续表

诊断要素	不易解决	容易解决
利害大小	大	小
利害的相关性	负相关（一方得益会引起另一方的相应损失）	正相关（一方得益不会引起另一方的相应损失）
冲突双方交往的历史	一次性合作	长期合作
冲突双方的组织结构	混乱或分裂（领导懦弱）	组织严密（领导坚强）
第三方介入	没有可接受的保持中立的第三方介入	有可信赖的、权威的中立者
对冲突后果的看法	不平衡（一方感到受损害较大）	双方认为受同等损害

1. 找出冲突发生的真正原因

对企业组织冲突进行诊断，应在正确的管理思想的指导下，具体问题具体分析，这样才能找出冲突发生的真正原因。

首先，分析组织冲突的成因和影响因素的作用要从冲突产生的因果关系入手，从组织关系的变化与差异中寻找原因，这样易收到事半功倍的效果。

其次，不能忽视随机现象的存在，但也不能把偶然的随机现象，当作冲突产生的必然的因果关系来处理；更不能将直觉和臆测作为主要依据，要依据科学的调查进行分析。

再次，冲突诊断的目的是更好地实现冲突管理，在碰到冲突双方的根源互为因果或者找不出根本原因时，就应当探明解决问题的突破口，而不要把过多的精力花在探究其根本原因上。

最后，在分析冲突成因的过程中，切忌凭个人的好恶来选择资料或事实，那样很容易得出符合个人意愿，却不符合客观事实的结论，给冲突管理带来严重的错误导向。

【小案例】

年轻女子怒斥幼童太吵惹众怒

2014年1月4日，在开往上海的一辆高铁列车上，一场关于儿童与母亲正常讲话的声音太大，而吵到年轻女子引发的争端，引起旅客的关注，但大家都觉得这对母子俩是正常讲话，声音不算大，反而是年轻女子的声音太大而吵到大家。

据目击者所述，这场风波的起因是一个母亲和她的孩子在高铁上正常交流，而一位年轻女子却因此怒火中烧，对他们大呼小叫。在这一事件中，这位年轻女子狠狠地说道："不想跟我换座位就不要让我忍"，这时一名热心的大哥成了现场的"高铁判官"，他对这位女子说："你先搞清楚这是公共交通，想当巨婴你回家当去。"

【点评】在公共交通工具上，人们之间的空间本就有限，每个人都希望能够在有限的空间里获得一些宁静和舒适。然而，这并不意味着我们就可以剥夺他人在公共场合正常交流的权利。面对冲突我们应当找出冲突发生的真正原因。从这一事件中可以看出，这位年轻女子对母子俩的指责并非基于客观的事实，而更像是主观的主张，这种过于敏感和不理性的态度可能会在公共场合引发更多的纷争。在日常生活中，每个人应该更加注重培养自己的情商和理性思维能力，不要因为一时的冲动而失去对他人的理解和尊重。同时，我们也应该更加关注他人，当看到有人陷入纷争时，能够像那位大哥一样，站出来制止争端，促成理性的对话。在一些紧张的场合，通过理性的呼吁来化解矛盾，使冲突不至于升级，进而营造一个更加和谐的社会环境。

2. 分析企业中冲突的量的多少

在对冲突进行诊断时，管理人员必须充分地认识到什么情况下冲突过多，什么时候又显得过少。因为这决定了什么时候应该激发冲突，什么时候应该减少冲突。

冲突是否过量可以根据双方的态度、行为和结构等来进行分析。

态度包括冲突双方的定位，以及双方对另一方的看法，即在多大程度上，认识到相互之间的依赖性，对双方关系的曲解程度等。过多的冲突通常是无视双方的相互依赖关系，对冲突的动态影响和成本认识不足，而且怀有强烈的否定情绪导致的。反之，过少的冲突则是对不同的利益视而不见，没有认识到完全一致的动态影响和成本。

行为是指冲突双方的表现在多大程度上的一致或不协调，以及双方所表现出来的增加冲突或协作的相互作用。过多的冲突往往表现出完全服从群体，采取各种严格的竞争性策略行为，并对另一方施加压力。而过少的冲突则是表现出群体的分裂或不稳定，以合谋形成的一致来代替差异。

从长远来看，结构是影响行为的潜在因素。群体结构联系了各方，确定群体边界和长期利益，以及成员日常活动内容等，它直接影响着成员间的相互作用。

3. 分析冲突的实质内容

因为冲突是包括实质内容争议点的混合体，个人的因素与最近及过去的关系，真相的发现与冲突管理策略等都在冲突范畴内。在冲突实质内容分析方面，应注意：核心的争议点、次要的争议点、拥有的选择和事件分析四个方面。

所谓核心的争议点，也就是面对的中心议题。包括以下几方面：① 每一位关系人如何描述中心议题？② 中心议题如何随着时间转换？③ 中心议题有可能成为一个案件的判例吗？④ 关系人同意什么是中心议题吗？⑤ 关系人以相同的方式界定争议点吗？

次要的争议点，包括以下几方面：① 除中心议题外，什么样的其他争议点可能会影响结果？② 局外人带入新争议点，会扩大争议点吗？③ 争议点的重要性正受到挑战吗？

拥有的选择，主要包括：① 选择或方案已经有进展了吗？② 是否有关系人觉得，没有任何选择或方案可以满足他们的利益、需求或关心的事？③ 选择或方案能使所有的关系人所关心的事与利益趋于一致吗？④ 选择或方案简单而可行吗？⑤ 选择或方案能细分为更小、更多的管理单位吗？⑥ 有选择或方案是关系人可能考虑，但是不能公开的吗？

事件分析包括：① 是否某些事件已显示公众的冲突存在？② 是否有某些事件未被公众所知但却显示关系人有冲突的存在？③ 是否有某一事件足以触发冲突？

冲突的实质内容包括了分析关系人可能相互接受的标准，把握核心争议点，从拥有的选择或方案中寻找达成一致的可能方法。

【小案例】

琳达和艾莉

从琳达到职任行政经理的第一天开始,艾莉就对她十分戒备。刚任这家外企公司驻北京办事处经理的艾莉敏锐地感觉到琳达的到任对自己是个威胁。

于是,艾莉为了保住现在的职位,自恃在公司的老资格,便经常在老板面前说琳达的坏话,有一次竟当着全体员工的面因为一点小事对琳达大动肝火。

琳达尽管心中十分生气,但很有涵养的她并没有与艾莉发生正面冲突。半年后,琳达正式被公司委派做办事处经理。而艾莉一气之下辞了职……

思考题:请分析本案例中冲突的实质内容。

分析参考

7.1.3 冲突处理环节

【小案例】

高铁判官

2023年10月15日,在由上海南站开往江西九江的D771次动车上,一位中年旅客从行李架上取包时背包误撞了邻座老人的头部,从而引发争执。这期间,同车厢旅客中的一位小伙子站出来,主动调解双方纠纷,全程逻辑清晰、表达得体。调解过程被后排旅客以视频形式记录下来,小哥被形容为"高铁判官""正义小哥",引发网友关注。

据记者了解,双方的纠纷大概发生在12:00前后。靠窗位置的中年旅客起身从行李架上拿包时,背包带子上的金属扣无意间打到邻座老人的头部。双方争执过程中,中年旅客非常配合,并表示愿意带老人前往医院进行检查。但老人并不愿意,双方进一步沟通后达成一致——由中年人赔偿200元。

纠纷原本可以就这样解决,但是老人无法通过手机收款,中年人又拿不出现金。徐先生说,老人便在车厢内开始挨个询问其他旅客有没有现金,始终没有换到。纠纷的时间持续了大约10 min,再加上老人不断地询问和表达,车厢内其他旅客的正常休息也受到了影响。

这时,一位身着蓝色制服的人员来到车厢内,大家猜测是列车长或乘警。他向双方了解了事情经过并与老人进行沟通,也表示现在大家身上几乎都不会带现金。在徐先生看来,工作人员表现得非常负责,处理得也还不错,但由于仍然没有换到现金,当时的调解并未有结果,工作人员也因其他事务短暂离开。

老人此时还在不停地表达着什么,直到一位坐在争执双方右前方几排的小伙子站起来,来到老人身边,小伙子先提出了一种解决方案,即立马拨打120,就近在下一站下车并前往医院进行检查,根据检查情况让中年旅客进行赔付。

在视频中,小伙子说道:"争来争去也没有结果,大家都要听您在这里争,有些人还要休息。"前往医院的方案未被接受,且小伙子了解到双方对于200元的赔偿已有共识,便提出自己可以帮忙兑换现金。

在接下来的沟通中,小伙子全程用手中的手机录像,先说明了当时的时间、车次、车厢、座位号以及事件起因;再表明由中年旅客给自己转账200元,由自己给予老人200元现金的处理方式，并明确获得老人认可。同时，他还表示后续如有需要，自己可以作为现场人证。

沟通过程中，工作人员也已返回车厢，并见证了纠纷的解决。至此，双方的纠纷彻底平息，车厢内也恢复了平静。从矛盾发生到解决全程应该不到一小时时间，小伙子语言表达非常细致得体，思路和逻辑也很清晰，其沟通也很高效。虽然大家感觉被影响到，但当时没有激烈的冲突，其他旅客中也没有人表现得非常暴躁。现场旅客徐先生表示："很多时候大家都会觉得多一事不如少一事，尤其是之前有那么多老人'扶不扶'的问题。所以有人站出来，我觉得还是蛮有正义感的。"

思考题：案例中这位小哥的冲突处理，对你有何启示？

处理环节是进行冲突管理的核心环节。管理任务重在制定企业组织冲突管理策略的基础上，根据诊断环节的结论，以冲突角色主体、涉及利益要求、影响程度范围等为处理要点，选取恰当的冲突处理方法，有计划、有步骤的处理冲突。在这个阶段，管理者的管理难度更加棘手，一方面，及时、合理的处理方法、手段出台并使用，可能会有效迅速地限制、消除冲突；相反，因为不明确的判断，进而做出了不合理的冲突处理决定，其负面影响将难以想象。

1. 制定企业组织冲突管理策略

决策是冲突管理过程中极为重要的一步，冲突管理决策正确与否直接关系到冲突管理的成败，只有在科学的决策前提下，冲突管理的实践方能对症下药，取得成功。企业组织冲突管理主要有以下两种基本策略：解决冲突和刺激冲突。

解决冲突的策略是基于控制和消除破坏性冲突或其他冲突的不利影响和作用的目的，刺激冲突的策略则出于充分利用冲突的能量进行企业组织创新或变革的目的。不论哪一种策略都是服务于企业组织冲突管理目标，策略本身没有好坏之分，关键在于其实际应用的效果如何。在实际管理活动中，解决冲突的策略使用广泛，这与人们对冲突影响的认识水平有关。

2. 选取恰当的冲突处理方法

经过诊断可以知道对冲突管理进行处理是否有必要以及需要哪种类型的处理方式。当组织中的冲突水平过低或过高，或者组织成员无法有效处理冲突问题时，对冲突进行干涉是必要的。一般说来，有两种常用于处理冲突的方法：过程法和结构法。

（1）过程法。过程法试图通过改变组织成员处理冲突的不同风格来提高组织的有效性。其核心是通过帮助组织成员学会把不同风格处理冲突的方式与不同的冲突情形结合起来管理冲突。换言之，这一方法主要是强调组织成员必须采取有效的处理组织冲突的风格。它有时需要组织成员改变其他组织过程，如信息沟通、领导体制等，以帮助组织成员获得处理冲突问题的新技巧。从某种意义上来说，这一方法有助于改变组织成员对不同类型冲突的强度的理解。

传统的冲突解决理论强调通过压制或回避的方法，在冲突双方之间获得一定的和谐和共识。但组织发展理论则是通过设计来帮助组织中的参与者学会合作和一体化行为，以找出冲突的真正原因，并建设性地解决冲突问题。

（2）结构法。这一方法是通过改变组织结构设计来改善组织效率，如差异性和整合机制、等级序列、操作程序、奖励制度等。其核心是改变组织成员对不同层次的冲突数量的认识来达到管理冲突的目的。

因为组织结构而引起的冲突，可以通过适当地改变组织设计来实现有效管理。有证据表明，没有适合于所有组织的最好的设计。一种机制或系统是否适合于一个组织，取决于多种要素。越来越多的证据显示出，组织结构设计必须与任务属性、技术和环境保持一致。这些要素之间一致的程度越高，冲突管理的效率就越高，组织绩效就越好。其他的结构要素，如奖励制度，规则和程序，任务的属性，对资源的控制等，也可以选择来减少冲突。

一般的管理者都会适当地结合使用过程法和结构法来管理冲突。但必须注意，虽然过程法最初指的是通过教育和培训使成员学会选择处理冲突的不同方式，但这一方法反过来又会影响人们对冲突数量的认识。结构法最初是通过改变某些设计来选择冲突数量，但反过来，这一方法也会影响处理冲突的直接性。

【小案例】

"薪"情不好的林楠

林楠毕业后在一家本地公司工作了两年，感觉还可以。可是，一个偶然的机会，她发现自己的薪水属于较低的那一类。比较之下，她的"薪"情不好了。她找到人力资源部要求加薪，可是，他们给她的答复是：根据她的资历、经验，加薪不可能，要不就……

分析参考

思考题：如果你是林楠所在公司的主管，你会如何来处理呢？

7.1.4 冲突效果环节

效果环节是进行冲突管理的评测环节。管理任务主要是对冲突的结果和影响，以及冲突管理的成效进行评价、衡量。评测具有双重目的：一是用来做出正确的或合适的行动的基础；二是为了学习以便更好地处理今后的冲突。在这个阶段，管理者要特别关注冲突主体的反映情绪、工作态度以及非冲突主体的意见。亲身体验，亲眼所见，详细、认真地了解冲突处理到底带来多大的效益。若差强人意，应该及时查明原因、做出调整，以免造成企业危机四伏的局面。

目前，已经出现了四种不同的评测和衡量组织冲突管理效果的方法，即目标实现法、系统资源法、内部过程法和战略影响法。

1. 目标实现法

这是被管理者和研究人员广泛使用的一种评价方法。这一方法对冲突管理效果的评价侧重于目的、结果，而不注重过程。它对效果的理解是：社会系统实现其目标或目的的能力。换言之，只要达到了某些既定的目标（如任务、指标等），那么冲突管理的运作就是有效的。

从表面上看，这一方法对目标的衡量非常简单，但是有些复杂的常常会出现多元化的甚至是相互矛盾的目标，对这些目标的评价不是简单的考虑就能解决的。所以，这一方法有一点困难就是不容易辨认出冲突管理的真正目标。而且，即使能分辨出冲突管理的目标，也完成了目标，但这一目标若是有害的，被误导了，或者不合理，那么冲突管理也是无效的。另一个问题是，某些目标，如缓和冲突等并不是适用于所有的情况和需要。

2. 系统资源法

这一方法是由美国的尤奇曼和西舒尔两人提出来的,一经提出就受到了大家的普遍关注。与目标实现法不同,这一方法注重的是冲突管理的投入而不是产出,它强调的是一个组织。换言之,如果一个组织冲突解决办法需相对较少的资源,它就是有效的。

3. 内部过程法

这一方法强调冲突管理对组织内部过程关系如人际关系,主管和员工之间的工作发展,不同方向的信息流等的影响。这些关系特征的程度越高,冲突管理的效果就越好。

因为这一方法忽略了内部过程与产出和外部环境之间的关系,所以,它也只能提供一个有限的新视觉。

4. 战略影响法

这一方法有时也被称为参与成员满意法或生态模型。大家注意到,冲突管理是为了满足并平衡利益相关者的需要,这在实现组织目标的过程中是必需的。利益相关者可以是一个个体形成的团体,如所有者、员工、顾客、供应商、政府官员等,组织直接影响他们的利益。这一方法的基础是:如果冲突管理能够满足各个不同的利益相关者的需要,那么冲突管理就是有效果的。尽管这一方法评价冲突管理效果的视野更开阔,但是,它的观点也是片面的。

以上四种评价标准各有优缺点。

对冲突管理进行跟踪反馈的目的有两个:一是用作做出正确的或合适的行动的基础;二是为了学习以便更好地处理今后的冲突。

7.1.5 冲突反馈环节

反馈环节是进行冲突管理的收官环节。管理任务主要是将处理冲突的实际效果反馈到认知环节,从而形成一个良性闭环系统。经过前面一系列的判断、分析、指导后,在这个阶段,企业的冲突应该是得到很好的处理。管理者应吸取其中的积极经验,有备无患。接下来,就是要继续关注企业中潜伏的各类冲突。

冲突管理的具体步骤包括了以上五个阶段。每个阶段是紧密相连的,一般来说,一个阶段完成后再进入下一阶段是符合冲突管理流程的。需要指出的是,在对企业冲突管理过程中,并不是要求必须按照上面这个流程模式来进行。精明、老练的企业管理者完全可以凭借自己的管理能力,对某个环节适时调整和决策,出色地化解形形色色的冲突问题。①

视野拓展
衡量冲突管理效果的五个标准

7.2 冲突管理的策略

从策略类型来说,如前所述,冲突管理的策略分为解决冲突策略和刺激冲突策略。不论哪一种策略都是服务于企业组织冲突管理目标的。策略本身没有好坏之分,关键在于其实际应用效果如何。在实际管理活动中,解决冲突的策略使用广泛,这与人们对冲突影响的认识水平有关,一般人倾向于冲突的解决,而不是激化。这里我们主要探讨一下与上司的、与同级间的、与不同类型下属的、与下

小贴士
冲突管理策略模型综述

---

① 王好. 如何进行冲突管理 [M]. 北京:北京大学出版社, 2005.

级间的、与客户间的冲突解决策略。针对这些各不相同的冲突对象，要运用不同的冲突解决策略，这样才能真正化解冲突。

7.2.1 调适与上司的冲突

在工作中，上司和下属之间难免发生一些不愉快的事情，产生一些摩擦和碰撞，引起冲突。这时，作为下属如果处置不当，可能导致和上级关系紧张，产生焦虑、压抑和无助感，加深鸿沟，陷入困境，甚至导致双方的关系彻底破裂。与上司发生冲突的后果不仅仅是影响个人的工作，还有可能会影响整个团队工作的有序进行。

那么，在实际工作中，一旦与上司发生冲突后怎么办？常言道："冤家宜解不宜结。"我们可以根据现实的情境选择相关策略。通常情况下，缓和气氛、疏通关系、积极化解才是正确的思路。良好的冲突应对策略可以使你的建议被采纳，化解与上级的矛盾，获得上级的理解和支持，有左右逢源的感觉。具体可以采取以下策略来调适与上司的冲突。

1. 摆正心态，换位思考

刚走进社会的学生，许多都是满怀抱负，有激情和远大理想的，这是很好的事，但如果没有摆正心态、又很容易陷进目空一切的状态，走进"人人都不如自己"的误区。例如：刚从名牌大学毕业的小王来到一家公司工作，工作上很快得心应手，干得非常出色。渐渐地，他觉得上司业务能力不如他，不满上司的工作安排，甚至与上司发生了直接冲突。小王必须首先摆正自己的心态，善于换位思考，多看上级的优点，多想自己的缺点。小王应该认识到：上司之所以成为上司，必有其可取之处，或在业务方面出色，或在管理方面出众，或实践经验丰富，或为企业立下过汗马功劳。作为下属一定要看到上司的长处，以虚心的态度学习、请教，这样才能够迅速成长。

冲突发生后，要注意保证自己的情绪不要太主观，不要戴着有色眼镜看问题，保持清醒理智的头脑，做到平心静气地看问题。不然，即便出于好意做换位思考，结果也是不客观的，甚至会适得其反。

作为下属，在与上司关系的调适当中，应该这样考虑。假设你的上司99.999 9%都很坏，但是他还有0.000 1%是好的，你就盯住他好的地方看。假设你自己很优秀，99.999 9%都很好，但是至少有0.0001%是缺点，需要改正。这样，你就会发现上司的做法确实有其道理，就能从上司身上看到优点，能够向他学到东西，做起事情来也会感到顺理成章、心平气和，并发现自己的不足，不断改进自己，不断取得进步。

2. 理智对待，不使扩散

冲突发生后，要给自己一个安静的氛围。如果事情的处理不是太急，就给自己一点点时间，以缓冲内心的不平，给自己一个心情的过渡，以走出当事者的局限，做出较为理性的决定。在"决定"两个字上，一定要考虑后果，就是以当事人的心态去考虑这个抉择各方能否接受。

不管谁是谁非，与上司发生冲突毕竟是两个人之间的事，不宜在同事间扩散，以免造成不好的影响，使矛盾升级。得罪上司无论从哪个角度来说都不是一件好事，如果让彼此间的矛盾闹得沸沸扬扬，到时候恐怕会出现双方都难以收场的尴尬局面。

3. 冷静反思，查明原因

工作中引发冲突的原因主要有两个方面，即信息沟通出现障碍和因职责不清造成冲突。

在工作中发生冲突后，一定要冷静下来，厘清事情的前因后果，尤其是主要矛盾，找到问题的症结所在。每个问题都不是独立存在的，人和人的关系更不是三言两语能说清楚的。要找准当事人的出发点和目的，了解事情全局，并了解当事人的为人及所处环境，不要急于下结论。把当事人换作自己，也就是把自己投入当局，看自己的感受。对那个局面的理解是解决问题的关键。

4. 互相理解，主动求和

在仔细分析了问题原因之后，如果责任主要是在自己身上，应该勇敢、主动地道歉，承认自己的错误，请求上司的谅解。如果原因出在上司身上，也要换位思考。一般来说，道歉的时机最好是越早越好，而且应当根据冲突影响的大小来决定是在人多的时候，还是私下进行道歉。如果发生冲突时只有两个人在场，那么道歉的时候尽量与上司单独沟通。如果得罪上司有旁人在场，那就应该当着知情者的面向上司承认错误。如此，既挽回了影响，又维护了上司的权威。

其实，以辩证的观点看，每一次冲突，都是一次学习，也是一次成长的机会。当我们面对冲突时，应当思考一下自己到公司发展的初衷，反问一下自己，这样做真的是对自己和公司有好处吗？以防止出现不理智的行为。

5. 避免争论，保持理智

有许多主管与上级发生冲突后，经常会据理力争，因为他们的做法或想法无论是从公司利益，还是从私人角度而言都是正确的；但事实却是，这种强势的争论只会使冲突越来越大。有些主管甚至因此还出现工作上的懈怠，这明显是不理智的做法。精明的主管往往会在工作中表现得一如既往，该汇报仍汇报，该请示仍请示，就像没发生过任何事情一样。这样，随着岁月流逝，冲突就会逐渐被冲淡，双方会忘却以前的不快，冲突所造成的副作用也就会自然而然消失了。

课堂互动

工作场景：你的老板 Tom 把你叫到他的办公室，商讨要你明天提交给董事会的一个项目报告。Tom 告诉你，可以夸大一下该项目在上季度的进展状况，他说这种"善意的谎言"可以避免不必要的麻烦。Tom 向你保证，虽然这个项目目前的进展落后于计划，但落后的局面不久就能够得到改善。你基于道德方面的缘故，对老板的要求不太高兴去做。

你认为这时候应该如何向你的老板表述自己的意见？请与同学展开讨论。

---

6. 反对自负，及时示好

冲突的后果大多数会使双方陷入沟通断绝的状态，双方都固执地认为自己主动向对方示好会丢面子，或是主动示好就是示弱。实际上，这是一种很自负的表现，或许在应对与下级之间的冲突时，这种自负代价并不大；但是如果冲突方是你的上级，那么这种自负就是你自寻死路的最快途径。因此，别见面就憋着一股犟劲，不搭腔、不理睬，昂首而过。他是你的上级，你还得在其手下混饭吃，冲突后应尽早向其示好，如果示好时间过晚，再想和好就太迟了，困难也会更大。

7. 现代通信，避免尴尬

与上司产生矛盾后不可能从主观方面结束与上司的沟通，比如说，工作汇报、请示之类的沟通需求会随时产生，这时主管应当如何与发生过冲突的上司进行沟通呢？打电话、微信、QQ、E-mail等可以避免双方面对面的交谈可能带来的尴尬和别扭，这正是现代通信方式的优势所在。当然，打电话时要注意语言应亲切自然，文字交流也要注意不管是由于自己的鲁莽造成的碰撞，还是由于上司心情不好引发的冲突，或是上司的怠慢而引起的"战争"，还是由于下属自己思虑不周造成的隔阂，都应当注意表达方式不会触犯上司的"逆鳞"。把话说开，求得理解，达成共识，这就为恢复关系初步营造了一个良好的开端，为下一步的和好面谈铺平了道路。这里需要说明的是这些方法要因人而用，不可滥用，若上司平时就讨厌这种表达方式，则不宜用。

8. 合适机会，巧妙化解

时机有多重要？如果上司正因为与你的事还在钻牛角尖时，你去道歉，他听得进去吗？正是如此，找个合适的时机去道歉往往更能化解双方之间的矛盾。例如，当上司遇到喜事，如受到表彰或提拔时，作为下属就应及时去祝贺道喜，这时上司情绪高涨、精神愉快，适时登门，上司自然不会拒绝，反而会认为这是对其工作成绩的称赞和人格的尊重，当然也就乐意接受道贺了。如果双方在酒席、晚会等一些轻松的场合碰面，也可以采取问个好、敬杯酒等方式表示对对方的尊重，化解双方的冲突。而且，在解决了问题后，以后工作生活中尽量不要再提及。

9. 找"和事佬"，从中协调

并不是所有冲突自己都能够解决，因此找个"和事佬"便十分必要。通过第三方表达自己的歉意，不仅仅可以避免当事人的尴尬，而且也能让上司从旁观者的描述中冷静下来，从而找到解决冲突的关键。但是，"和事佬"一般情况下只能起到穿针引线的作用，要重修旧好，起决定性作用的还是要靠当事人自己去进一步解决。

10. 把握原则，学会忍耐

忍耐是解决冲突的有效办法，不要斤斤计较、小肚鸡肠，应当宽容忍让，不要仗着自己有理就对上司穷追猛打。但是这并不是要让我们一味地忍耐，应当有自己的底线与原则，如果冲突的原因涉及企业利益的根本，这种忍耐就是一种过失。

【小案例】

"女秘书 PK 老板"的火爆邮件

这年4月7日晚，EMC大中华区总裁陆纯初回办公室取东西，到门口才发现自己没带钥匙。此时他的私人秘书瑞贝卡已经下班。陆纯初试图联系未果。数小时后，陆纯初还是难抑怒火，于是在凌晨1时13分通过内部电子邮件系统给瑞贝卡发了一封措辞严厉且语气生硬的谴责信。

陆纯初在这封用英文写就的邮件中说，"我曾告诉过你，想东西、做事情不要想当然！结果今天晚上你就把我锁在门外，我要取的东西都还在办公室里。问题在于你自以为是地认为我随身带了钥匙。从现在起，无论是午餐时段还是晚上下班后，你要跟你服务的每一名经理都确认无事后才能离开办公室，明白了吗"？（事实上，英文原信的口气比上述译文要激烈得多。）陆纯初在发送这封邮件的时候，同时传给了公司几位高管。

面对大中华区总裁的责备，瑞贝卡在邮件中回复说，"第一，我做这件事是完全正确的，我锁门是从安全角度上考虑的，如果一旦丢了东西，我无法承担这个责任。第二，你有钥匙，你自己忘了带，还要说别人不对。造成这件事的主要原因是你自己，不要把自己的错误转移到别人的身上。第三，你无权干涉和控制我的私人时间，我一天就8h工作时间，请你记住中午和晚上下班的时间都是我的私人时间。第四，从到EMC的第一天到现在为止，我工作尽职尽责，也加过很多次的班，我也没有任何怨言，但是如果你们要求我加班是为了工作以外的事情，我无法做到。第五，虽然咱们是上下级的关系，也请你注重一下你说话的语气，这是做人最基本的礼貌问题。第六，我要在这强调一下，我并没有猜想或者假定什么，因为我没有这个时间也没有这个必要"。

本来，这封咄咄逼人的回信已经够令人吃惊了，但是瑞贝卡选择了更加过火的做法。她回信的对象选择了"EMC（北京）、EMC（成都）、EMC（广州）、EMC（上海）"。这样一来，EMC中国公司的所有人都收到了这封邮件。就在瑞贝卡回邮件后不久，这封"女秘书PK老板"的火爆邮件就被她的同事在全国外企中广泛转发。

邮件被转发出EMC后不久，陆纯初就更换了秘书，瑞贝卡也离开了公司，EMC内部对此事噤若寒蝉，一些参与转发邮件的员工挨个儿被人事部门找去谈话。

尽管无论是邮件附加的个人点评还是BBS上的讨论，力挺瑞贝卡的声音都超过了八成，但外企人力资源部的管理层却并不买账。昨天早上，记者刚在电话中表明身份，瑞贝卡就明白了，"这事儿闹得太厉害，我已经找不到工作了"。她没有料到邮件会被转发出去，也没有料到目前的局面。

分析参考

思考题：陆纯初和瑞贝卡应该怎样做才能避免此类冲突的发生？

11. 自我保护，争取主动

如果你偏偏遇到的是一位不近情理、心胸狭窄、蛮横霸道的上司，大搞顺者昌逆者亡，把下属的顶撞视为大逆不道，必欲将其置之于死地时，处于如此高压之下的下属就没有什么值得留念，不必抱什么希望了，这时，就应当机立断，毫不犹豫地"三十六计走为上""良禽择木而栖"，换个工作环境，再图发展。

如果遇到缺少安全感，而且容易记仇的上级领导，只要听到别人指责自己的行为或政策，立刻会展开报复的行动。这时，你需要找到能够保护自己的"武器"（如资讯、盟友、法律以及法律顾问等），以便让心存报复的上级领导不敢轻举妄动。

一般来说，享有制度保障的员工较无后顾之忧，他们有工会组织作为后盾，有足够年资以获得全额退休金。他们对于上级领导的不正当政策与行为比较敢于发难、质疑。你可以利用下列做法，来为自己提供类似的保护：① 在公然与上级领导对抗之前，先获得介绍信之类的书面肯定，将有助于未来的就业或法庭诉讼；② 详细记录自己以及上司的活动，作为举证的资料，借以驳斥对方的报复性反控；③ 培养与媒体的关系，需要时将你的经历与遭遇公之于世；④ 加入会为你提供精神、法律以及财务支援的相关团体；⑤ 委托朋友及亲戚照顾你的家人，以防他们的安全受到影响。

以上解决冲突的办法都是站在下属的立场来考虑的，换一个角度说，上司作为领导，作为一个工作多年的老职员，更应该胸怀宽广，发生冲突时要体谅、帮助新人，使下属尽快成长。只有双方都理智地对待冲突，才能打造一个和谐的团队，共同努力把工作做到最好。

7.2.2 应对同级间的冲突

应对同级间的冲突主要有调控和防范两种思路。调控是冲突已经发生，应该如何处置；防范是冲突尚未发生，应该如何防止。两部分构成一个统一整体。只不过由于冲突主体的差异，同级之间冲突的应对在措施和要求上也别有特点。

微课
应对同级间的冲突

1. 与同级冲突的调控策略

与同级的冲突可能是在个人意料不到的情况下发生的，因而可能猝不及防；也可能已经意识到冲突迟早会到来，但当其真的来临时，又张皇失措，或意气用事。其实，不管发生多大的冲突，镇静总是比慌张更容易找到办法。以下是几种切实可行的调控措施。

（1）熄火降温，求同存异。冲突一旦发生，双方都在气头上，难免会失态失控。更何况同级领导之间没有明确的权力制约关系，一旦矛盾激化，往往难以解决，新账老账一起抖出，全然不念往日情分。此时，有经验和修养的领导者就懂得应马上回到平静状态，因为过激的行动解决不了什么问题。不管怎样，作为组织的一名干部，狂乱失态无论于公于私都是损失。为了尽快熄火降温，最直接最简便的办法是求同存异。因为大家都在激动状态，要客观地讨论谁是谁非是比较困难的，这些问题应暂且搁置不议，努力去寻找共同点、相近点。这种方法即使在国与国之间的外交事务中也常使用。即便共同点较少，也不要毫不留情，而应想办法回避一下，等双方心平气和后再行商议。特别是没有必要将矛盾直接上交，捅到上级领导那里去。更不要"先下手为强"，抢先告状，没完没了，唯恐事小。当然，熄火降温不是息事宁人，而是要把一时解决不了的矛盾分为多次或在一定时间的工作过程中逐步解决。这样，矛盾才不会激化。

（2）宽容自制，揽过推功。为了更有效地调控与同级之间的冲突，领导者应学会宽容自制。宽容，就是要有宽广的胸怀和雅量，对别人的缺点和短处予以包容，对别人的失礼和失态予以谅解，并想办法用自己的长处去弥补。要宽容别人的过失，领导者必须首先自制。自制既是一种很高的素养，又是一种策略。自制是一种后天的能力，它要求领导者在必要时严格控制自己的言行，避免激化矛盾，特别是不能用过激的言语刺激对方，伤害其自尊心，揭破其"疮疤"。如果学会自制，严格控制关键时刻的情绪状态，那么一般情况下都可以从容地涉过矛盾的急流，走上开阔的原野。与宽容自制相应的行为就是揽过推功。实事求是地说明自己的不足，充分肯定对方的长处，并为此表示歉意，请求谅解，那么冲突就会顷刻降温，恢复往日的平静。所谓"揽过推功，紧张放松"就是这个意思。而与揽过推功相对立的则是推过揽功，这是导致冲突的诱因之一，也是领导者品德修养不够的表现，是个人欲望的一种恶性膨胀，应当严加控制。其实，无论如何论辩，功过问题都是客观事实，人们心里都很清楚。但不同的做法表明了人的不同品质、度量和风格，因而对冲突的程度和解决影响大不一样。

（3）开诚布公，达成共识。领导者与同级之间即使发生了冲突，在讨论分歧意见时也应心平气和，相互尊重，摆事实，讲道理。这样会使双方为寻求一种平衡而难以发作，会在相互交换看法时，既不作讽刺挖苦式的人身攻击，也不作捕风捉影、无中生有式的胡乱猜疑，而是让事实说话，就事论事，并且得理让人，适可而止。

2. 与同级冲突的防范方法

冲突的调控作用只能维持一时的关系平衡。为了使领导者与同级之间的冲突不再发生，领导者就应该在工作中进行有效防范。围绕领导者的行为，防范的基本办法主要有下述几种。

（1）恪尽职守，淡泊名利。从走上领导岗位的那天起，领导者就应该牢固树立当领导不是争权夺利而是一种工作调配、事业需要的观念，只有同心同德、和衷共济，才是最佳选择。同时，应通过健全岗位责任制和实施工作目标管理，把同级领导成员的精力和时间都引导到组织的事业上来，统一到为实现组织的目标上来。要使大家专注于组织的中心工作，勤勉奋发，艰苦创业，克己奉公，尽职尽责，并不忘进行及时有效的沟通，通过建立工作实绩来赢得他人的支持和赞同。此外，要淡化名利意识，在名利权力面前要互相谦让，保持领导者应有的高风亮节。在现今的一些领导班子中，不少领导干部工作观念淡化，而权力得失意识却空前强化。他们不是在工作上比贡献、看实绩，而是热衷于攀比个人的名誉地位和权力大小，甚至公开伸手要官、张口要钱。达不到要求，就讲怪话、发牢骚、怨天尤人、拨弄是非，结果不断引发矛盾、激化冲突，给各方面的工作带来许多不便和麻烦，严重损害了领导干部形象。可见，淡化名利观念对于防范同级领导之间的冲突具有至关重要的意义。

（2）加强沟通，真诚合作。同级领导之间不协调的原因之一，就是彼此缺乏理解，沟通交流受阻。要改变和预防这种状况的一个基本前提就是加强信息沟通，保持密切联系。领导群体是由不同个性的人组成的。由于受不良社会风气的影响，一些同级领导彼此常常处在心理隔绝状态。虽然大家每天见面，但各干各的工作，彼此互不通气，以至谁也不了解谁，未能建立起真正的理解和友谊。这样一旦有谣传就容易互相猜疑，难免会发生冲突。为此，有必要改变原有的组织风气，通过建立新型的领导者之间的关系，使大家在友好、平和的组织情境之中，共同走出领导冲突的误区。同级领导各有分工，应各司其职、各负其责，但既在一个组织中，就应分工而不分家，做到相互支持、竞争而不拆台，创造一种同舟共济的积极关系。以分工为理由相互疏远甚至相互拆台，就得不到对方的尊重和信任。长此以往，隔阂不断加大，误解不断加深，矛盾不断激化，摩擦不断出现，冲突必会发生。其实，分工的前提首先是真诚合作。如果囿于分工而不善合作、不愿合作，就必然会使自己逐步从班子群体中孤立出来，最终成为孤家寡人，一事无成。

（3）一视同仁，保持平衡。有的同级领导往往三五一组，四六成群，亲此疏彼，各抱一团。这样的集体没有不闹矛盾的。克服这一点的做法就是要一视同仁，包括做到对支持自己的人和反对自己的人一个样。别人支持自己，未必就说明自己正确；别人反对自己，也未必意味着自己一塌糊涂，这都要靠实践检验。问题是，就普通的情感而言，对支持自己的人似乎感情更近，对反对自己的人心理距离较远。这是需要领导者注意的。领导者既应有坦荡的胸襟、豁达的气度、容人的品格，还要适当掌握平衡的艺术，力争与同级领导保持一种既亲密热切，又距离适当的合作关系。平衡的方式主要有三种：一是以自身为平衡点在空间上与其他同级领导保持等距关系。也就是说，如无特殊工作需要，不与人建立有别于他人的过密或过疏的关系。二是在利益上保持与其他同级领导之间的可容性，自己只取中间性的平衡值。三是在心理上保持与其他同级领导的可接受性，做到经常沟通。

当然，在最理想的组织中，每个同级领导都应是平衡点。他们的组织关系结构呈"球"

状,核心是上级领导,周围是人民大众。这样,他们在这个组织结构中才能发挥最佳的领导效能。

【小案例】

严格监督的小杜

小杜是一家公司的质检部主管,平时对产品的质量检验工作很认真负责,正因如此,小杜极容易得罪人。但这并没有影响到小杜的工作积极性。慢慢地一些经常受到质检部批评和处罚的人渐渐走到了一起,经常一起发泄对质检部的不满,他们还联合起来利用一些机会使绊子,报复质检部对他们产品质量的严格监督。

一天,小杜和下属在检验中又查出了几件不合格产品,这次他并没有像以前那样简单退回,也没有直接开具处罚单,而是把那几件产品与质量优异的产品摆在一起,让下属去请那几个产品合格率比较低的同事到质检部,请他们来看一看,谈一谈。

首先,小杜请他们比较一下那几件产品与其他同事生产的产品的质量,并询问他们,如果他们处于这个位置,该如何处理?那几位同事面面相觑,看着那几件出自自己之手的劣质产品,支支吾吾地不知道该说些什么。这时小杜对他们说:"我们是同事,每个人都有自己的职责,都要保住自己的饭碗。我们之间无冤无仇,质检部的职责就是检验产品质量,防止不合格的产品出厂。如果不合格产品出厂后引发客户的不满,导致投诉和拖欠货款等问题,会很麻烦,甚至会使我们都丢掉饭碗。我们希望和你们做朋友,而不是敌人。我们不会故意刁难你们,但也不能把不合格的产品轻易地放出去。希望几位理解质检部的工作,把我们当成朋友,最起码是工作认真的同事,不要把我们当成敌人,不要搞什么小动作。"

随后,小杜又问他们在生产过程中有什么困难,并就具体的常见质量问题向他们提出注意要点和改进建议。他们也把自己的难题提出来,请教小杜怎么解决。经过大约两个小时左右的交流,彼此之间的隔阂基本消失了。在随后的日子里,那些工人不仅不再跟质检部的同事作对,而且产品质量也在不断提升,很快便达到了正常的水平。

分析参考

思考题:本案例对你有何启示?

课堂互动

了解你的同僚,并将掌握的信息记录在下面表格中。

项目	部门	职责	性格	与你所在部门的关系	是否有过冲突	原因

7.2.3　协调与不同类型下属的冲突

主管与下属间发生某些冲突是正常的,有时是不可避免的,问题在于如何处理这些冲突。每个下属各不相同,因此在协调与下属的冲突关系时,也需要根据不同的下属使用不同的协调方法。下面就以平时最容易与主管发生冲突的几类下属为例,说明如何处理冲突。

1. 曾经的上级,现在的下属

最初进公司时带你的师傅,现在是你的下属;也有可能是你以前的师长,过去的朋友;前不久还对你很好的上级,现在全成了你的部下……与这类下属之间的冲突是隐性的,处理不好则会被"篡权"。要管理你曾经的上级,关键是要把握好"情"与"理"的度。

因此,在工作中应尊重他们,即使在某些行为过激的情况下,你也必须忍耐,尽量保持平和的态度与之交谈。公事上,最好公事公办,但也不妨向他们多多请教,对他们的意见仔细斟酌。出现争论时要注意分寸,切不可摆架子。如果你并不打算接受他的意见,一定要拿出十分可信的理由来,据理力争,对原则性问题丝毫不能让步,要以公司大局为出发点。

2. 与你对着干的下属

有一些诸如性格倔强、比主管年长等难以管理的下属,他们总是与你对立,经常与你发生冲突。你是否对此很无奈?这时,主管就应弄明白下属为什么会与你对着干,你自己是否也对他有着排斥情绪?如果有,你必须先克服这种有害情绪,并注意你的谈话方式,尽量让你的下属感觉愉快,因为大多数时候我们的情绪都会从谈话中表现出来。在工作上,不要仅看到他们的工作情况和成绩,还应当了解他们内心的烦恼。因此,讲话时要极为慎重,注意不要伤害他们的感情。例如,对于性格倔强的下属,主管可以改命令为建议。面对比自己年长或同龄,或曾经取得过一些成绩的下属,你可以说:"我需要借助你们的经验和智慧……"这样就表现出较谦虚的态度。要增加工作量或者工作难度特别大的时候,就对他们说:"这种工作只有你们才能完成。"给予一定的认可和赞美,让他们心里感到自己是有价值、有地位的,从而满足其心理需求。

3. 爱投机取巧的下属

大部分投机取巧的下属其能力都有待观察,但是他们比一般下属嘴更甜、心更细、脸皮更厚,他即使是做错了事,也往往会把责任转嫁或推卸到其他人身上去。而一旦有了功劳,他又会极力地吹嘘自己的贡献和成绩,生怕领导不知道。主管光凭自己的眼睛是很难发现这种人的,只有多听取其他下属的反映,才能揭开这种人的真实面目。如果你发现这种人存在,就要毫不客气地把他撤换掉。

4. 对上级怠慢的下属

面对下属的怠慢,作为上级一定要冷静,"冷静"并不意味着对怠慢视若不见,装聋作哑。而要认真分析、细细想想为什么没有受到礼遇。要是原因出在自己身上,是自己的弱点、缺点甚至错误引起的,那么,这种怠慢则应求之不得。无疑的,它是警钟。警钟长鸣,会给上级清除多少隐患啊!弱点一旦克服,缺点和错误一旦改正,怠慢必然消失。

如果怠慢的根由不在上级身上,而是下属自己,是其个人的无理要求没有得到满足而泄私愤,怎么办?也不应该"疾言厉色",而要做深入细致的思想工作。只要上级能以组织一个普通职工的身份同下属平等对话,促膝谈心,摆事实,讲道理,下属就能顾大局,识大体，摆正个人同集体的关系。下属一旦认识到个人要求的"无理"，便会觉得有愧于上级。而对上级的尊敬，也就油然而生。

受人尊敬是强求不起来的。往往越是要人尊敬，越是得不到尊敬。有些人，一旦爬上领导岗位，就觉得自己有"九五"之尊，神圣不可侵犯。谁怠慢了他，他就要给谁一点颜色看看。岂不知，敢于怠慢领导的人一般都善于思考，不人云亦云。最起码地说，不是只顺着鞭子走路的羊羔。弄不好，他也要给上级一点颜色看看。双方剑拔弩张，争吵起来，对今后的工作十分不利，做领导气量小，"眼里装不下一粒灰星子"，谁还敢在你面前说你不愿听的话？要不了多久，你的周围便会成为溜须拍马者的天地。你的不足之处无人指出，你就会永远"不足"下去。

人无圣人，缺点和错误人皆有之，只有虚心接受批评、不断改正错误、克服缺点，才能不断地完善自身。怠慢不一定是坏事，它给你一个发现问题的契机。作为上级，面对下属的怠慢，实在是应从自身检查开始，无疑这是有百利而无一害的事。

5. 斤斤计较的下属

当涉及个人利益时，那些斤斤计较的下属就会表现出其本性来。斤斤计较的下属特性是，经常以各种堂皇的理由，推掉不属于自己的工作责任；眼见别人犯错，他只在一旁偷笑，绝不会提醒别人，更不会鼎力相助。在饭后结账时，总爱和别人斤斤计较，或喜爱拿着单据逐项核对。那么，主管应如何应对与这样的下属的冲突呢？

首先，要满足其正当要求，令他们认识到你绝不为难他，应该办的事情都会给他办。其次，拒绝不合理要求，巧妙地劝阻他不要得陇望蜀。当然，最为主要的是制定利益分配计划时，充分发挥同事的监督作用，将计划公布于众，使下属们感到是在公平之中进行利益分配的，这样便可以避免他与你纠缠。

6. 目中无人的下属

一般目中无人的员工，都恃才傲物，他们总是自以为是、自命不凡、自我欣赏。要解决与这些下属的冲突，主管必须采取有效的措施，让其心服口服，为你所用。

（1）用其短，挫其锐。一般来说，目中无人的员工多多少少都有一点能拿得出手的能耐，或者说有强大的后台。只有让这类下属认识到自己一个人不可能完成所有任务的时候，他才会认识到他人的重要性。

（2）用其长，情感疏导。与这类人发生冲突时，主管一定要有耐心，要视其所长而用之，绝不能采取冷处理的方法，为了压制其傲气，将其束之高阁。可通过情感疏导，从而拉近相互之间的距离。

（3）危难之时伸出援助之手，做到宽容大度。目中无人的员工无论是做什么都容易掉以轻心，所以常常会因其疏忽大意而误事。这时，你切不能落井下石，一推了之。应做到在他们感到大祸即将临头时，对其提供帮助与指导，一言解危。日后，他在你面前再也不会傲慢无礼，甚至会言听计从。

此外，加薪问题会引起冲突。薪水问题一直以来都是主管与下属之间最容易产生冲突的中心。此时作为主管的你必须清楚两个问题：第一，要求加薪的员工工作是否有为他加薪的价值？第二，考虑到该员工的服务年限，与从事该工作的其他人的工资水平相比较，该员工的工资水平是否合适？如果第一个问题的答案是"是"，第二个是"不"，那么也许你应该考虑为他加薪了。不要试图拖延给一个符合条件的员工加薪而去找各种各样的借口，否则，员工会认为他的付出没得到等价的回报，从而心生抱怨，影响工作。

【小案例】

主管林飞该怎么办呢？

林飞是某公司华东某地级市新任的销售主管，手下有十多个业务员，其中王兵表现非常突出。王兵已经在当地工作三年了，业务关系广泛，客户关系好，熟悉整个运作流程，随时掌控市场动态，与竞争对手关系融洽，个人业绩占整个办事处的1/3，是一个不可或缺的业务骨干；同时，他还是上任销售主管的"亲信"，曾追随上任主管转战各地。林飞则是一个"外来户"，刚接手当地市场，与当地客户关系一般，出货渠道有限；但同时，林飞雄心勃勃，希望在当地打一个大胜仗。

现在，两人产生了矛盾，王兵连续两个月都只拿底薪3 000元，对业务很不上心，且有跳槽打算。林飞日子也不好过，由于销量与市场份额连连下滑，总部给他的压力骤然大增。

思考题：面对现在的情况，主管林飞该怎么办呢？

分析参考

课堂互动

你是否了解你的下属？根据上述几类员工类型完成下表。

姓名	团队角色	职责	工作年限	印象	他人评价	类型

7.2.4 管理下级间的冲突

不同的人有着不同的需求。管理者拥有资源的有限，会导致下级间出现冲突。如果下级间发生激烈的冲突，将对当事人、管理者、工作本身和整个组织都造成难以弥补的损失。然而，适度的冲突也能让下级之间出现良性竞争，有利于调动下级的工作积极性，推动组织工作向前发展。管理者要想在避免发生激烈冲突的前提下，借助适度冲突推动工作，就必须科学管理下级间的冲突。

1. 科学看待下级间的冲突

（1）激烈的冲突可能导致严重后果。激烈的冲突可能导致严重后果，历史早有惨痛的教训，例如，1857年7月26日，太平天国发生内讧，东王杨秀清、北王韦昌辉先后被杀，翼王石达开出走。这次内讧直接导致太平天国从兴盛转向衰落，最终走向失败，其原因也是天王洪秀全未能管理好下级间的冲突。可见，下级间的冲突如果管理不好，轻则破坏一个单位的团结氛围，重则可能导致下级间相互结仇，在单位中出现派系甚至发生分裂、内讧。

（2）适度的冲突有利于激发下级的工作热情。现代科学研究表明，在缺乏激励的工作环境中，员工仅能发挥实际工作能力的20%~30%，而受到充分激励的员工，其潜能可以发挥出80%左右。适度的冲突，有助于形成良性的工作环境，员工得到充分激励，潜能能得到更大发挥。

（3）切忌人为制造下级间的激烈冲突。激发下级间的适度冲突有助于提高工作效率，但不应人为玩弄权术，制造下级间的激烈冲突。

2. 下级间冲突的管理策略

面对下级间的冲突，作为管理者要注意运用以下冲突管理策略。

（1）尽早察觉，预防为先。激烈的冲突往往危害极大，管理者要积极预防下级间的激烈冲突。一般来说，激烈冲突的发展过程大致可以分为潜伏期、觉察期、爆发期和处理期等几个阶段。但如果尽早觉察、尽早处理，下级间的激烈冲突可能就不会爆发，或者爆发力度不大、破坏性不强。尽早觉察，即使激烈冲突最终难以避免，管理者心中也有所准备，不致忙乱。尽早觉察下级间的需求冲突并非易事，功夫必须下在平时。在下级间因其他问题爆发激烈冲突时，管理者要善于分析冲突发生的真正原因是什么，有无背后的原因，是个性不同造成的冲突，还是沟通不良、不同家庭成长环境、不同教育背景等原因导致的……如果是冲突，则还需要分析是何种需求导致的冲突，冲突可能的结果是什么。切不可对可能的激烈冲突掉以轻心，也不能对掩盖在个性冲突、价值观冲突后面的潜在激烈冲突置之不理。

【小案例】

法航两名飞行员驾驶途中打架斗殴，已被勒令停飞

当地时间2022年8月26日，法国媒体《论坛报》报道，法国航空业发生一起"史无前例的事件"，飞行途中两名法航飞行员在驾驶舱内打架斗殴。法国航空一名发言人证实了此事，并表示航班安全着陆，没有影响后续飞行。涉事的两名飞行员已被公司勒令停飞，正等待管理层做进一步的处理决定。

据报道，该起机上冲突发生在2022年6月，涉事的两名飞行员分别是机长和副机长，事发时正驾驶一架空客A320飞机从瑞士日内瓦飞往法国巴黎。飞机起飞不久处在爬升阶段，两名飞行员就发生争执，副机长拒绝执行机长指令，到巡航高度时两人的争执演变为肢体冲突。

在事件的描述中，一名飞行员称，是一次"无意的击打"导致两人动手，另一名飞行员则声称这是一记耳光。之后两人互相揪住对方衣领，扭打起来。其余机组人员在噪声的警报下进入驾驶舱，赶忙制止二人，平息了事态。

剩下的飞行时间，一名机组人员一直留守在驾驶舱内，避免二人再次发生冲突，这名机组人员事后写了一份事故报告上交给法国航空公司。

【点评】这两名飞行员在驾驶舱内打架斗殴，如此严重的冲突令人后怕，不难推测，他们之间应该早有芥蒂，只不过在飞机上爆发了，因此对下级间的冲突，管理者一定要做到尽早察觉，预防为先。

(2) 适度冲突，建立机制。好的适度冲突管理机制，可以确保下级间的冲突在适度的范围内有效运转，在外部条件发生不确定变化时，能自动地迅速做出反应，使冲突调整到适度的范围内。建立下级间适度冲突的管理机制，首先要制定出下级需求得到满足的标准。科学合理的需求满足标准，可以使下级间的需求得到有序满足，即使最终难以完全满足，也能知道自己的差距，避免爆发激烈的冲突。其次，严格按照标准满足下级需求。即严格按照前面制定的需求满足标准，满足达标者的需求，维护标准的严肃性。再次，制定适度的"剥夺"需求标准。"剥夺"需求是指当下级的表现达到一定标准后，剥夺下级已经实现的某种需求，从而防止下级自甘平庸、不求上进。满足需求可以从正面刺激下级寻求需求得到满足，"剥夺"需求可以从侧面鞭策下级寻求需求得到满足。当然，"剥夺"需求的标准应宽松一些，避免人为地打击士气、制造矛盾。

(3) 解决冲突，突出合作。管理者要在建立清晰、规范的规章制度，明确的责、权、利的划分，明确职责范围和职责归属的基础上进行下级间的冲突管理。管理者要有科学的态度，识别分辨不同冲突类型，不同的冲突有不同的解决方案，不能一概而论，冲突处理可以分为回避型、强迫、迁就、折中型、合作型等，不同的时机，采取不同的冲突策略认知冲突。经实证研究发现，合作倾向对于管理者是比较好的冲突解决方式，可以提升组织绩效和积极情感。所以在面对下属间冲突要多采用合作式的处理方式。在冲突处理中，管理者一定要秉持公平原则、参与原则与高效原则，提升冲突管理的质量。

【小案例】

化解矛盾

12月9日，G1812次列车从郑州东站开出。一等座传来了两名旅客的争吵声。列车长小曹寻声找去，一番了解之后才知道原委，原来旅客打完开水回来被另一个旅客不慎撞翻，烫伤了手背，由于撞人的没有及时道歉，导致两人争吵起来。"大家都不要吵了，治疗伤口要紧。"小曹通知列车员拿来药箱，又通知餐车取来干冰。为使旅客减少疼痛，小曹用干冰不停地帮其敷伤口，然后再涂上烫伤药膏，就这样一直擦了敷，敷了擦。由于及时上药，护理精心，该旅客手上原本通红的一大片已经不那么明显了，痛感也减少了很多。烫伤虽然减轻了，但矛盾还在不断升级。"列车长你来评评理！""列车长你说到底谁对谁错？"矛盾的双方各执一词，互不相让。

"依我看，大家都退一步，不要让这点小事影响了旅途心情"小曹耐心地调解。旁边旅客便劝说道："算了算了，都别吵了，出门在外磕碰也是难免的。"

"对不起，是我撞的你，主要责任在我。"撞人旅客首先向被撞旅客道歉。被撞旅客接受了道歉，"当时只是吓到了，没有反应过来，感谢列车工作人员的细心照顾和调解"。

一等座又恢复了原本的安静，车外寒风凛冽，车内却异常温暖。

【点评】旅客之间发生冲突，高铁列车员应该加强沟通，积极化解矛盾，确保良好的列车运行环境。以下几点供参考：① 列车员先安抚旅客并简单了解事情的起因，同时报告列车长；② 尽可能为旅客调整座位，协助旅客妥善放置好随身物品，调解、缓解旅客间的矛盾，注意语言技巧，减少事件对周围旅客的影响；③ 对于不听列车员劝阻，争执行为过激引发打架斗殴，且经乘警调解，仍无法平息矛盾的，应及时报告列车长，由列车长决定是否需要铁路公安派出所人员协助，旅客是否可以继续旅行；④ 如列车长同意旅客继续旅行，列车员在列车运行途中应加强监控，以避免矛盾再次激发；⑤ 列车员向相关旅客提供优质的服务，消除旅客不愉快的记忆，缓解矛盾。

（4）搭建渠道，顺畅沟通。首先要搭建顺畅的沟通渠道，预防因沟通不畅而引起的冲突。管理者应当在组织内部建立起良好的沟通机制，人人都可以平等地参与进来，促进下属之间、员工与管理者之间的沟通。冲突出现的原因之一就是对彼此的想法了解得太少，沟通渠道的顺畅、使下属之间有更多彼此了解的机会，也使管理者能够更加了解员工，熟悉他们所关心的问题。对出现的问题及时进行沟通，防止问题的进一步扩大化。管理者在处理冲突的时候要积极地和冲突双方沟通，了解冲突的起因、过程、结果。要运用一些沟通技巧，例如眼神的交流，让对方感到被理解。不能一味地指责冲突双方的过错，让他们负责任，这并不能起到良好的效果。冲突结束后，及时的沟通反馈，管理者还要在事后与冲突双方继续沟通，得到对解决方案的反馈意见，了解他们是否真的接受，是否产生新的矛盾等，冲突的结束可不是冲突管理的终止。事实上，事后的沟通能够让冲突双方深刻地反省错误和接受正确的观点，从冲突之中有所收获。

（5）情绪管理，营造氛围。学者们研究发现，冲突与情绪是相互影响的，冲突会带来一些充满敌意、焦虑不安和恐惧等一系列消极情绪，这些消极情绪会对人的理智和判断思维能力进行干扰，进而可能会导致人的情绪和行为失控，产生不良的行为，从而破坏与他人的人际关系，导致新的、更多的矛盾和冲突产生。不少实证研究都证实了情绪与员工的绩效具有很强的相关性，正面积极的情绪对员工的工作效率有正面影响。所以只有了解情绪的特性，善于管理自己的情绪，才能减少情绪的负面影响，从而对组织里的冲突进行正确处理，提升组织绩效。

管理者首先应该营造一个积极的、和谐友好的工作氛围，利用正面的、积极的情绪去感染员工，激发员工对工作的热情和潜力，从而消退组织里不良的情绪。其次，为员工建立情绪发泄的渠道来帮助员工，使员工能够正确地认识自我的情绪，调节和控制自己的不良情绪。例如定期组织员工进行户外活动不失为一种好方法。最后，建立心理疏导机制，通过人为地干预疗法的方式去疏解员工焦虑和低沉的消极情绪。例如定期开展（开设）心理疏导讲座（课程）。从员工方面来讲，员工应该学会自我情绪管理，无论是面临任务冲突还是遭遇关系冲突，员工都应合理调整自己的情绪，通过正确的渠道去解决，例如，同上司攀谈，找出问题症结所在，或找人倾诉、做运动、听音乐等宣泄方式来调节和舒缓自己的负面情绪。恢复到其正常的理性状态，从而做出正确的冲突管理的选择。

小贴士

专家谈如何进行个人情绪管理

首先，要注意观察自己的情绪。因为很多时候，人们往往在自己都没有察觉的情况下就陷入了不良的情绪当中，无法自拔。

其次，要采用适当的方式纾解情绪。心理学研究中有一种"内省法"，就是让人冷静地观察自己的内心深处，然后将观察的结果如实讲出来。这样可以使紧张的心情得到释放，人就会感到轻松一些。即使是在吵架时，也不应该一味指责对方，而应该把自己的感受说出来，这样既有利于情感的宣泄，也可以让对方了解你的想法。另外还可以通过自己喜欢的娱乐和运动宣泄情绪。

最后，要给自己打气，不要总向自己强调负面结果。因为越是这样，我们的心理会越紧张。为了转变自己的情绪，我们应当多采用一些积极的暗示。失败也不要紧，不妨把每一次失败都当作最后一次。既然最糟糕的事都已经发生了，还有什么可怕的呢？既然已经到了最低谷，那么以后就该否极泰来了。

(6) 良性竞争，规范冲突。良性的竞争文化往往具有一定的稳定性，能够避免适度冲突演变为激烈冲突。良性的竞争文化只能在良性冲突管理机制的长期运行中逐渐积淀而成，不可能在短时间内形成。确保良性冲突管理机制长期稳定运转，最重要的是管理者要率先垂范。因为管理者也是有血有肉有感情的人，对跟随自己多年的下属总会在感情上更近一点，对刚来的下级感情会少一点；对听话的下级总会偏爱一点，对有个性的下属印象会差一些等。如果自己喜爱的下属与自己不太喜爱的下属发生激烈冲突，管理者感情上靠近自己喜爱的下属一方是正常的。但是，优秀的管理者往往能抑制自己的好恶，极力维护良性冲突管理机制正常运行。长此以往，良性的竞争文化必将在这个单位生根发芽，激烈的冲突将会越来越少。

小幽默

陈经理化解冲突

小丽是新入职的员工。某天，她端着一杯水从茶水间走出来，正巧撞上风风火火地跑过来的市场部陈经理。结果，水洒了陈经理一身。

"小丽，你太不小心了！"坐在茶水间的小明大声埋怨。

小丽本想道歉，但听到小明的话，顿时感觉心里充满了委屈。明明是陈经理匆匆忙忙地撞了过来，小明却不问理由，大声斥责自己。小丽很生气，转身准备与小明好好理论一下。

"这事不怪小丽，是我走路风风火火，碰洒了小丽手里的水。现在浇了一身，火气也就消了。"

陈经理这一番幽默解说，让小丽忍俊不禁。她明显感到了陈经理的歉意，也就不想再跟小明争辩了。小明闻言也笑了，并且有点儿尴尬地看着小丽，嘴里嘀嘀咕咕说着道歉的话。

【点评】陈经理机智幽默，主动把责任揽到自己身上，照顾小丽、小明的面子，让双方化干戈为玉帛，完美化解了一场即将爆发的冲突。

(7) 合作谈判，化解冲突。在面对工作任务、目标冲突时，通过不断的合作性谈判，明白各方要表达的想法和观点，考虑对方观点合理的地方，不断进行讨论和合作性学习后，从不同的角度审视问题，将不同的观点融入自己的想法中，从而提出新的论断，为组织提供新的创意方案，可以从根本上化解下属间的冲突。为此，要做到以下两点。

首先，管理者要为下属指点迷津。成员们由于价值观、行为特质的不同，在对待某些工作出现观点的分歧，大多数情况下他们只会看到自己和对方的差异，经常忽视彼此间共同的利益。此时，管理者要为他们指点迷津，营造建设性冲突，使其看到彼此间合作的目标，而不是各自为政。下属间只有相互信任、坦诚相待、集思广益才能形成一个更有效且利于各方的解决方案。

其次，成员们应该学习合作性谈判，心平气和就各自观点进行论证，不要意气用事，不断讨论学习，群策群力，从大局和整体的利益，学会系统思考，最终拿出解决方案。在与对方进行建设性争论过程中，也能发现自己想法的不足之处，从而不断突破自己的思考范围和能力上限，改变自己的心智模式，突破旧有思维，这也是员工不断学习和提高的过程。

（8）防止升级，先易后难。努力防止激烈冲突进一步升级。前面提到激烈冲突会经历数个发展阶段，其实，这只是一种理想状态。实际工作中的情况远比这复杂。一些激烈的冲突如果处理不好，就有可能进一步升级，导致另一个更激烈的冲突爆发。因此，爆发激烈冲突后，应该努力预防冲突的进一步升级。首先，要防止情绪化进一步加剧。激烈冲突爆发后，如果不能尽量让冲突双方保持和恢复理智，任由情绪不断失控，就如同火上浇油，冲突会愈演愈烈。其次，要防止平时的生活和个性等冲突与需求冲突掺杂在一起。这不仅会增加冲突的复杂性，而且个性冲突、生活冲突和需求冲突交织在一起，相互作用，容易引发"乘法效应"，导致冲突走向失控的边缘。

同时，处理激烈冲突时不妨"先难后易"。一些管理者往往视下级间的激烈冲突为棘手问题，害怕处理。有的领导者喜欢就事论事，头痛医头，脚痛医脚这种办法貌似合理，但往往解决不了背后的个性、生活矛盾，只会事倍功半。有的领导者喜欢"和稀泥"，避重就轻，总想大事化小小事化了，这样消极的处理，表面上冲突解决了，实际上是冲突被人为掩盖了。随着冲突的发展，今天的小事有可能演变为明天更激烈的冲突。面对这种情况，不妨"先难后易"地处理下级间的冲突，从激烈冲突背后夹杂的、更难以解决的个性矛盾入手，从人与人之间处理个性矛盾的实践中汲取智慧，使下级间自己教育自己，转变心态，学习相互包容、相互激励，最终实现共同提高的目的。这种办法看起来很难，但在实践中常有意想不到的效果，能收到事半功倍的效果。

此外，管理者要善于在处理激烈冲突中变"坏事"为"好事"。管理者应积极预防和避免激烈冲突，但不应逃避激烈冲突的发生。事实上，难以避免的激烈冲突发生后，管理者只要善于处理，完全有可能将"坏事"变成"好事"。当然，这里的好与坏是相对的，是不同层次上的认识。例如，下级间发生激烈的冲突后，管理者一方面应该反省自己工作中可能存在的失误；另一方面，要让下级认识到此类事件的危害，并主动地避免，那么"坏事"在一定程度上就成了"好事"。另外，通过发生的激烈冲突，让心术不正者得以暴露是"好事"，发现和弥补预防机制的不足也是"好事"。优秀的管理者还应该善于举一反三，在处理激烈的冲突中，把一件"坏事"变为多件"好事"，从而推动工作的开展。

【小案例】

面对下属争端，裁判怎么当？

1. 冲突回放

"你对我本人有什么意见请直说，别打着工作的名义暗中告黑状！"李莫合起手中的文件夹，快步走出会议室。王思航脸上红一阵白一阵，会议室陷入难堪的沉默。市场总监许历均依然镇定，"咱们接着讨论下季度推广方案"。

李莫和王思航的"不和"，许历均一直也是看在眼里。三年前，李莫和王思航一同加入市场部，李莫年轻有个性，脑子活，点子多，策划的几个大型活动口碑和收益都不错。王思航30岁出头，个性率直，处事干练且经验丰富。当初两个人进来时，许历均就特别看好，但对谁也没有给职位。

可令许历均没想到的是，李莫和王思航暗战不断。去年，市场部组织公司的五周年庆典，李莫策划了一个业内评奖活动，王思航负责媒体宣传，结果颁奖典礼时，邀请的媒体只有几家到场。王思航解释说，活动预算经费有限，她也是出于成本考虑。李莫十分不满，在部门总结会上与王思航争执起来，双方各执一词，许历均事后分别找两人谈话，提醒他们注意影响，两人才略有收敛。

今年公司业务发展顺利，运营规模扩大，市场部也招兵买马扩大了很多。许历均升至市场总监，他便把李莫提升为市场经理，把王思航提升为市场副理。年长的要听年轻的，王思航心里多少有些不平衡。但姿态还是以和为贵，两人精诚合作，组织了几次颇具影响力的市场推广活动。

然而，好景不长，两人又有了新的矛盾。一次，许历均和王思航去广州参加一个营销峰会，会议午餐间隙，王思航悄悄告诉许历均，她在会上遇到几家熟悉的供应商，才知道今年市场部订的礼品可是高出市场价不少。许历均不置可否，他并没有把王思航的话放在心上。回到北京，许历均并没有追查此事。两个月后，李莫的季度预算费用超支不少，许历均便用邮件提醒一下李莫。

李莫知道王思航在背后"捣鬼"，才在例会上予以"回击"。两人的矛盾再次从暗战升级，弄得下属也是无所适从。许历均最不愿意看到的"政治"局面出现了，这次，无论如何他都该亲自干预了。

2. 有话好好说

（1）李莫：看不惯她那个"矫情"样。当年，我和王思航一道进的公司。不知道为什么，我也没得罪过她，可她就是看我不顺眼。那次颁奖典礼，从前期策划到活动筹办，我下了不少力气，结果关键的媒体环节交给她，她却没当回事，只请了两三家媒体，还不对口。后来老总说我们市场部活动不力，被竞争对手抢了先。我也是有苦说不出。

今年我被提升为正职，她是副职，她心里不满我也知道。我处处也是放低姿态，大家都是合作共事，哪有那么多可计较的。可和平状态没维持多久，她就跑到许总那里告"黑状"，没错，今年市场部订的礼品价格是高些，可品质是市场上最好的，毕竟公司礼品关系到公司品牌与形象。我当然问心无愧。

这次争吵也是她挑起来的，我这个人脾气也倔，凡事都要弄个一清二楚，我情绪没有控制好，我也知道这让同事和下属都很难做。实在不行，我就选择离开吧。

（2）王思航：我不是成心和他过不去。那次颁奖典礼，给媒体的预算费用少得可怜，我动用自己的私人关系，请了几家媒体的朋友过来捧场，李莫非但不领情，还在会上说我不"职业"。他不尊重我没关系，可也没必要这样上纲上线，我知道我有些话尖刻了些，可我真的不是成心和他过不去。

前阵子，许总提升李莫当了市场经理，可能是照顾我情绪吧，也给了我个副职。摊上李莫这样的小领导，我心里多少有些别扭。这次和许总参加营销峰会，也是碰巧遇上我以前熟识的几个供应商朋友，大家闲聊说起我们今年订的礼品。我也是站在公司立场上考虑，告诉了许总，我真没有要参李莫一本的想法。可回来后，他当着那么多同事的面说我告他黑状，实在让我下不了台。

整天争来吵去，这以后还怎么相处下去？

（3）许历均：难道真的一山不能容二虎吗？李莫和王思航的矛盾也是由来已久，我一直认为两人个性都比较要强，只要不影响工作，一点小矛盾还是不要过度干预的好。可没想到，几次风波下来，两人关系已经出现了明显裂痕。以往，两人有分歧，但大家表面上还是比较客气地互相配合。现在，两人都是市场部的中层，还这样闹，真是难以收拾。我也知道，下属一团和气不利于管理。可出现这种"政治"局面，却是我开始没有预料到的。

其实，两人不和的深层原因还是今年这次提升，王思航不愿居人之下。可李莫无论管理能力还是冲劲都比她强，两人都是业务骨干，可都太有个性了，难道真的一山不能容二虎吗？①

思考题：
（1）面对当下两名业务骨干的冲突，许总是干预还是沉默？
（2）下属冲突升级，作为上级的许总如何当好裁判？
（3）如何避免下级间冲突的爆发？

分析参考

课堂互动

测评游戏

小陈是某实验室的质量控制主管，有两名检验员先后找到他，就检验报告的递交程序提出不同的要求。检验员A建议把检验结果送给负责样品的生产部门领班，检验员B则要求将检验报告直接交给操作人员，以便尽快纠正。A和B都是出色的员工，而且非常喜欢竞争，他们在这个问题上已经针锋相对地交换过意见，双方都有道理，无论采取谁的建议都会比目前的把报告递交给行政管理人员的做法好。假如你是小陈，你会选择下列的哪种做法？

A. 独立地研究一下形势，确定谁是正确的，告诉他们两人执行决定

B. 等着瞧会发生什么事

C. 让各人按自己的方式处理报告

D. 要求他们制定出双方都能接受的解决方案，即让他们都做出一点让步

E. 建议两人把各自的想法结合起来，以便双方都能达到自己的目标（把报告送给领班，复印件交给操作者）

课堂互动
测评游戏
答案

---

① 黎想. 面对下属争端裁判怎么当？[J]. 新前程, 2008 (7): 67-69.

7.2.5 平息与客户间的冲突

> **小贴士**
>
> **空姐应对冲突的三个技巧**
>
> 在工作中,作为一名空姐要面对各种性格、个性的旅客,需要处理不同性质的事件也非常多、非常杂,有时因为各种原因旅客和空姐之间产生一些矛盾和误会是在所难免的。在飞机这种特殊的交通工具上,冲突产生时,如果不加以控制,就会愈演愈烈,影响工作、伤害感情,甚至威胁到飞行安全。空姐应对冲突要注意以下三个技巧。
>
> **1. 平心静气**
>
> 面对冲突,首先做到平心静气,不正面迎接对方的不良情绪。能使人平心静气有三个法则:首先降低声音,继而放慢语速,后胸部向前挺直。降低声音,因为声音对自身的感情将产生催化作用,从而使已经冲动起来的表现更为强烈,造成不应有的后果;放慢语速,因为个人感情一旦掺入,语速就会随之变快,不自觉会增大说话音量,使声音高起来,且容易引起冲动;胸部向前挺直,因为情绪激动、语调激烈的人通常都是胸前倾,一旦胸部挺直,就会淡化冲动紧张的气氛,而当身体前倾时,就会使自己的脸接近对方,这种讲话姿态将人为地造成紧张局面,这样会更增加怒气。
>
> **2. 闭口倾听**
>
> 如果将要发生争吵,一定要闭口倾听,切记免开尊口。空姐要尽量做到虚心诚恳,通情达理,先倾听旅客的陈述,让其把话说完。靠争吵绝对难以赢得人心,立竿见影的办法是彼此交心。愤怒情绪发生的特点在于短暂,"气头"过后,矛盾就较为容易解决。当别人的想法你不能苟同,而一时又觉得自己很难说服对方时,闭口倾听,会使对方意识到,听话的人对他的观点感兴趣,这样不仅压住了自己"气头",同时有利于削弱和避开旅客的"气头"。待"风平浪静"后,再来更好地沟通交流,可以避免双方大伤感情,往往能收到理想的结果。
>
> **3. 交换角色**
>
> 在人与人之间的意见沟通过程中,心理因素起着重要的作用,人们都希望只有自己是对的,对方必须接受自己的意见才行。然而,由于人们在组织内和生活中所处的角色不同,在处理问题时,往往由于考虑的角度和立场不同而意见不一。如果双方都坚持己见而不能理智地考虑对方意见,很容易引起冲突。如果双方在意见交流,能够交换角色设身处地地想一想,就会在比较中了解彼此的动机和目的,就会意识到自己的意见是否正确,是否应该被对方接受,就能避免双方大动肝火。例如,卡内基梅伦大学商学教授罗伯特·凯利,在加里福尼亚州某电脑公司遇到一位程序设计员和他上司就某一个软件的价值问题发生争执时,他建议他们互相站在对方的立场来争辩,结果五分钟后,双方便认清了彼此的表现多么可笑,大家都笑了起来,很快找出了解决办法。
>
> 在航空服务工作中,空姐会遇到各种不顺心事件,当有旅客用尖酸刻薄的语言挑剔或无理取闹的时候,此时空姐该如何控制场面,并缓和紧张气氛,其中最重要的一个因素就是空姐要拥有情绪调整能力和超强的忍耐力,避免与旅客发生争执。"忍得一时气,免得百日忧",合理的让步不仅对事情大有益处,也会赢得客人的尊重。退后一步,天地自宽。

一般来说，客户与组织的冲突最直接的表达是投诉。相关调查数据表明，客户产生不满后，只有5%的客户会通过正式渠道投诉，而余下的几乎都在观望。当企业的产品或服务不那么尽如人意时，这部分观望的客户就会选择离去。因此，当企业每收到一次客户投诉，这就意味着可能将有20位客户与我们不告而别！因此，处理好客户投诉是十分必要的，对负责此项工作的管理人员来说，投诉不仅仅是一项重要的工作，更是了解客户需求、市场动向的最有效方式。对企业来说，在探讨如何处理投诉之前，更应当尽可能引导不满意的客户向企业投诉，比如增加适当的投诉渠道，明晰投诉处理流程，缩短投诉处理的时限，降低客户投诉的成本等。

1. 客户投诉的原因及期望分析

（1）产品或服务的问题。客户投诉最主要的原因是产品或者服务本身的质量问题。比如产品非人为的损坏或产品缺陷问题。其次是企业服务人员在客户消费过程中的服务问题，包括承诺的条款没有做好、服务态度本身的问题等。当然，投诉的原因也有可能是由于客户的期望值过高、客户自身的个性问题等等。

（2）客户投诉的心理期望。针对上述投诉原因，结合客户心理，我们分析得出客户投诉基本上是期望达到如下三种结果之一：一是期望获得补偿，补偿可以是物质补偿，比如：双倍返还损失、补贴来回邮费或路费、赠送对应额度产品等；也可以是精神补偿，比如：安排客服人员登门拜访、出具书面承诺函等。二是期望获得尊重，这种情况主要是由于服务态度导致的客户抱怨。三是期望发泄，这种情况对应的投诉原因归咎于客户本身的个性问题或期望值过高等。

> **小贴士**
>
> ### 旅客与服务人员发生冲突时的心理状态和需要
>
> 1. 旅客与服务人员发生冲突时的心理状态
>
> （1）求尊重的心理。在任何社会交往中人们会产生尊重的需要。人们既希望受到尊重，也希望有自尊。因此，旅客在与服务人员发生冲突时，可能感到自己未被尊重，所以希望服务人员能尊重自己，希望自身的价值能得到认可，希望自己的主体地位能得到体现等。
>
> （2）求宣泄的心理。当旅客与服务人员发生冲突时，旅客希望能用语言及其他过激的行为把自己的不满发泄出来，以维持其心理上的平衡。
>
> （3）求补偿的心理。旅客希望自己在精神上和物质上的损失能得到补偿。
>
> （4）求公平的心理。出于"公平原则"考虑，旅客花了钱而没有获得相应的利益，如价格不合理、服务设施不完善，服务不到位等，就会寻找一种公平的机会来满足自己的心理。
>
> 2. 旅客与服务人员发生冲突时的需要
>
> 根据马斯洛的需求层次理论，可以把旅客的需要分为以下几个方面。
>
> （1）旅客对生理的需求。生理需求是旅客对饮食、座位、环境和休息等方面的需要。
>
> （2）旅客对安全的需求。旅客对安全方面的需求包括人身安全和财产安全两个方面。旅客希望在旅行中不发生任何危及人身安全和财产安全的意外事故，即不会发生人身碰挤伤、摔伤、烫伤等伤害情况，所携带的财物、文件资料等保持完整，不会发生任何丢失或

损坏。

(3) 旅客对社交的需求。与一般人的社交需求一样，旅客也有社会交往的欲望，他们希望与周围旅客和服务人员建立友好的关系。

(4) 旅客对尊重的需求。旅客对尊重的心理需求是指旅客希望自己的人格、习俗、信仰、愿望、要求受到服务人员的尊重，希望看到热情的笑脸，听到友善的话语等。

(5) 旅客对自我实现的需求。旅客的自我实现需求在某种程度上可以理解为追求自身价值的体现，即期望享受到的服务与其意识到的自身价值相符。

2. 客户投诉处理的一般流程

将处理客户投诉的方式统一标准化有利于提升投诉客户的满意率，因此，对于一般投诉，我们倾向通过以下六个步骤进行处理。

(1) 安抚客户的情绪。任何情况下先安抚情绪，后处理问题。给予投诉客户亲切的问候，为其营造一种良好的沟通环境与氛围，可以在公司开辟客户沟通室、VIP 客户室，用温馨的布置及良好的服务为投诉客户营造良好氛围。还要注意换位思考，运用同理心，如：通过"您的心情我可以理解""要是我碰上这种事情，我也会像您一样"等语句拉近与投诉客户之间的距离。

(2) 积极聆听客户的抱怨及申诉。无论是通过电话或面对面的方式，处理投诉时切忌一开始就做辩解，不要认为公司的规定都是正确的，不要认为所有的客户投诉都是无理取闹。应当认真积极聆听客户的投诉问题，倾听也是一门艺术，听到客户想说，一方面听出客户真实的情绪，另一方面听出客户真实的需求是什么。在倾听的过程中不随意打断客户，因为打断是一种使人恼火的习惯，这会加剧客户的不满。

(3) 分析客户的期望。分析客户投诉的期望值，包括理性期望值，如希望解决问题、得到补偿或避免失误；感性期望值，如希望得到尊重、得到理解或是体会愉悦。

(4) 对客户的抱怨及时做出回应。及时回应的方式有两种：提问与复述。当想了解事情的缘由时可以用开放式的提问方式，当想明确问题、锁定目标时可以用封闭式的提问方式。也可以通过复述投诉客户的投诉事项或是复述客户的情绪状态来表达对客户的回应，降低其不满情绪。

(5) 将投诉的问题进行记录。在处理投诉的过程中，需要养成边与客户沟通边现场记录的习惯，记录投诉事项的要素，包括何时、何地、何人、何事、何因等，对客户的意见详细准确地记录之后，如果能当场给出处理结果可当场处理，如果不能，则可向相关部门反馈后，在时限范围内帮客户解决。

(6) 对客户的建议表示感谢。于 19 世纪中后期首先提出了"顾客就是上帝"这一影响深远的营销理念的美国马歇尔百货公司的创立者马歇尔·费尔德认为："那些购买我产品的人是我的支持者；那些夸奖我的人使我高兴；那些向我投诉的人是我的老师，他们纠正我的错误，让我天天进步；只有那些一走了之的人是伤我最深的人，他们不愿给我一丝机会。"因此，不管客户的投诉是有理或无理，企业都应当表示感谢，要给顾客一个良好的最终印象，正如要给顾客一个良好的第一印象。

小贴士
呼叫中心处理客户投诉的范例

> 小贴士

特殊投诉客户的应对方式

对于诸如情绪激烈的客户、要求难以满足的客户等特殊情况，我们往往可以采用个性化处理方式。

1. 面对情绪激动的客户

对于某些情绪激动的客户，我们需要在努力安抚客户情绪的同时，保持专业友好的态度与形象，比如：表明你愿意帮助他、对于出现的责任表示愿意承担、阐明观点时简单易懂、表现出你的热情与自信等。

2. 面对提出的要求企业难以满足的客户

有时客户投诉时所提出的诸如索要高额赔偿、要求媒体曝光等要求属于企业无法满足的部分，客服人员在处理时需保持专业，明确公司的投诉处理规定，不能逾越高压线，在超出自身权限时可以向上级反馈。

3. 面对专业型客户

对于企业的产品或服务，当投诉的客户非常专业时，客服人员处理时需要保持高度专业及自信，维护企业形象，尽可能明确客户的心理期望，必要时请示上级，给予其一定的补偿。

总之，客户投诉处理对于企业而言是不容忽视的重要环节，是企业发展的双刃剑，也是影响企业满意度及忠诚度的重要因素。在处理客户投诉的过程中，客服人员需要将自己当作是企业的窗口及形象代表，时刻保持专业与友好，用科学艺术的方式在规定的规章及时限内有效处理好客户投诉，为公司保留老客户，提升客户满意度。

课堂互动

你会选哪种处理方法？

杰克是一家著名汽车销售服务公司的经理，周一早上刚来公司，就听说有客户投诉他们的承诺不兑现。详细询问之后得知，原来是一名刚入职不久的销售代表，对客户作出了他们公司无法做到的超值承诺。如果是你，你如何处理这件事情？以下有四种处理方法，你会选择哪一种，为什么？

A. 亲自出面把这次危机事件解决

B. 找其他人先安抚客户的情绪，等这个事情平息之后，把这个销售人员辞掉

C. 找另外一个有经验的销售人员把问题解决

D. 马上把那名销售人员叫进来告诉他如何解决，并限期解决

课堂互动
你会选哪种处理方法？
答案

7.3 冲突管理的方法

一旦冲突发生了，不管是在哪个层次上的，都得及时对它进行管理。冲突管理是一门艺术，在分析冲突的成因和类型的基础上，针对不同的冲突类型管理者需要采用不同的冲突管理方法来解决冲突。沟通、谈判、第三方干预是三种最为常见的解决冲突管理问题的方法。由于沟通在本书已多有介绍，这里我们重点介绍一下谈判和第三方干预。

7.3.1 谈判

谈判是处理冲突问题的重要手段之一，有计划地进行谈判可以最大限度地在谈判中达到组织的目的，同时又有效地解决冲突。

谈判，说起来既简单又复杂。说它简单，是因为谈判与你的生活息息相关，随处可见。说它复杂，是因为它的内容极为广泛，是一项充满智慧、勇气，又充满艺术和技巧的人类活动，要给它下一个准确的定义，并不是一件容易的事。一般认为，谈判是参与各方为了满足各自的需求，协调彼此之间的关系，通过磋商而共同寻找双方都能接受的方案的活动。谈判有广义和狭义之分。广义的谈判泛指一切为寻求意见一致而进行协商、交涉、商量、磋商的活动，比如说，公司职员为加薪或升职与老板进行的沟通，父母为给孩子购买玩具进行的协商等都属于广义的谈判。可以说，广义的谈判在日常工作和生活中是随处可见的。狭义的谈判仅仅是指正式场合下的谈判，并且用书面形式予以反映谈判结果。

1. 谈判的特征

谈判具有如下几个基本特征。

（1）非单一性。谈判不能是自己跟自己谈判，必须要有两方或多方参与。这是谈判的首要特征。谈判必须要有两方或多方参与，自己和自己谈则不能称为谈判。当谈判参与方为两个以上时，则称为三方谈判、四方谈判或多边谈判等。例如，2004年在我国举行的关于朝鲜问题的"六方会谈"就是由朝、韩、中、美、俄、日六国参与的。

（2）目标性。谈判一定要有明确的目标。谈判产生的直接动因，就是谈判的参与者有需求并希望得到满足，这种需求无法自我满足，必须有他人的许可。谈判者参与谈判的最终目的是实现和满足各自的利益需求，而这种需求的满足又不能无视他方需求的存在。满足利益的需求越强烈，谈判的需求也越强烈。没有明确的目标，谈判就没有产生的理由。

（3）交流性。谈判是一个相互交流的过程，谈判不能由一方说了算，谈判各方的目的和需求都会涉及和影响他方需要的满足。对于谈判而言，谈判的开始意味着某种需求希望得到满足或某个问题需要得到解决。由于谈判参与者的各自利益、思维方式不尽相同，存在一定的差异和冲突，因而谈判的过程实际上就是各方相互作用、磋商和沟通的过程，在此过程中不断调整各方的利益关系，直至最后达成一致意见。

（4）公平性。只要谈判各方是自愿参与谈判，在谈判时对谈判结果具有否决权，这样的谈判就是公平的，无论它的结果看起来是多么的不公平。其公平性体现在谈判各方的自愿参与、自主决策和自我负责上，只要是没有强迫性，不存在一方"打劫"的谈判就都是公平的谈判。

2. 谈判的要素

谈判的构成要素，是指从静态的角度，分析构成谈判活动的必要因素。没有这些构成要素，谈判就无从进行。

（1）谈判主体。所谓谈判主体，是指参加谈判活动的当事人。谈判主体具有双重性：一是指参加谈判一线的当事人，即出席谈判、上谈判桌的人员；二是指谈判组织，即出席谈判者所代表的组织。一线的当事人，除单兵谈判外，通常是一个谈判小组。小组成员包括谈判负责人、主谈人和陪谈人。其中，谈判负责人是谈判桌上的组织者、指挥者，起到控制、引导和场上核心的作用；主谈人是谈判桌上的主要发言人，他不仅是谈判桌上的主攻手，也是谈判桌上的组织者之一，其主要职责就是根据事先制订的谈判目标和策略，同谈判负责人密切合作，运用各种技巧与对方进行协商和沟通，使对方最终接受己方的建议和要求或者和对方一起寻找双方都能接受的共同点；陪谈人包括谈判中的专业技术人员和记录员、翻译，他们主要为谈判提供技术咨询服务以及记录谈判过程，消除语言障碍。谈判的当事人可以是双方，也可以是多方。

小案例
合同纠纷

（2）谈判客体。谈判客体是指谈判中双方所要协商解决的问题，也就是谈判议题。谈判客体大致要具备三个条件：一是它对于双方的共同性，也就是这一问题是双方共同关心并希望得到解决的；二是可谈性，亦即谈判的时机要成熟；三是它必然涉及参与各方的利益关系。

（3）谈判目的。谈判目的是构成谈判活动不可缺少的因素。只有谈判主体和谈判客体，而没有谈判目的，就不能构成真正的谈判活动，而只是闲谈。正因为谈判各方鲜明的目的性，才使得谈判是在涉及各方的利益、存在尖锐对立或竞争的条件下进行的，无论谈判桌上表面看来是大家谈笑风生，实质上是各方在智慧、胆识、应变能力上的一次交锋。而闲谈由于不涉及各方的利害关系，通常都是轻松愉快的。

（4）谈判的背景。谈判背景是指所处的客观条件。任何谈判都不可能孤立地进行，而必然处在一定的客观条件之下并受其制约。客观存在的谈判条件，能为谈判者实施谈判策略与技巧提供依据。这种背景既包括外部的大环境，如政治、经济、文化等，也包括外部的微观环境，如市场、竞争情况等，还包括参与谈判的组织和人员背景，如组织的行为理念、规模实力、财务状况、市场地位等，谈判当事人的职位级别、教育程度、工作作风、心理素质、谈判风格、人际关系等。

小案例
图德拉

以上因素是构成谈判的四个基本要素，这些要素不仅影响谈判活动的进行，也是分析和研究谈判的依据。

课堂互动

请结合自身体会，具体说明谈判在你生活中的作用。

---

3. 谈判的主要阶段

谈判是一场知识、信息、心理的较量，也是礼仪修养的竞赛。一场事关组织发展前途的谈判，谈判人员在谈判程序的任何阶段都需注意礼仪，以留给对方良好的印象。

（1）导入阶段。谈判的导入阶段时间不多，主要是通过介绍，相互认识，自始至终保持轻松愉快的合作气氛。在介绍时，个人以自我介绍最为适宜；团体则可由团长或司仪介绍，把参加谈判的每一位成员的姓名、身份、职务简要介绍给对方。一般先由职务高的开始介绍，然后按程序介绍下去，介绍到谁时谁可起立，也可坐在原来的位置上，面带微笑点头示意。在一方介绍时，另一方要认真倾听，注意力集中，切不可东张西望，心不在焉。

【小案例】

和谐融洽的谈判气氛

1972年2月，美国总统尼克松访华，中美双方将要展开一场具有重大历史意义的国际谈判。为了创造一种融洽和谐的谈判环境和气氛，中国方面在周恩来总理的亲自领导下，对谈判过程中的各种环境都做了精心而又周密的准备和安排，甚至对宴会上要演奏的中美两国民间乐曲都进行了精心的挑选。在欢迎尼克松一行的国宴上，当军乐队熟练地演奏起由周总理亲自选定的《美丽的亚美利加》时，尼克松总统简直听呆了，他绝没有想到能在中国的北京听到他如此熟悉的乐曲。因为，这是他平生最喜爱的、并且指定在他的就职典礼上演奏的家乡乐曲。敬酒时，他特地到乐队前表示感谢。此时，国宴达到了高潮，一种融洽而热烈的气氛感染了美国客人。一个小小的精心安排，赢得了和谐融洽的谈判气氛，这不能不说是一种高超的谈判艺术。美国总统杰弗逊曾经针对谈判环境说过这样一句意味深长的话："在不舒适的环境下，人们可能会违背本意，言不由衷。"英国政界领袖欧内斯特·贝文则说，根据他平生参加的各种会谈的经验，他发现，在舒适明朗、色彩悦目的房间内举行的会谈，大多比较成功。

【点评】在谈判的导入阶段，一定要创造和谐融洽的谈判氛围，这样才能为接下来的谈判奠定良好的基础。

(2) 概说阶段。谈判概说阶段的目的，是让对方了解自己的期望目标和谈判设想，同时隐藏不想让对方知道的其他资料、信息。这个阶段只需要单纯地说出基本想法、意图与目的，而不宜过早地把谈判意图全部提出。因此，概说阶段要注意以下两个要求。

一是保持愉快的气氛。发言的内容要简短，要能把握重点及表示情感。比如："很高兴来这里开会，今天有关引进设备的讨论，希望能有圆满的结果，使双方都满意。"发言时要面带笑容，以示诚恳，在得到对方首肯以后，也要以目光和点头致意，表示彼此意见相投，成功的可能性很大。

二是倾听对方的发言。在谈判的概说阶段，应留出时间让对方发表看法，待认真听完对方的意见后，进一步思考分析，找出双方目的的差别。

(3) 明示阶段。明示阶段，谈判双方不再隐瞒自己的真实意图，而是把自己的谈判目的和盘托出，使对方明了自己的需求，为交锋阶段做好准备。例如，我国某出口公司，在同东南亚某国商人洽谈大米出口交易时有这样一个片段，这就是谈判明示阶段常出现的情形。

我方："我们对这笔出口买卖比较感兴趣，我们希望贵方能以现汇支付。不瞒贵方说，我们已收到了某国其他几位买主的递盘，因此现在的问题只是时间，我们希望贵方以最快的速度决定这笔买卖的取舍……"

对方："我们的想法和您的一样，都想把这笔买卖做下来。我们认为最好的支付方式是用我们的橡胶交换，贵国也有需要。当然了，如果贵方大米的价格很有竞争力，我们也愿意考虑用现汇支付……"

这样，双方都将自己的要求和意见如实地摆了出来。一个想卖，一个想买，在彼此利益一致的基础上，双方就支付方式问题充分发表了自己的意见。

在明示时要注意分寸，把握谈判内容的"度"，决不要流露自己迫切需要解决问题的心情，否则，就会被对方利用为施加压力的砝码；同时，对自己的真实实力，包括谈判"底线"等，应予以保密，否则在交锋阶段会使自己处在被动地位。

（4）交锋阶段。交锋阶段就是谈判各方为了获取利益、争取优势而处于对立状态的阶段。交锋阶段的表现方式一般有两种，即"以我为主"和"各说各的"。

• "以我为主"的交锋方式。这种交锋方式就是在双方的交锋过程中，先由一方对某个具体问题加以陈述，对方如有不同看法则提出反驳和攻击。下面的例子可以说明这种交锋方式。

卖方："我方这种产品的报价是每吨500美元。"

买方："500美元？太高了！这大大地超过了我方的支付能力。你们怎么能要这样高的价格？"

卖方："这是市场价格。我们一直按这个价格出售。"

买方："据我们所知，市场价格是每吨420美元。你们应当降价！"

• "各说各的"的交锋方式。这种交锋方式就是一方在设法弄清对方陈述的意图之后，再进行自己的陈述。下面举例说明。

卖方："我方这种产品的报价是每吨500美元。"

买方："是否包括运费和关税？贵方开价的500美元不包括运费和关税，是吗？"

卖方："是的，不包括。"

买方："那么，我们希望每吨的价格降到420美元。"

谈判的目的就是获得自己想得到的利益。谈判双方的对立状态是从交锋开始的。由于双方都想说服对方以获得更大的利益，因此，彼此都充满信心，运用计谋，斗智斗勇，使争论相当激烈。在交锋阶段要有应付各种困难的思想准备，随时准备回答对方的质询，并表现出适当的强硬态度。但是高明的谈判者，又不是有勇无谋的人，因为交锋并不是为了证明一方强于另一方，而只是寻求双方利益一致的妥协范围，否则，谈判将导致破裂。因此，谈判者的态度应"硬中有软"，适时地"软硬兼施"。

（5）妥协阶段。妥协是交锋的结果，在相互僵持过程中总有一方主动做出让步，使另一方也相应退让，若双方都不让步就无法达成妥协协议。让步要选择时间，把握让步的幅度，讲究让步的艺术。谈判中不恰当的让步会让己方难以实现最终愿望。正确的让步是使双方都得益，互为补偿，如果是单方面的让步，就不是成功的谈判。这里要注意以下两点。

一是在谈判中要慎用妥协。妥协不是目的，而是手段，妥协就其实质而言，是不得已而为之。因此，要慎用妥协，一般在谈判前就应设想自己的妥协范围，并在谈判过程中依据双方情况的变化，寻找理想的妥协时机。妥协不是无限度地一味退让，而是有限度、有范围的，以不损害自己的根本利益为尺度，使对方能接受，从而达成互利互惠协议。

二是让步要讲究方式。在开始阶段，谈判人员代表组织可做较大的让步，然后在长时间内再一点一点地做小的让步。这样，一开始大的让步能取悦对方，建立好感再逐步做点小的让步，也就顺理成章，容易被对方所接受。当然，具体选择何种让步，还要视对方情况而定。

【小案例】

打破僵局

广东某家玻璃厂与美国欧文斯公司，就引进新设备问题进行了谈判。在全面引进还是部分引进的问题上，双方各持己见、互不相让，谈判陷入了僵局。为了缓和气氛，达到既要引进好设备又要节省外汇的目的，我方代表微笑着转移话题："你们欧文斯公司的技术、设备和工程师都是世界第一流的。你们用最好的东西帮助我们成为全国第一，这不仅对我们有利，而且对你们更有利！我们厂的外汇确实有限，不能买太多的东西，所以国内能生产的就不打算进口了。现在，你们也知道，法国、比利时和日本都在和我们北方的厂家搞合作，如果你们不尽快和我们达成协议，不投入最先进的设备和技术，那么你们就会失掉中国市场，人家也会笑话你们欧文斯公司无能。"

上述一番话，一针见血地指明了对方更重要的利益所在，僵局立刻被打破。最后，欧文斯公司做出妥协，双方达成了只进口主要设备的协议。

【点评】 我方谈判代表的话，说到对方心里去了，既通情，又达理，因此就迅速地签订了协议，打破了僵局，问题迎刃而解，为国家节约了大量外汇。

(6) 协议阶段。协议阶段就是谈判双方认为已基本上达到自己的谈判目标，共同以签订协议宣告谈判的结束。签订协议是很重要的仪式，双方除出席谈判的代表外，还可以请组织和政府的领导人出席，以示重视。谈判双方的代表在协议上签字后，要交换协议书，并握手祝贺。协议书签订的会场、服务、接待等各项工作都要由专人负责。最后，双方还要发表简短的祝词，以及摄影留念。协议签订的仪式结束后，还可组织招待会、新闻发布会、宴会、舞会等庆祝活动。

课堂互动

一天，一位打扮入时的年轻女子，牵着一条宠物狗走进一家餐馆，她自己坐下后把小狗放在对面的座位上，引起旁边顾客的不快，有人向老板抱怨。请一位同学扮演这家餐馆的老板，试着与年轻女子（另一位同学扮演）谈判。

要求：注意礼貌、风度，使用相应技巧，力求取得理想的效果。

---

4. 谈判前的准备工作

只有做好充分的准备，才能在谈判中争取主动。谈判前的准备工作主要包括以下几个方面。

(1) 定义问题。确定问题是谈判计划中的第一步，包括：分析冲突情形；认知自己过去处理同样问题的经验；研究如何获取信息；向各类专家咨询（如房地产专家、银行家、会计人员，或自己的朋友等）。

确定问题以后，谈判者必须对这些问题进行排序：确定哪些问题是最重要的，哪些是不重要的。一旦进入正式谈判阶段，双方都忙于收集信息，进行讨价还价，达成协议等。如果

微课
谈判前的
准备工作

他们不知道自己真正想要的是什么，可能会因为对方的压力而在最重要的方面作出让步。

确定问题的重要性有多种方法，其中最简单的莫过于对问题进行排序。排序无论是对有形的还是无形的问题都很重要。比较而言，对无形的问题进行排序可能更困难一些。

确定哪些问题是相互关联，哪些问题是相对独立的。如果问题是独立的，一般来说比较容易得到解决。但如果相互关联，解决的方法还必须兼顾到其他的问题。谈判者必须分清楚哪些问题是实实在在相互关联的，哪些问题只是为了取得更好的结果而人为地联系到一起。

（2）认清自身利益。在冲突过程中一般存在几种利益，它们可能是内在的，是双方的价值观或观念的反映；也有可能是结构性的，因为它有助于在未来取得更好的结果。在谈判过程中，有必要认清最主要的三种利益。

① 实质利益。相当于我们常说的有形部分，它通常与谈判中的中心问题相关，比如经济或财务问题等。

② 过程利益。过程利益与问题的解决方法有关。可能一方喜欢谈判，是因为他喜欢在谈判过程中鼻子对鼻子、吹胡子瞪眼睛的讨价还价；而另一方喜欢谈判，可能是因为谈判会给自己一个更好的结果等，于是，谈判的方法也会影响到各自的利益。

③ 关系利益。关系利益即双方在谈判过程中都考虑了彼此之间的关系，而不愿意做一些破坏两者关系的事。

（3）评估谈判双方的优势和劣势。在决定采取什么样的谈判态度之前，必须分析双方的优劣势。而对方的优劣势只能估计，因为我们所获得的信息是不完全、不确凿的。这个估计对您作出决定的影响有多大，取决于它的可靠程度。

经过评估之后，应该有效计划如何消除或减少己方潜在的弱点，或对方认为不当的地方。首先，事实上的或观念中的弱点应该得到承认。一旦承认了弱点，就应该开始准备给予答复。一个有用的反应方式是用事实来应答，这样做一方面可以为己方创造优势，并消除或减少弱点；另一方面又迫使对方陷入劣势。

在确定或估计优劣势时，应考虑的因素有：各方的主要利益、环境造成的压力和限制、其他谈判人员。

（4）确定谈判的目标。在谈判前必须确定谈判的目标，这些目标直接影响着谈判者对谈判战略和战术的选择。常见的谈判目标有以下几种。

① 挑衅性目标。挑衅性目标是那些试图使竞争者或对手逐渐被削弱，失去竞争力，遭受损失或其他伤害的目标，其重点不在结果如何，而在对被攻击方所起的影响作用。这样做至少可以使竞争对手在短期内遭受一定的损失，它可能是对手过去的某些行为的报复，也可能是出于决策对长远利益的考虑。挑衅性目标也有可能是来自于强烈的、不愉快的情绪反应。如果是这样的话，谈判者不能因为感情上的因素而导致自己在经济上的损失。

② 竞争性目标。竞争性目标是谈判一方试图从谈判中获得比另一方更多的东西。事实上，谈判者都希望尽可能从谈判中获得相对较多的好处。这样，双方的竞争性目标之间就产生一种相反的关系，即一方获利增多就意味着另一方获利减少，而双方又为自己多得而竭尽全力。

当双方进行的是一场"零和博弈"时，其本质就是竞争性的。由于有限度的收益或零和博弈等因素，必然导致双方产生意见分歧，这种分歧直接反映在双方谈判的态度上。

③ 合作性目标。通过签订一项协议而使谈判双方都获利，就实现了合作性目标。合作

性目标的核心在于既达到己方目标而对方又不因此付出相应的代价或损失。这样的谈判双方都是赢家。合作性目标是谈判各方为了达到各自目标的一种积极的相互关系，这种谈判的结果双方都获利，故可称为双赢谈判。合作性目标能否成功，取决于谈判双方的各自目标，可行的合作性目标应该是相互分享的。

④ 自我中心目标。以自我为中心的目标只是一味地谋求特定的结果而不顾谈判对方的利益。这种目标仅出于己方的利益，因而既不伤害对方，也无助于对方。以真正的自我利益为目标的谈判，其结果对另一方来说只是接受一个谈判结果而已。这类目标的实现，除产生协议本身外，一定需要对方采取一种超越协议的特别合作。

⑤ 保护性目标。保护性目标维护既存的利益或防止损失一边倒的情形发生。由于谈判的消极后果关系重大，因此，谈判各方的保护性目标是重要的。注意对方采取何种保护性目标，您还能从中发现进行实力谈判、双赢谈判、公平交易谈判或其他谈判的可能性。

在谈判中，有时谈判目标不止一个，所以免不了会出现多项目标相互冲突的现象。当谈判者发现自己的多项目标发生冲突时，必须确定优先目标，以确定自己谈判的基本态度。

(5) 了解谈判对手。谈判前必须考虑一下对方谈判者的个人喜好及其个性。如果对方谈判者能代表对方但委托权限有限，那么，您还必须考虑对方最后决策人的个人喜好和个性情况。通常可以从以下几个方面来判断对方的个性：诚实程度；掌握控制权的欲望；喜欢还是回避与个人冲突，或者喜欢竞争还是合作；表现个人特定形象（如坚忍不拔、公正、骄傲、积极向上等）的欲望；由于个人利益而常常轻视客户的利益；喜欢冒险并有能力应付不确定的压力等。

积极的准备工作有利于在谈判中占据有利地位，最终使谈判朝自己的有利方向进行。尤其需要指出的是，在谈判中千万不要低估谈判对手，只有源于对现实的充分认识和对人性的深入理解，无畏之举才是可取的。我们诸多的严重错误，究其原因，都是由于低估和忽略了对方的真实能力。

5. 谈判的技巧

冲突发生以后，用于处理冲突的方法是多种多样的，当双方选择了谈判时，就意味着冲突双方已经由对抗走向了合作，至少是承认双方之间存在着一定的共同利益。

当然，这并不意味着问题的解决，只有谈判的顺利进行才有助于冲突问题的解决。在谈判过程中，谈判技巧的掌握是很重要的，不同的谈判情景下，需要运用相应类型的谈判。通常将谈判分为两类，分配性谈判和整合性谈判，前者是指不变总和的谈判，其主要的特征就是谈判双方中一方所得等于另一方的所失，相当于之前所介绍的零和博弈；后者则是与此相反，它是双方利益的结合和服从于更高的结合利益。这两类谈判有着不同的谈判技巧。

(1) 分配性谈判的技巧。分配性谈判的主要目的就是使自己在问题处理中的收益最大化，鉴于此，谈判者应明确自己的谈判协议的最佳选择区域，并保证使其付诸实施。在谈判的过程中，谈判双方的谈判协议最佳选择区域不完全相同，正是这种不同才导致双方可以进行讨价还价。但应该注意的是，谈判协议最佳选择区域（即每个谈判者自认为可以接受的、可以签订协议的选择方案的范围，它通常指的是某一区间）并不是一个谈判者可以接受的"下限"——您愿意达成的"最低"或最少的且有利的一致意见。

① 分配性谈判的基本策略。在分配性谈判的过程中，谈判者的基本策略就是使最终协议符合自己的谈判协议最佳选择区域，而这些又依赖于谈判对手的选择以及谈判技巧。在分

配性谈判中，一般有四种基本策略。

　　a）把最终协议推向对方的拒绝点。在事先了解对方拒绝点的情况下，谈判者可以尽可能把最终协议推向对方拒绝点，就是使最终解决方案逼近对方的底线，这是分配性谈判中最常用的策略。

　　b）通过改变对方的信念，使其改变原先的拒绝态度。谈判者可以利用各种力量来改变对方的信念，使对方对方案的态度由拒绝转变为接受。

　　c）出示否定性方案，使对方降低自己的拒绝程度。

　　d）使对方相信现有的解决方案是最佳的。要使对方接受最终方案，必须说服对方，现有的方案在现有条件下是最佳的。

　　值得注意的是，谈判过程中千万不能让对方有一种被胁迫的感觉，否则，即使暂时达成协议也会影响双方的长远利益。

　　② 分配性谈判的两个根本任务。无论采取哪种基本战略，在分配性谈判中，有以下两个任务是非常重要的。

　　a）发现对方的拒绝点——谈判底线。实施分配性谈判四种基本战略的第一个任务就是发现对方的谈判底线。为了发现对方的底线，必须大量收集对方的信息，可以说信息是谈判的决定力量。了解对方越多（如对方的价值观、拒绝点、对胜负的感受等），达成协议的可能性就越大。与此同时，应该让谈判对手无法了解己方确切信息。

　　b）影响对方的拒绝点。了解对方的底线后，结合对自身实力的评估，谈判者可以采取措施来影响对方的拒绝点。谈判方必须认识到，对方拒绝点的形成在很大程度上是受其对你的理解的影响。所以，归根结底，要影响对方的拒绝点，必须影响对方对己方的认识。

　　影响对方拒绝点的最直接因素是：对方对你放弃谈判或拖延谈判成本的估计。当对方知道你需要迅速达成协议时，其就可以抓住机会，利用时间压力获得一个可观的结果。

　　同时，对方拒绝点的高低与自己放弃或拖延谈判的成本成反比。一个人越希望达成协议，其所做出的各种要价等就越合理。

　　所以，谈判者可以充分利用自身的实力以及对对方的理解来影响对方的拒绝点。

　　③ 分配性谈判常用的技巧。

　　a）序盘技巧。

　　● 虚张声势。即采取一种似乎已绝对设定了的立场，毫无变通的可能，但事实上并非如此。

　　● 地毯式搜索。在开始谈判时，将自己的要求扩大化，以测试对方的防线。

　　● 铁石心肠。向对手显示自己是不会轻易做出让步的，由对手看着办。

　　b）中盘技巧。

　　● 得寸进尺。即在自己做出一定的让步时要求对手给予一定的回报。如果对手真的这么做，那么，可以再做出更大的让步，以期获得更大的回报。但必须注意，得寸进尺法每次只能取得一点点的小胜利，不可期望一步登天。所以要学会乘胜追击，直至夺取最后胜利。运用"得寸进尺"这一技巧时还要注意，千万不要让对手反感，甚至产生防范意识。

　　● 声东击西。表面上表现出喜欢某些事物，但真正的目标却是另一些事物，以转移对手的视线，使其无法了解自己的真实意图。

　　● 反守为攻。在谈判的过程中，先在一些小问题上做出让步，然后在关键问题上大力反击，令对手被动防守，这样可能会有重大收获。

- "坏小子/好小子"策略。先由一名谈判人员扮演"坏人"的角色，提出非常苛刻的条件，令对手难以接受；然后，由另一位谈判人员扮演"好人"，做出一定的让步，提出一些优惠的条件。于是，谈判对手在作前后对比后，显然更愿意接受后者，有时还会显得无法拒绝后者的条件。
- 牵制策略。为了达到自己的目的，在谈判中处于主动的一方，可以利用各种有利的条件对对手进行牵制。牵制的方式有很多，通常有时间的牵制、地理位置的牵制等。这种策略可以了解对手坚守立场的程度和是否存在反击的可能性。

c. 收盘技巧。

- 最后通牒。当双方相持不下时，其中一方以退场或其他方式威胁对方，迫使其在最后期限前达成协议。
- 有限权力。在谈判的最后阶段，如果谈判人员对谈判结果不满意，但是又无法进行反驳时，可以告诉对手自己没有足够的权力作出决定，必须请示自己的领导，并指出自己的领导可能会反对对手的提议，迫使对手就范。

（2）整合性谈判的技巧。相比较分配性谈判，整合性谈判更注重于双方的基本利益、共同满意的选择和产生明智协议的公正标准。整合性谈判需要掌握以下技巧。

① 把人和问题分开。谈判的冲突双方必须是共同合作而不是相互对抗，以有效地处理共同的问题。聚焦于问题，而不是另一方，这样有利于维护双方的关系。为了把人和问题分开，可以采用以下的一些建议。

首先，要意识到谈判者是人，而不是"对方"抽象的代表。作为参加谈判的人，是有感情的，因此在谈判的过程中不能伤害对方的感情。

其次，要从思想上做到把人和问题分开。如果认识上出现偏差，要找到修正的办法，"对位思考""讨论各自的认识""通过参与使对方成为利害关系人"等都是些常用的方法。谈判者要清楚地认识、理解自己和对方的感情，把感情表露出来并使之成为合理的，也允许对方发泄怒气，不要对感情的爆发作出反应。双方的交流是为了理解，并最终达成协议。因此，应该认真听取对方的意见，采用对方信得过的方式进行交流。

最后，也是最好的办法就是做好预防工作。处理人与问题的最好时机是在它们成为问题之前。所以，在谈判之前与对方建立一种工作关系是必要的，这样可以避免因为彼此间不熟悉，无意中把一些"恶意"强加在对方头上。在谈判的过程中，要直接面对问题，而把对方当成精明的、讲求实际的合作者，共同寻求一个互利的公正协议。

② 着眼于利益，而不是立场。为了寻找立场背后的共同利益，谈判者应该把对方的利益看得同自己的利益一样重要，不要只关心自己的利益而忽视别人的利益。因此，在谈判中针对对方提出的要求，多问几个"为什么"，只有充分了解了对方提出各种要求的动机，才有可能改变对方的想法。

③ 寻找互相得益的可行方案。谈判者似乎很少注意到为了双方获利，而寻找并形成选择方案。正如前面所讨论的，当双方处于紧张的冲突阶段时，双方很难提出彼此都能接受的创造性处理方案。只要双方共同努力，即使各自的利益互不相干，仍然有使双方互相得益的方案可以产生。

④ 坚持使用客观标准。为了有效管理冲突，谈判者必须坚持基于客观标准评价的结果。如果谈判者为了有效地处理冲突而开始寻找客观标准，那么双方谈判原则的重点就从谈判地

位转到不同的选择标准。为了使双方不至于陷入无休止的个人意愿的争论之中，谈判者有必要事先准备一些可供选择的客观标准，并把它应用于谈判中。人们通常引用的客观标准有：市场价格、惯例、道德标准、科学判断、同等待遇、职业标准、习惯、效率、互惠等。

小贴士
谈判关键点总结

当然，现实中的谈判可能不像以上分析的那样泾渭分明，在实际谈判过程中，需要灵活运用各种谈判技巧，这样才能将谈判主动权掌握在自己的手中。①

课堂互动

谈判归类

请根据下面的内容进行归类，看看哪些是整合性谈判的特点，哪些是分配性谈判的特点。

1. 将冲突看作是双方的问题。
2. 将冲突看作不是输就是赢。
3. 追求共同的结果。
4. 追求自己团队的结果。
5. 强调另一方的顺从。
6. 创立使双方都能满意的协议。
7. 公开地、诚恳地、准确地沟通双方的需要、目标和建议。
8. 对双方的需要、目标和建议进行虚假的、不正确的、误导性的沟通。
9. 避免进行威胁（以减少另一团体的防范）。
10. 利用威胁以迫使对方顺从。
11. 在交流中固守自己的观点和立场。
12. 观点立场的自由交流。

课堂互动
谈判归类答案

7.3.2 第三方干预

人类文明在冲突中得以发展和进步，第三方与冲突相伴而生，事实上第三方的历史和冲突的历史一样悠久。随着人类社会的飞速发展，冲突也呈现出复杂化和升级化的趋势，第三方被国内外学者赋予更多的关注和重视，第三方干预作为冲突管理的一种方式被运用到不同领域，并取得了良好效果。

1. 冲突管理中第三方的概念和特征

（1）第三方的概念。第三方是指介于不少于两个冲突当事方之外的，并与任何一方均无利害关联，其目的只在于调解、化解冲突的组织（或个人）。简而言之，第三方就是居于两个或两个以上冲突主体之外并有助其冲突化解的一方。

（2）第三方的特征。第三方的特征，实质上就是第三方之所以能够充当第三方自身所应

---

① 王好. 如何进行冲突管理 [M]. 北京：北京大学出版社，2005.

当具备的资格和条件。只有具备了独立性、专业性、公正性、公信力、权威性特征的第三方才能得到接纳和认可，从而体现出第三方在冲突管理中的地位并且充分发挥其自身的作用。

① 独立性。独立性是第三方评估的本质特征。第三方的权威性实质上是离不开其自身的独立性的，第三方之所以能够拥有权威性是以第三方的独立性作为前提的，第三方的核心理念就是秉承独立性，从而提升自身的权威性。同时，第三方的独立性也为其公正性提供了保障。因此独立性已经成为界定第三方的衡量标准之一，也是第三方的必备属性和特征之一。

第三方的独立性具体体现在它是独立于冲突当事方以外的，与冲突当事方不仅在利益关系上保持了距离，而且必须与冲突当事方的任何一方都不存在隶属关系的独立的一方，只有第三方先确保了自身的独立性，才能保证处理冲突时不偏不倚、不带偏见、不受外界影响，冲突调解结果的客观公正。那么，不具备独立性的第三方根本就不能成为第三方，因为它不具备成为第三方的基本属性和特征。

② 专业性。专业性是第三方必须具备的基本素质。专业性是第三方的一大显著特征。第三方的专业性包含以下三部分内容：第一，具备处理特定冲突的专业知识和专业素质。在处理问题之前，第三方对特定冲突问题就得拥有全方位、多角度的充分了解和把握，这就要求第三方自身具备充分的专业知识，解决这一冲突问题的专业素质。不能在不了解情况、不具备相应能力的情况下盲目地武断地处理问题，那样是对冲突当事方极度不负责任的。第二，具备一定的沟通能力和技巧。第三方的这一特征在冲突化解的过程中是至关重要的。它有利于缓和紧张的气氛，营造出一种和缓愉悦的氛围，对冲突当事方能够心平气和地利用相对较短的时间去化解冲突起到了很大的促进推动作用。所以说具有较强沟通能力和丰富沟通技巧的第三方，在化解冲突的过程中能够起到事半功倍的作用。

③ 公信力。公信力是第三方的关键所在。较高的公信力是第三方获得信任和支持的保障，是能够达到预期目标的充分条件，第三方权威性的赋予和方案可行性的落实都是以公信力作为基础的。冲突当事方是否有意愿并尊重第三方的干预行为取决于第三方公信力的存在与否和高低程度。具有较高公信力的第三方会促生认同感以使冲突更顺利地解决。

④ 权威性。权威性是第三方的核心特征，第三方是否具有权威性是其能否得到冲突当事方认同的充分必要条件，不受到谈判方支持的第三方是不受欢迎且无效的。第三方必须在冲突当事方看来具有一定的权威性。

正因如此，权威赋予第三方一定程度的合法性和权力。权威是一种制度性权力，必须明确的是第三方的权威性是在法律规定范围内，法律授予的合法性才能保证冲突当事方的绝对服从，尤其在当今法治社会，第三方权威性有无用武之地取决于是否能够合理合法地利用法律与之的权力，这就表明第三方拥有权威性是以合法性并且能够合法地使用权力为前提条件的，第三方的权威性与其合法性和拥有权力是相伴而生，不容分割的，这是我们必须明确的且不容忽视的第三方的一个重要特征之一。

2. 冲突管理中第三方的地位与角色

随着社会的高速发展，冲突的日益升级，面对冲突更加的复杂化和多样化，第三方的地位也不断提升。第三方在冲突管理中已经日渐占据不可缺少、不可替代的地位。第三方的地位在冲突管理中日益突显、举足轻重，具体体现在以下三个方面。

（1）冲突当事方的沟通中介。第三方是冲突当事方的沟通中介，第三方扮演着冲突当事方沟通桥梁即中间人的角色。第三方的独立性、专业性、公信力、权威性等典型特征都决定了第三方不容忽视的地位和具有冲突化解的能力，第三方能够使冲突暂时得以缓和、防止冲突升级，使当事方都能够以平和的态度坐下来解决问题，帮助冲突当事方进行有效的沟通，明确彼此的立场和想法，建立对话渠道使得冲突的每一方彼此之间能够进行畅通并且有效的交流，促使冲突方心平气和地解决问题而不是用武力解决分歧。第三方另一艰巨任务就是在冲突化解过程中对规范和体系的构建。第三方积极地进行斡旋沟通，才能促使冲突当事方之间不断进行博弈，寻求彼此利益的切合点，实现各自利益的最大化，从而做出妥协和让步，实现冲突的缓和及和平化解。

总而言之，第三方的特征决定了第三方有这样的能力担当冲突当事方的沟通中介、沟通桥梁，使冲突当事方愿意并欣然接受第三方的介入和沟通，从而达到彼此都满意的理想效果。

（2）冲突化解的裁判员。第三方是冲突化解的裁判员。第三方在减缓或控制冲突升级过程中扮演着重要，甚至有时是必不可少的角色。据实践表明，第三方是冲突化解的中坚力量，因此第三方冲突化解裁判员的地位日益突显，并得到公认。第三方冲突化解裁判员的地位主要体现在第三方调停人、调解人和仲裁人的角色上。第三方在冲突管理中扮演怎样的角色，采取何种干预方式其实也就决定了第三方在冲突化解过程中将处于何种地位以及发挥怎样的功能和作用。

（3）冲突进程的管理者。第三方是冲突管理过程中的进程管理者。第三方的专业性决定了第三方有能力根据具体情况进行具体分析，凭借专业知识和专业素质，为冲突当事方设计出可行的方案并且能对化解冲突的进程进行实时监控和有效的管理。这集中表现为以下两点。

第一，第三方打破了冲突化解过程中，冲突当事方相互伤害的僵局。在冲突化解的过程中，最常见的情况就是冲突当事方由于利益诉求没有得到满足，没有找到平衡点，而陷入僵局，当事方如果把更多的注意力集中在分歧上，就很可能忽略解决问题的契机，此时第三方冲突进程管理者的地位就可以表现得恰如其分。第二，第三方不仅在防止冲突升级时地位得以彰显，在利用更短时间最大限度满足当事方需求，从而控制冲突进程方面更是发挥了巨大作用，因此第三方加速化解冲突的进程更加突出其冲突进程管理者的地位。

总而言之，第三方为冲突的处置、化解、转化提供了保障，第三方在处置、化解、转化冲突过程中的地位是不容忽视的。

3. 第三方干预的常用方法——调解和仲裁

在冲突双方不能自行处理冲突问题时，第三方的干预是有必要的。干预者可以是某个人或某个组织，可以是依法进行的，也可以是应冲突双方的要求而进行的。第三方干预常用的方法是调解和仲裁。[①]

（1）调解。调解是这样一个过程，通过外部第三方的帮助，使冲突中的两个或多个参与者达成协议。当然调解者必须是被冲突双方所接受的，其必须保持中立，公正无私，富有经验。调解在我们解决各种冲突中的作用越来越重要了。与仲裁相比，调解的成本较低，费时少，而且能取得更令人满意的结果。冲突管理中的调解一般有以下一系列步骤。

① 与冲突双方建立关系。调解人员经过与双方的初步接触（可以单独见面，也可以三方共同会面），获得双方的信任，促进彼此之间的和睦关系。调解者对冲突属性的理解和保证与双方接受程度密切相关。同时，调解者还必须让双方了解有关调解的整个过程，最好能获取双方对调解过程的某种承诺。

---

① 王好. 如何进行冲突管理[M]. 北京：北京大学出版社，2005.

② 选择指导调解的战略。在与双方建立了一定的关系以后，调解者可以帮助双方评估各种可能的冲突管理和处理方法，帮助双方决定如何进行方法的选择，并协调双方使用的方法。

③ 收集并分析背景信息。协调好双方的关系后，调解者开始收集并分析与冲突参与者、冲突过程和实质内容相关的数据。这时，可以采取的方法有，把双方分开，分别了解他们对问题的看法，积极地倾听双方的观点。当然，调解者必须分清冲突双方的陈述与实际之间的差别，并检验数据的准确性，尽量使不准确或不可行的数据影响最小化。

④ 设计调解的详细计划。根据收集的各种数据资料，调解者必须认真分析，识别冲突里的特殊情境中所出现的偶然事件，并设计冲突处理战略以及应对随之引起的偶然事件的应变方案。

⑤ 在冲突双方间建立起信任和合作关系。调解者应该努力使冲突双方确定正确的参与实质性问题谈判的冲突哲学观，检查双方的观念，使双方之间的成见最小，建立相互信任的关系。同时，调解者还要促使双方进行相互沟通交流，并处理在相互沟通交流中出现的各种类型的情绪问题。至此，调解者的准备工作就告一段落了。

⑥ 召开调解会议。调解会议的实质是为冲突双方打开一扇谈判之门。为了促使调解成功，调解者首先要营建起一种积极的、开放的气氛，确立基本的规则和行动指导的方针，并确定讨论的主题和问题的界限。当然，帮助双方明确自己的义务、优势和影响等，也是调解者义不容辞的责任。

⑦ 确定问题，制定调解议程。这是调解过程中关键的一环，调解者必须从自己所掌握的资料中分辨出与冲突双方有关的事实的范围，并与双方在讨论的问题上获得一致看法，决定处理问题的基本顺序。

⑧ 挖掘冲突双方的潜在利益。一旦完成上述工作，调解者可以同冲突双方交换彼此的观点和建议，检验双方可能做出让步的可能性。双方的冲突往往涉及多方面的利益，调解者应该帮助双方区分实质的、程序上的和心理上的不同利益，教育双方认识到各自的实质利益，并把讨论的重心放在现实的冲突上。

⑨ 寻找解决问题的选择方案。这一阶段往往十分精彩，也是调解人员最有成就感的阶段，因为整个调解过程将发生质变，双方开始积极地相互接触，并共同研究处理问题的方案。在冲突双方之间，树立具有多项选择的意识，引导双方以利益为基础进行讨价还价，并产生一系列方案。作为调解者，在必要的时候，也可以提出自己的解决方案，但这一方案不具有强制性，仅供双方参考。

⑩ 评价各种选择方案。有不少的标准可以用来评价各种可行方案，它们主要来自冲突双方的期望值，而每个调解者也可以根据调解的情况确定具体的评价标准。但每一次评估，调解者都要重新评估双方的根本利益所在，评价各种可行方案如何满足双方的利益以及满足的程度。而且，各种选择的成本和收益也应列入评估的范畴。

⑪ 最后的讨价还价。对于最后方案的选择也会导致双方之间一番讨价还价。这时，调解者应积极增加双方立场方面的共同点，形成双方共同接受的规则，或者建立某种程序来达到实质上的一致，以求达成一揽子协议。

⑫ 达成一揽子协议。冲突问题得到处理后，调解者应该使问题的解决正式化，建立有一定的强制性、保证双方共担责任的机制。所以，一定要让双方感到协议是他们亲手制定，而不是任何第三方强加给自己的，而且协议的内容要准确地反映当事人解决冲突的设想。每份协议书的内容可能各不相同，但一般来说，调解协议书应该包括如下一些基本内容：引言（简单介

绍冲突情况），目的（即当事人所希望达到的目的），任务（详细记录整个方案的设计、评估、选择过程，以及最终形成的解决方案），各种应变措施（如修改条款、检查条款、未来冲突条款和条件变化后协议书的修改条款等），以及当事人和调解人的签名。

调解也经常用于劳工关系的冲突中，有时它还被看作是进行仲裁的前序步骤。调解也是解决民间和社区纠纷的最常用的形式。

小贴士
关于调解的宝贵经验

【小案例】

善于调解的小孙

住在上下楼的小赵和小李，为了下水管道阻塞究竟谁应付费，争执不下。后来双方动了气，小赵提高声音说："你这个人怎么这么不讲理……"小李歇斯底里地喊道："谁不讲理？你这个家伙才是不可理喻！"

邻居小孙闻声出来劝架，先将两人几乎碰在一起的身体拉开，接着他站到两人中间，想法挡住彼此怒目相对的视线，然后转向小李，说："小李，小李，你先听我说，你的心情我很了解，但是先别生气，这样生气，谁也听不进去谁的话。先把气消一消，来来来，告诉我怎么一回事，天大的困难，咱们一起解决，好吗？"

小李吁了口气，闭上了嘴，但仍然想通过瞪着小赵表达内心的不满。小孙觉察到怒目而视会让双方怒火更盛，便又把身体稍稍挪动了一下，故意挡在两人视线中间。

接着转向小赵，想法替双方建立一些信赖和好感，说："小赵，远亲不如近邻，咱们能当邻居是几辈子的缘分，大家别为这件事伤了感情。其实，我知道你们双方都是明理的人，一定各有各的道理，只是现在大家都动了气，咱们先冷静一下，听听小李怎么说，然后我们再好好听你说，行吗？"

小孙又转身对小李说："你有什么想跟小赵说的话，先跟我说，我来理解一下。"

气氛虽然有所缓和，但小李仍在气头上，接着就声音高亢地说出他的看法，有几次小赵想打断他，都被小孙委婉地制止了，小李口中不时夹杂着几句脏话，小孙一方面在建立"游戏规则"，一方面强调双方各自的合理性，进行换位思考并赢得信心，而且语气也一直用"咱们"，表现出关心，说："小李，咱们就事论事，别用这些话坏了气氛。我说过，而且我也真心相信，你和小赵两人绝对都是讲道理的人，现在只是一时误会，又动了气，大家消消气，好好说，天下哪有解决不了的事呢？我保证咱们这事一定会有一个圆满的解决办法的。"小李还在不停地说着自己的道理时，小赵急着要搭腔，小孙决定让火气较大，也较情绪化的小李先说完，微笑着抬手制止了小赵；面对小李连珠炮似的说理，小孙又将身体微微靠近小赵，用肢体语言潜意识地让情绪上较觉委屈的小赵感受到支持和同情。如此，小赵只好把想说的话咽了回去，也暂时打消了打断小李的念头，能够较专心地聆听小李的发言。

当小李把想说的话说完，气也就消了一半，脸色稍稍和缓，表情也渐露出倾听的神情。这时，小孙的身体又微微地回到中间的位置，用很有兴趣聆听双方的表情和肢体语言，向双方暗示着自己仍然保持中立和客观的立场。

小孙知道双方气未全消前，所说的话表达得不很清楚，听的一方也不完全明白，接下来需要把小李和小赵双方的要点，心平气和、清晰扼要地转述一遍。

他本想说："小赵，我相信小李的意思……"但转念一想，这样会让小李觉得自己表达能力受到否定，可能会气上加气，误会了自己的原意，于是把用词改为："小李，你看我这样理解你的话，对不对……"这样不但表现了谦虚的低姿态，更让双方感受到自己的论点被完全理解，进而感到受尊重，消了一部分将要发作的气，并且更加确信小孙并没有偏袒或误会哪一方，小孙中立的立场也赢得了更多的信赖。

经过小孙一番努力，谈话气氛已明显缓和很多，原本充斥着不满和怒气的争议，也转为理智的对话。大家一旦静下心来彼此聆听，不一会儿，彼此就愿意相互让步，整个矛盾得以化解，也取得了共识，最后达成了解决问题的具体办法。

分析参考

几周后，在小区门口相遇，三家还约好了过春节时一起去逛庙会。

思考题：小孙的成功调解有哪些值得借鉴的地方？

课堂互动

与同学讨论，优秀的调解者应该具备怎样的心理素质和能力？

课堂互动
优秀调解者的心理素质和能力
答案

（2）仲裁。仲裁意味着冲突双方对冲突结果缺乏控制，但是，双方仍然保持着对冲突过程较高的控制。仲裁在第三方干预的冲突处理方式中是相当普遍的。仲裁的过程相当清晰：冲突双方没有办法协调彼此之间的差异，陷入了困境，把自己的情况交给中立的第三方去裁决。第三方听取双方的意见后，决定最后的结果。

仲裁可以分为约束性仲裁和非约束性仲裁。在非约束性仲裁下，冲突双方把自己的问题提交给第三方，但是并不要求他们一定遵守第三方的裁决；而在约束性仲裁中，要求冲突双方必须遵守第三方的裁决，无论是根据法律还是根据彼此事先的约定。

仲裁在某些情况下，比如"没有中介方的意见，问题因而得不到解决""争议双方的关系将在问题解决之后终止"会起到很好的效果。仲裁可以在调解失败后采用，而不管双方的关系是否会持续。仲裁没有统一遵循的规则可言，往往与实际情景和仲裁人的水平等因素有很大关系。但仲裁使冲突双方在一些细节上可以做些改善，使结果能部分地满足己方的要求。一般而言，在仲裁前后需要注意以下方面。

① 重视仲裁前的协商。仲裁前协商是指一方尝试在仲裁开始之前说服对方接受一项与己有利的提议。如能成功，仲裁时双方就在数字范围内讨价还价。从理论上讲，仲裁人会了解争议双方仲裁前已经谈判到何种程度并会受其影响。有些仲裁人分析情况时常受双方最后提议的影响。这样，最后提议其实界定了裁决的范围。这是仲裁之前的一种战术，一旦可能，不妨试一试。不过，要小心对方也会试图采取此法。

针对对手提出仲裁前进行协商，也可以采取相应的对策，即采取一种相对较高（或较低，可视具体情况而定）的协商立场。这样做，你就使自己处于一个有利的位置而进入仲裁阶段，因为你并没有或几乎没有做出什么让步。如果仲裁人后来知道了你协商时的立场，他会支持你而不是为难你。

② 避免仲裁可能出现的问题。作为处理冲突问题的仲裁具有两个明显的优势：它为冲突问题的解决提供了明确的方案；它能帮助冲突双方避免因纠缠不清、无法解决问题而导致的巨大损失。但仲裁如一把双刃剑，本身也存在着很大的缺陷。在仲裁的过程中，作为冲突的一方应该尽量避免以下问题的发生。

a）冷却效果（the chilling effect）。如果冲突双方知道自己处理失败时，可以诉诸仲裁，那么双方就会缺乏动力去寻找创造性的解决方案。于是双方避免做出承诺，除非自己愿意时，因为他们担心仲裁者会从彼此的陈述中分离出双方的差异。

b）麻醉效果（the narcotic effect）。当双方都期望在自己的处理方式失败时，可以听从仲裁，那么他们会失去寻找其他解决办法的兴趣。因为寻找其他方法是一个辛苦的过程，而且不一定必然有结果。

c）半衰期效果（half-life effect）。作父母的经常会注意到，当来自兄弟姐妹的仲裁要求增加时，不仅是要求进行决策的绝对数量的增加，更多的是这些决策往往不再能满足一方或同时双方的需要。这就是所谓的"半衰期效果"。随着仲裁频率的增加，冲突双方对仲裁过程的适当性和公平性逐渐清醒，于是，开始寻找其他解决冲突的办法。

d）偏见效果（the biasing effect）。仲裁者必须注意，自己的裁决不能偏向某一方，自己必须保持一个公平的、不偏不倚的形象。但是，即使单独地看，某项决策对当前冲突问题的解决是公平的，但冲突双方仍然对仲裁者未来能否保持公平不敢确认。

e）决策接受效果（the decision-acceptance effect）。相对于其他解决方法而言，仲裁没有要求冲突双方做出某种承诺。对团队决策行为的研究表明，团体成员对决策方案的承诺对于有效执行方案非常重要。而且，持久的冲突处理需要时间保证和有效实施，保证有效实施的最好的动力就是对决策的承诺。从这个意义上来说，仲裁极有可能导致最终决策无法执行，特别是当其中某一方对裁决感到不满意时。

视野拓展
积极型冲突组织的构建

需要说明的是，仲裁与调解之间绝非简单的替代关系，它们之间存在着千丝万缕的联系。两者相互结合，往往会起到意想不到的效果。

课堂互动

请判断下列说法的对错。

1. 仲裁是解决冲突的最后方法，一旦选择了仲裁，其结果双方就必须接受。（   ）

2. 仲裁有可能使得冲突双方消极对待问题。（   ）

3. 相对而言，仲裁由于具有一定的强制性，所以费时较少，成本也较低。（   ）

4. 既然仲裁结果完全由仲裁人决定，那么冲突双方只需等待仲裁结果即可。（   ）

5. 仲裁的结果很有可能扩大双方的分歧，使至少一方不满。（   ）

课堂互动
请判断下列说法的对错
答案

> 自我认知测试

你善于化解和上级的冲突吗?

1. 我不敢和上司提出会引起争议的问题。
   A. 是　　　　B. 否　　　　C. 有时会
2. 当我和上司的意见不一致时,我会把双方的意见结合起来,设法想出另一个全新的点子来解决问题。
   A. 是　　　　B. 否　　　　C. 有时会
3. 当我不同意上司的看法时,我会把自己的意见讲出来。
   A. 是　　　　B. 否　　　　C. 有时会
4. 为了避免争议,我会保持沉默。
   A. 是　　　　B. 否　　　　C. 有时会
5. 我所提出的办法,都能融合各种不同的意见。
   A. 是　　　　B. 否　　　　C. 有时会
6. 当我想让上司接受我的看法时,我会提高我的音量。
   A. 是　　　　B. 否　　　　C. 有时会
7. 我会婉转地把争议的激烈程度减弱下来。
   A. 是　　　　B. 否　　　　C. 有时会
8. 我和上司意见出现分歧时,我会以折中的方式解决。
   A. 是　　　　B. 否　　　　C. 有时会
9. 我会据理力争,直到上司了解我的立场。
   A. 是　　　　B. 否　　　　C. 有时会
10. 我会设法使双方的分歧显得并没有那么重要。
    A. 是　　　　B. 否　　　　C. 有时会
11. 我认为应该坐下来好好谈谈才能解决彼此的意见。
    A. 是　　　　B. 否　　　　C. 有时会
12. 当我和上司争执时,我会坚定表明我的意见。
    A. 是　　　　B. 否　　　　C. 有时会

评分标准:
每个问题选择"是"得 0 分,选择"否"得 1 分,选择"有时会"得 2 分。

结果分析

知识巩固与训练

1. 案例分析
请扫描二维码,阅读案例原文,然后回答每个案例后面的问题。

2. 思考与讨论
(1) 冲突管理的流程是怎样的?
(2) 怎样调适与上司的冲突?

案例原文

(3) 怎样应对同级间的冲突？
(4) 怎样协调与不同类型下属的冲突？
(5) 怎样管理下级间的冲突？
(6) 怎样平息与客户间的冲突？
(7) 谈判的概念、特征和要素是什么？
(8) 谈判有哪些主要阶段？
(9) 谈判前应做好哪些准备工作？
(10) 解决冲突的谈判技巧有哪些？
(11) 请与同学讨论：如何实现谈判中的"双赢"？
(12) 你在生活中常扮演谈判者的角色吗？你能举一两个参与过的谈判事例吗？
(13) 冲突管理中第三方的概念和特征是什么？
(14) 冲突管理中第三方的地位与角色是怎样的？
(15) 冲突管理中第三方干预的常用方法有哪些？
(16) 冲突管理中的调解一般有哪些步骤？
(17) 冲突管理中的仲裁需要注意哪些方面？
(18) 站在你主管部门、团队工作职能的角度，具体地列举出你的冲突管理手段和效果。
(19) 请认真反省一下，你在处理冲突，尤其是当自己也卷入其中时，你是否做到了理智、诚实、规范、客观呢？
(20) 你对自己的缺点和不足是否进行批评与自我批评，请整理出一份"冲突管理行为规范"，作为自身的工作原则和指南，并在以后的工作中认真执行。

3. 实训项目

(1) 围图形。

【训练时间】

25 min（5 min 派发材料及宣读比赛规则，每组分别进行游戏，共需要 15 min，5 min 评比结果并对游戏做出总结）。

【训练人数】

每组派出 10 人，6 组共有 60 人参加游戏，每组选派的 10 人必须先选择没有参加过游戏的组员。

【训练道具】

眼罩 10 个、大绳索一条、秒表 1 个、口哨 1 个。

【训练目的】

通过这个游戏，让大家认识到团队合作的重要性。一个团队若想成功必须运用恰当的方法，而这个方法不仅包括要善于利用有效资源，还要求学会倾听他人的意见，以沟通寻求彼此间的默契。

【训练步骤】

游戏开始时，将大绳索围在各自腰间位置，所有队员戴上眼罩，在 2 min 内将绳索围成指定的图形（如正方形、长方形、平行四边形、梯形、菱形、三角形）。在这过程中，参加队员不能手拖手，只能通过大麻绳互相维系，最后围出图形的队伍将绳索不变形地平放到地上让大家看图形是否形似，最快围出图形且图形形似的队伍胜出。游戏以组为单位分别进行，抽签决定游戏顺序的先后和所要摆的图形。按游戏完成的形似和时间评出一至六名，最形似且时间最短的为第一名，其次的为第二名，依此类推。第一名得 6 分，第二名得 5 分，以此类推，第六名得 1 分。

（2）君子风度。

【训练目的】

本团队游戏旨在训练学员如何控制情绪，在保持自己的原则的基础上，做到坚持自己和尊重别人的相互统一。

【训练要求】

① 人数控制在 30 人左右。

② 场地不限。

③ 时间约 50 min。

【训练步骤】

① 将所有人分成两人一组，让其面对面站着，间隔 2 m 左右。

② 让两个人一起向对方走去，直到其中有一方认为是比较适合的距离（即再往前走，他会觉得不舒服）停下。

③ 让小组中的另一个，比如说 B，继续向前走去，直到他感觉不舒服为止。

④ 现在每个小组都至少有一个人觉得不舒服，而且事实上，也许两个人都会觉得不舒服，因为 B 觉得他侵入了 A 的舒适区，没有人愿意这样。

⑤ 训导员指导 A（不舒服的那一位），很有礼貌地劝他的同伴离开他，比如："请你稍微站开点好吗？这样让我觉得很不舒服！"注意，要尽可能地保持礼貌，面带微笑。

⑥ 训导员指导 B 们，他们的任务就是对 A 笑，然后继续保持那个姿势，原地不动。

⑦ A 中现在有很多人已经对他的搭档感到恼火了，有礼貌地重申他的界限，比如："很抱歉，但是我确实需要大一点的空间。"

⑧ B 仍然微笑，不动。

⑨ 现在告诉 A 们，他们下面可以自由选择以何种方式来达成目的，但是一定要有原则，要控制你的不满情绪，尽量达成沟通和妥协。

⑩ 如果已经完成了劝服的过程，互相握手，回到座位上。

【问题讨论】

一定要由训导员带领学员讨论下列问题：① 当别人跨越到你的区域来的时候，你是否会觉得很不舒服？如果别人不接受你的建议，离你远点，你会有什么感觉？② 是不是每组的 B 都退到了 A 足够满意的距离之外？是不是有些是 A 和 B 妥协以后的结果？③ 在这一训练中，自信在控制情绪方面起着怎样的作用？

【点评回顾】

① 个性、文化、伦理道德观不同的人彼此之间距离的忍耐程度是不同的。比如说阿拉伯人喜欢跟人靠得特别近，而西方人则习惯于与人保持一定距离，所以经常会看到阿拉伯人进一步，西方人退一步，阿拉伯人追着西方人跑的现象。

② 实际上，只要大家可以平心静气地进行沟通，这些问题都不是不可解决的，关键是要克制住你的不满情绪，理解对方。

③ 尊重对方并不等于忽视自己的权益。如果对方好像上述游戏中的 B 似的，那么我们所要做的就是在有礼貌的沟通的基础上坚持自己的原则。

电子活页:战胜"怒瘾"

一、认识愤怒和"怒瘾"

1. 认识愤怒　　2. 认识"怒瘾"

二、调适五项心态,减轻"怒瘾"

发怒上瘾的问题部分源于错误的心态,从调适以下五项心态入手,可大大减轻"怒瘾",进而走出"怒瘾"的阴影和影响。

1. 深刻意识到"怒瘾"的危害程度　　2. 体认"怒瘾"难预测性带给人的压力　　3. 了解与怒源有关的心理创伤　　4. 高效的道歉　　5. 肯定和鼓励

三、运用情绪管理"ABC"法则,戒除"怒瘾"

旨在战胜"怒瘾"的愤怒管理,借着新的角度重新审视发怒的现象,发展出一套全新的愤怒管理"ABC"法则,即通过"A法则"——回避(abstain)、"B法则"——坚信(believe)和"C法则"沟通(communicate)三个步骤来管理发怒的现象。这不但可以帮助发怒成瘾的人戒除"怒瘾",更可从根本上避免怒气,减少冲突,增进内心和人际的和谐。

1. A法则:立即停止不当行为　　2. B法则:将积极信念根植于心　　3. C法则:灵活运用沟通技巧

学生工作页

冲突管理技巧3——战胜"怒瘾"

任务一	明确愤怒的概念、产生及其危害
任务二	明确"怒瘾"的概念和形成的心理根源;测试一下你是否存在"怒瘾"
任务三	调适五项心态,减轻"怒瘾"
任务四	运用情绪管理"ABC"法则,戒除"怒瘾"
任务五	请以"我看'怒瘾'"为题写一篇文章,谈谈你对"怒瘾"的看法

班 级		学 号		姓 名	

学生自评

我的心得:

建议或提出问题:

教师评价

特色专题：
民航服务冲突对策分析

民用航空业作为我国经济社会发展的基础性产业，在整个服务业的发展中起着导向作用。越来越多的民航企业通过提升服务质量来强化竞争优势，因此，提升民航服务质量刻不容缓。近年来，随着旅客数量激增，加之民众对民航公司越来越高水准的服务要求，当发生公共事件或是航班延误等特殊事件时，民航服务冲突与矛盾时有发生，如果不从根本上采取应对措施，则会进一步影响到国民对民航业的整体评价，衍生信任危机。

1. 民航服务冲突的概念

如前所述，冲突是一个过程，这种过程肇始于一方感受到另一方对自己关心的事情产生消极影响或将要产生消极影响。服务冲突则是在服务过程中被服务一方感受到服务方对自己关心的事情产生消极影响或将要产生消极影响。民航服务冲突引发的原因主要是航空公司、机场与旅客之间的关系由于某些事件的发生而变得紧张，从而引起旅客产生投诉、人身伤害、阻碍飞行、阻碍秩序等一系列行为。

2. 民航服务冲突的表现

（1）人身伤害型冲突。人身伤害型旅客冲突事件在各类服务冲突中最为常见。在争吵中情绪激动而大打出手者大有人在。由于旅客与航空公司工作人员之间的沟通无法做到完全通畅，在沟通存在问题的时候，就导致冲突的产生。有些工作人员在旅客服务过程中，言语不和等态度问题可能会产生推搡、打斗等，这些行为都可能导致更加严重的危害健康权等事件的发生。这种行为可将其归结为人身伤害型冲突事件。

【小案例】

沟通不及时引发冲突

2015年6月29日凌晨，由于航班延误，航空公司与旅客间沟通不及时，温州机场内一名地勤人员被打成轻微脑震荡，身上多处瘀伤。原因在于本应在6月28日21点飞往北京的航班于23点35分被取消。旅客没有地方可以安心的休息，就一直待在候机室里。而直到29日凌晨1点30分，还没安排旅客住宿。旅客情绪激动，在烦躁的心理环境下，情绪爆发，纷纷围住工作人员讨要说法。而旅客中有一群去北京参加夏令营的亲子团队，时间紧迫令他们急需解决交通问题。但在沟通过程的始终，只有一名相关工作人员，且不停地接电话，引起了群众的不满。最终处理结果是该机旅客只能次日乘机去北京。一石激起千层浪，旅客们不满处理结果，强烈要求机场值班领导交代清楚，但当时在场的工作人员采取不理会的态度，引发双方肢体接触，互相推搡，结果造成了人身伤害。

思考题：怎样有效避免民航服务中的人身伤害型冲突？

（2）阻碍飞行型冲突。在服务冲突事件中，一些旅客强行进入停机坪，不听从航空公司安排，拒绝与民航服务人员沟通，试图强行登上飞机，严重阻碍了飞机的正常飞行，属于阻碍飞行型冲突。阻碍飞行型冲突一般难以预料、不可预测，有聚众于停机坪的类似情况，也有不听安排上、下飞机的情况。目前我国航空业大部分是以劝说的方式解决此类突发问题。对这类事件要高度警惕，如果处理不得当，极有可能造成恶劣影响。一方面，因为停机坪经常有飞机起飞降落，飞机滑行速度很快，由于体型质量大，有较大的惯性，不能在较短时间内完成减速，因此对于非正常进入且没有经受相应的工作相关知识教育的旅客来说，非常危险，可能对闹事旅客的人身安全造成潜在的伤害；另一方面，旅客不配合，不听劝，不理智的行为还会给机场的正常起降流程带来不必要的麻烦，例如，飞机无法按计划时间正常起降，本来时间正常的航班也受到人为因素影响，对其他航班的旅客造成不良影响。也会使外界对民航服务行业的认可性造成负面评价。

【小案例】

强行进入停机坪引发冲突

2011年9月29日，台风天气造成了广州至昆明的一班航班未按计划而迫降于长沙，待恶劣天气稍缓后起飞，将近凌晨才在广州降落。因此9月30日返程的航班也相应延误，最终延误了三个多小时。大部分旅客表示理解，并登机。然而其中的个别旅客坚持要航空公司对延误作出解释并且赔偿延误给他们带来的损失，在飞机可以正常起飞后仍然不愿登机。最终航班在少数旅客未登机的情况下起飞。但是未登机的旅客并未离开候机楼，而是强行随其他航班的旅客进入停机坪。在停机坪内围到其他同类航班飞机所停靠的登机桥下，要求登上飞机。后经机场公安局民警以及机场工作人员共同劝说下，双方最终和解，被围航班也终于得以起飞。

思考题：怎样应对阻碍飞行型冲突？

（3）扰乱秩序型冲突。在服务冲突中，还有扰乱秩序型冲突。他们大多是旅客在机场候机大厅内部聚众闹事，与机场工作人员发生争执，并煽动其他旅客共同参与，并试图大肆夸大事实，在机场内部造成不安情绪引导舆论导向，从而给航空公司施加压力。这类事件会破坏机场的正常运行秩序，如果无法快速解决，也会影响到其他旅客的心理评价。

【小案例】

情绪失控引发冲突

2013年1月3日，受大雾等恶劣天气的影响，昆明机场和各航空公司停止办理值机，并暂时关闭了廊桥，当天全部航班均受到了影响不能按时起飞。由于基础设施条件较差，加上饮用水供应不足、暖气供应不足、机场内清洁工作较差，导致旅客怨声载道。1月4日，天气转好，滞留在昆明的旅客再次聚集，为了疏散旅客，昆明机场达到航班量顶峰906架次。截至11时，机场地服值机柜台未全部开放，安全通道没有全部打开。昆明机场当天疏散旅客共计 174 车次（空港快线 124 车次，公交集团大巴 50 车次），仅 7 000 余人次。由于滞留人员（旅客和工作人员）过多，航站楼拥挤着 10 000 多名焦躁不安的乘客，加之机场设施设备运行不正常，引发旅客情绪失控，先是一部分同地区的旅客采取"抱团"的形势，找航班值机台的"麻烦"，发生冲突；后来又有一批组团来旅游的群众，在导游的煽动下，在机场内游行示威；事情朝着越来越坏的情形发展，终于双方的情绪都十分激动，与机场内工作人员大打出手，一直到凌晨这起恶性事故还并没有完全解决。不仅工作人员受伤较为严重，机场的损失也是不可估量的。同样作为受损方的旅客也是在心理和财产上都受到了巨大的伤害。

【点评】在航班出现延误后，大量滞留旅客因无法登机而聚集在一起，使得场面变得难以掌控。及时解决问题是防止事故进一步扩大的关键，此时工作人员要耐心地劝说旅客，全力做好相应的服务，让旅客放心，感受到民航对于他们的重视和关心。

(4) 破坏设施型冲突。破坏设施型冲突是指旅客不能按时出行而破坏公用设施。例如航班延误发生后滞留旅客对机场公共设备进行强力毁坏，以致设备无法正常使用等。例如，2010 年 5 月 7 日，广东白云机场，机场中大量旅客长时间滞留在机场内，航空公司相关部门没有做出合理的解释，所以没能控制住旅客的情绪，以致大部分旅客情绪比较激动，旅客失去耐心甚至有旅客打砸机场问询台的电子查询设备的行为。无独有偶，2011 年 7 月，首都机场由于天气等不可抗力原因出现了大面积的航班延误。航班的大面积延误同样使旅客情绪激动，损坏机场设施设备、围堵值机柜台等冲突行为再次上演。在局面难以控制的情况下发生了围攻辱骂工作人员的人身伤害型旅客突发性事件。

根据《中华人民共和国治安管理处罚法》，以上所归纳的四类因航班延误引起的旅客冲突性事件均是不同程度违反法律的行为。在发生航班延误情况后，经常因为事情没有得到合理解决而导致冲突发生，进而使场面更加难以控制。所以，无论出现哪种冲突性事件，都应当引起相关部门重视，尽量使事件得到控制，避免出现另外不可预知的错误。

3. 民航服务冲突的原因分析

(1) 航班不正常。据有关民航服务问题的调查中，超七成旅客认为航班延误最烦心。航班不正常成为导致民航服务冲突与矛盾的最主要原因，由于航班的延误导致旅客与航空公司人员争吵甚至大打出手的事件屡见不鲜。造成航班不正常的原因通常比较复杂，如天气原因、空中交通管制、机械故障、飞机调配等。不可否认，由于天气原因导致航班延误是客观存在的，但是背后还有的根本问题是我国民航的供给能力难以满足快速增长的市场需求，可用空域资源不足，一些主要航路和国内大型机场尤为严重。在理性的视角之下，航班正常只能努力追求，并不能保证百分百。航班延误的直接承受主体是航空公司和旅客，双方关系一旦处置不当，就会出现冲突与矛盾，极易导致航班延误的损失进一步地扩大。

(2) 机场系统设计规划的欠缺。机场系统容量的有限性和航空需求增长的无限性使得早期规划设计的机场已无法满足当前航空运输的要求，从而产生了一系列的问题，比如，高峰时期机场拥堵导致飞机延误增加、单位土地面积机位数少、利用率低，旅客平均步行距离长等。一方面，部分机场规划不合理，使得旅客在进出航站楼过程中，不同交通工具换乘点之间的、必须经过的功能路径，步行距离较大，导致旅客身心俱疲；另一方面，机场的旅客数量远超服务人员数量，导致服务人员的工作难以照顾周全。这些问题最终会导致旅客的负面情绪爆发,从而引起民航服务冲突与矛盾。总而言之,机场系统规划改良等问题亟待解决。

(3) 旅客自身原因。客观来说,导致民航冲突的原因不能完全归咎于航空公司与机场,近年来,一些人为因素已成为造成民航冲突原因的"新的增长点"。一方面,部分旅客办理完乘机手续后在候机楼内打电话、购物、用餐,不注意登机时间和听登机广播,忽视登机牌上"登机口于飞机起飞前10 min(或15 min)关闭"的提示语,导致机场方面不断广播找人,飞机不得不等待,造成航班延误。据统计,因旅客原因导致的航班延误占不正常航班的3%,与机械故障造成的航班延误数量相差无几;另一方面,旅客素质良莠不齐,如有个别旅客因不熟悉登机流程而对地面服务人员大打出手。

(4) 航空公司服务体系应急处理机制不足。航空公司在某些特殊情况下所采取的应对举措也会影响到旅客和航空公司的关系。如自2020年1月新冠疫情暴发,在全球范围内蔓延。随着国内上市航空公司相继发布财报数据显示,受新冠疫情影响,航空公司均大幅亏损,这不仅仅意味着航空运输企业正承担着巨大的经济损失,同时疫情也为航空公司带来更多与日常完全不同的旅客服务问题,使航空公司面临着前所未有的旅客信任危机。自2020年1月21日开始,我国民航局针对此次疫情连续四次发布免费退票的政策。航空公司面临着人手不足和工作流程修改等问题,导致超负荷进行机票退订相关工作。由于大量的机票退订订单积压,航空公司对国内客票的退订处理时间甚至超过15个工作日,而国际机票则需要更长的处理周期。可见,此次新冠疫情也反映出航空公司服务体系中工作流程、人员配置等方面的不足。

(5) 工作人员素质良莠不齐。我国在空乘人员的选拔上存在教条主义,较为死板,形象的考量多于意识的考量,让空乘人员的素质难以得到保障。很多空乘人员大多是形象好气质佳的高素质人才,但服务意识和服务能力却无法通过具体的考核进行测试,对于沟通能力的考察也流于表象。在处理事件的能力上欠佳的工作人员,在遇到突发事件或冲突时,只能给民航企业带来负面影响。例如,2015年2月28日在由香港至北京的客机上,机上一位女乘客因为在洗手间清理儿童便溺时与空中服务人员发生了较大的争执。双方均未做出让步。此类事件的一个重要原因便是空乘人员服务不够热情,在与旅客的沟通中存在偏差,导致了冲突的发生。

4. 应对民航服务冲突的策略

(1) 合理设计航班不正常时服务流程。在面对航班延误时,航空公司和旅客如何在事件处理上获得共赢的平衡点值得探究。民航资源网联合飞友网在面向旅客的"航班延误后您最期望得到哪些服务?"的调查中显示,航班延误后,旅客最期望得到的服务中位居第一的是知悉航班确切的预计起飞时间,占50.7%;及时通报飞机延误情况,占42.5%;而提供餐饮、茶点、休息等服务,占36.3%。从数据中不难看出,在航班延误发生之后,旅客最关心的问题是什么时候能走。当的确无法成行时,航空公司首先要及时向每位旅客提供延误情况的通报,缓解旅客的焦急情绪。其次,及时提供餐饮和休息的地方也同样是旅客所需。最后,航空公司应及时提供备选方案如更换航班或交通工具,以确保旅客能成行。

(2) 加强与旅客接触的一线员工的沟通技巧培训。一线的员工往往代表着航空公司的形象,提高他们的素质将有助于降低延误的负面影响。为减少对值机等其他人员工作的干扰,可以考虑在机场设置专职的投诉处理人员,负责帮助受影响的旅客。在预知航班长时间延误时，应及时主动地为旅客提供承诺的服务，关注旅客需求，避免占机和罢乘情况的发生。

（3）优化中国民航机场系统规划。机场系统设计优化可以从以下几个方面展开：① 优化航站楼设计，理性规划机场航站楼构型，旨在减少旅客步行距离，通过减少旅客在航站楼内的时间和缓解旅客行进的疲惫感，从而减少旅客到达机场的时间提前量，使机场高峰时间内的交通量有所减少；② 完善服务质量标准体系和实施方法，在保证航空安全的前提下，进一步优化登机和离场手续，以减少乘客和货物在机场的停留时间，从而提高旅客出行效率；③ 根据机场旅客吞吐量合理配置服务人员数量，优化服务人员和旅客的人数比，不仅可以缓解机场服务人员的工作压力，也能提高旅客的出行满意度。

（4）完善旅客不文明行为惩戒办法。自 2016 年 2 月 1 日起，中国航空运输协会发布的《民航旅客不文明行为记录管理办法（试行）》开始实施。对于堵塞、强占、冲击值机柜台、安检通道及登机口（通道）的；对民航工作人员实施人身攻击或威胁的；强行冲击驾驶舱、擅自打开应急舱门的等不文明行为将被记录在案，信息保存一年至两年。但这些有不文明行为的乘客会有哪些惩戒或限制，以及航空公司究竟如何采取限制措施等细则目前还没有明确，所以对乘客的约束力和警示力并不强。对此，我们可以借鉴他国的经验，以美国为代表的国家将对航空安全具有"潜在威胁"的人列入"黑名单"，该名单又分为两部分：其一，对航空安全有威胁的乘客禁止登机；其二，部分乘客尚未达到威胁级别的，需要机场安检部门的强力检查方可登机。逐步建立和完善民航"黑名单"制度是在以航空安全为前提的基础之上，对在飞机上或者机场里闹事的旅客直接一票否决，同时，也可防止旅客将"机闹"的陋习带至国外。

（5）进一步改良航空公司服务体系。相信通过此次疫情危机也将引发航空公司对于合理应对特殊情况工作的思考。航空公司可以从以下方面着手改良服务体系：一方面，应该及时升级技术，加强信息技术的运用，实施机票退票自动化程序，引进人脸识别、证件查验等信息技术，从而提升客户服务系统，来应对突然爆发的旅客机票退订服务需求；另一方面，引入智能机器人客服系统，升级客户呼叫中心，也能在一定程度上减轻航空公司客服人员的工作负荷，提高工作效率。

参考文献

[1] 罗元浩,白艳丽. 人际沟通与交流 [M]. 3版. 北京:清华大学出版社,2023.
[2] 龙菲,苏宪国. 人际沟通与交流 [M]. 北京:清华大学出版社,2021.
[3] 吕书梅. 职业沟通技能 [M]. 大连:东北财经大学出版社,2020.
[4] 田南生. 商务谈判与礼仪 [M]. 北京:清华大学出版社,2020.
[5] 谢玉华. 管理沟通 [M]. 4版. 大连:东北财经大学出版社,2020.
[6] 范晓莹,李文英. 人际沟通与交流 [M]. 2版. 北京:清华大学出版社,2019.
[7] 梁辉,李晓. 有效沟通实务 [M]. 3版. 北京:中国人民大学出版社,2019.
[8] 程庆珊,陈海龙,何衡. 商务沟通 [M]. 3版. 大连:东北财经大学出版社,2019.
[9] 杨丽彬. 沟通技巧 [M]. 2版. 北京:机械工业出版社,2019.
[10] 宋倩华. 沟通技巧 [M]. 2版. 北京:机械工业出版社,2019.
[11] 黄杰,汤曼. 商务沟通与谈判 [M]. 北京:人民邮电出版社,2019.
[12] 文桃. 把话说具体,助你赢得面试官青睐 [J]. 演讲与口才,2018(13):52-53.
[13] 万涛. 冲突管理 [M]. 2版. 北京:清华大学出版社,2018.
[14] 谢红霞. 沟通技巧 [M]. 3版. 北京:中国人民大学出版社,2018.
[15] 张传杰,黄漫宇. 商务沟通:方法、案例和技巧 [M]. 北京:人民邮电出版社,2018.
[16] 胡介埙. 商务沟通原理与技巧 [M]. 3版. 大连:东北财经大学出版社,2017.
[17] 龙璇. 人际关系与沟通技巧 [M]. 北京:人民邮电出版社,2016.
[18] 蒋旻. 论中国女排精神的新内涵及其时代意义 [J]. 南京体育学院学报,2016(12):20-26.
[19] 王媛媛,田媛. 试论组织成员间的冲突及管理之道 [J]. 现代经济信息,2016(17):51-52.
[20] 杜茜. 客户投诉处理应对策略浅析 [J]. 现代经济信息,2016(20):132.
[21] 陈志霞. 社会心理学 [M]. 北京:人民邮电出版社,2016.
[22] 美尔斯. 社会心理学 [M]. 侯玉波,乐国安,张智勇,等译. 北京:人民邮电出版社,2016.
[23] 吕书梅. 管理沟通技能 [M]. 3版. 大连:东北财经大学出版社,2015.
[24] 王振翼,王金龙. 商务谈判与沟通技巧 [M]. 2版. 大连:东北财经大学出版社,2015.
[25] 周璇璇,张彦,林平良. 人际沟通 [M]. 厦门:厦门大学出版社,2015.
[26] 陶莉. 职场口才技能实训 [M]. 北京:中国人民大学出版社,2015.

[27] 王子蕲．公共关系口才［M］．上海：华东师范大学出版社，2015．
[28] 张波．口才与交际［M］．北京：机械工业出版社，2015．
[29] 谢红霞．沟通技巧［M］．2版．北京：中国人民大学出版社，2015．
[30] 董明．下级如何调适与上级的冲突［J］．领导科学，2015（25）：7-9．
[31] 尹哲．冲突管理中的第三方及其地位和角色［J］．齐齐哈尔师范高等专科学校学报，2015（3）：125-127．
[32] 黄洁婷．绩效面谈的艺术［J］．人力资源，2015（4）：57-59．
[33] 赵玉柱．写出好的求职信需"三思"［J］．应用写作，2015（4）：29-31．
[34] 强月霞，唐邈芳，陈伟莲．人际沟通概论［M］．上海：华东师范大学出版社，2015．
[35] 明卫红．沟通技能训练［M］．2版．北京：机械工业出版社，2014．
[36] 李元授．人际沟通训练［M］．武汉：华中科技大学出版社，2014．
[37] 刘凤芹．沟通能力训练［M］．2版．北京：科学出版社，2014．
[38] 刘恋，杨欣．沟通技巧［M］．西安：西安电子科技大学出版社，2014．
[39] 吴雨潼．人际沟通实务教程［M］．2版．大连：大连理工大学出版社，2014．
[40] 张喜春，刘康声，刘雨霏．人际交流艺术［M］．2版．北京：清华大学出版社，2014．
[41] 邹晓春．沟通能力培训全案［M］．2版．北京：人民邮电出版社，2014．
[42] 徐静，陶莉．有效沟通技能实训［M］．北京：中国人民大学出版社，2014．
[43] 滕远杰．面试中的交流及语言技巧［J］．中国新通信，2014（13）：53-54．
[44] 王晶．口才训练实用教程［M］．北京：清华大学出版社，2014．
[45] 王宏．每天一堂销售口才课［M］．北京：机械工业出版社，2014．
[46] 王琼．针对不同员工的绩效面谈艺术［J］．人力资源管理，2014（4）：84-85．
[47] 惠亚爱，贾凝，金芝英．沟通技巧［M］．2版．北京：人民邮电出版社，2013．
[48] 金常德．大学生社交口才实践教程［M］．北京：北京大学出版社，2013．
[49] 毛锦华，周晓，夏飞．商务沟通与礼仪实务教程［M］．北京：电子工业出版社，2013．
[50] 杨利平，艾艳红．实用口才训练教程［M］．长沙：湖南人民出版社，2013．
[51] 秦凤岗．成功的演讲都有一个好的开场白［J］．秘书，2013（5）：36-37．
[52] 张珺．实用口才［M］．南京：南京大学出版社，2013．
[53] 王佳，许玲．人际沟通与交流［M］．3版．北京：清华大学出版社，2013．
[54] 张东．秘书有效倾听的艺术［J］．秘书之友，2013（2）：42-45．
[55] 张国才．团队建设与领导［M］．厦门：厦门大学出版社，2013．
[56] 裴云，崔健农．管理沟通：理念、技能与实践［M］．北京：北京大学出版社，2013．
[57] 程廷亮．有效冲突管理［M］．北京：中国财政经济出版社，2013．
[58] 博尔顿．人际关系学：如何保持自我、倾听他人并解决冲突［M］．徐红，译．天津：天津社会科学院出版社，2012．
[59] 帕特森，格雷尼，麦克米兰，等．关键冲突：如何把人际关系危机转化为合作共赢［M］．毕崇毅，译．北京：机械工业出版社，2012．
[60] 冯光明．管理沟通［M］．北京：经济管理出版社，2012．
[61] 程庆珊．商务沟通［M］．大连：东北财经大学出版社，2012．
[62] 李树宏．领导者如何管理下级间的需求冲突［J］．领导科学，2012（27）：34-35．

[63] 谭一平．职场生存：除了沟通还是沟通［J］．秘书，2012（4）：20-21.
[64] 丁宁．管理沟通［M］．北京：北京交通大学出版社，2011.
[65] 王浩白．商务沟通［M］．杭州：杭州大学出版社，2011.
[66] 武洪明，许湘岳．职业沟通教程［M］．北京：人民出版社，2011.
[67] 彭于寿．商务沟通［M］．北京：北京大学出版社，2011.
[68] 刘伯奎．口才交际能力训练［M］．北京：中国人民大学出版社，2011.
[69] 彭义文．口才训练教程［M］．北京：北京师范大学出版社，2011.
[70] 李爱国．情绪管理［J］．经营与管理，2010（10）：51-53.
[71] 淘金．团队建设与管理［M］．广州：暨南大学出版社，2010.
[72] 赵京立．演讲与沟通实训［M］．北京：高等教育出版社，2010.
[73] 王倩茹．冲突管理视角下的公共决策咨询［J］．行政论坛，2010（1）：44-47.
[74] 张珈豪．有效冲突管理［M］．深圳：海天出版社，2010.
[75] 郭文臣．管理沟通［M］．北京：清华大学出版社，2010.
[76] 谢玉华．管理沟通［M］．大连：东北财经大学出版社，2010.
[77] 梁辉．有效沟通实务［M］．北京：中国人民大学出版社，2010.
[78] 胡红霞．浅谈会议中的个人礼仪［J］．秘书之友，2010（1）：42-44.
[79] 张秋筠．商务沟通技巧［M］．北京：对外经济贸易大学出版社，2010.
[80] 赵路．掌握绩效面谈的艺术［J］．中国人才，2010（6）：78-79.
[81] 梁玉萍，丰存斌．沟通与协调的技巧和艺术［M］．北京：中国人事出版社，2009.
[82] 康青，蔡惠伟．管理沟通教程［M］．上海：立信会计出版社，2009.
[83] 武文华．企业中的冲突管理［J］．中小企业管理与科技，2009（4）：24.
[84] 芦红，吕庆华．冲突管理：研究动态与展望［J］．广西财经学院学报，2009（4）：33-36.
[85] 黄琳．有效沟通：王牌沟通大师的制胜秘诀［M］．北京：中国华侨出版社，2008.
[86] 王淑红，王志超．如何高效筛选简历［J］．人力资源管理，2008（12）：49-50.
[87] 李国昊，白光林．招聘面试十大技巧［J］．商场现代化，2008（7）：320-321.
[88] 莫林虎．商务交流［M］．北京：中国人民大学出版社，2008.
[89] 徐丽君，明卫红．秘书沟通技能训练［M］．北京：科学出版社，2008.
[90] 周璇璇．实用社交口才［M］．北京：北京大学出版社，2008.
[91] 徐天坤．一次绩效反馈面谈诊断［J］．人力资源管理，2008（12）：14-15.
[92] 梁力东．冲突管理研究［J］．今日南国，2008（4）：18，22.
[93] 丁克建．组织冲突及冲突管理研究［J］．商场现代化，2008（5）：70.
[94] 郑云正．心理行为训练实务［M］．北京：长征出版社，2008.
[95] 辛科．企业破坏性冲突的管理流程及策略［J］．现代管理科学，2007（4）：25-26.
[96] 刘俊波．冲突管理理论初探［J］．国际论坛，2007（1）：37-41.
[97] 陈秀泉．实用情境口才：口才与沟通训练［M］．北京：科学出版社，2007.
[98] 钟海，覃琥云，汪洪杰．人际沟通［M］．2版．北京：科学出版社，2007.
[99] 辛科，邢宝君．企业破坏性冲突的管理流程及策略［J］．现代管理科学，2007（4）：25-26.
[100] 孙健敏，徐世勇．管理沟通［M］．北京：清华大学出版社，2006.

[101] 黄漫宇. 商务沟通 [M]. 北京：机械工业出版社，2006.

[102] 周彬琳. 实用口才艺术 [M]. 大连：东北财经大学出版社，2006.

[103] 马志强. 语言交际艺术 [M]. 北京：中国社会科学出版社，2006.

[104] 李晓. 沟通技巧 [M]. 北京：航空工业出版社，2006.

[105] 叶龙，吕海军. 管理沟通：理念与技能 [M]. 北京：北京交通大学出版社，2006.

[106] 王薇. 冲突处理课堂 [M]. 上海：上海交通大学出版社，2006.

[107] 徐显国. 冲突管理：有效化解冲突的10大智慧 [M]. 北京：北京大学出版社，2006.

[108] 彭宇峰. 职场新人怎样化解与上司的冲突 [J]. 中国石化，2006（11）：78.

[109] 聂高辉. 现代企业如何加强冲突管理 [J]. 江苏商论，2006（3）：123-124.

[110] 李钢英. 企业招聘过程中的面试技巧 [J]. 沿海企业与科技，2006（11）：102-104.

[111] 张韬，施春华，尹凤芝. 沟通与演讲 [M]. 北京：清华大学出版社，2005.

[112] 王建民. 管理沟通理论与实务 [M]. 北京：中国人民大学出版社，2005.

[113] 罗宾斯. 组织行为学 [M]. 北京：中国人民大学出版社，2005：434-435.

[114] 宋渊洋. 冲突管理：建立积极型冲突组织 [J]. 人才资源开发，2005（7）：24-25.

[115] 王好. 如何进行冲突管理 [M]. 北京：北京大学出版社，2005.

[116] 肖贵清，赵同良. 周恩来协调思想的内涵及其特色 [J]. 毛泽东思想研究，2005（1）：36-40.

[117] 位尊权. 组织好一场有效的面试 [J]. 中国人力资源开发，2004（3）：36-37.

[118] 蒋平. 心理咨询的原则及面谈技巧 [J]. 宁夏教育，2004（3）：66-67.

[119] 李杰. 论企业内部的冲突管理 [J]. 铜陵学院学报，2004（2）：52-58.

[120] 李建超. 同级领导冲突的调适 [J]. 领导科学，2003（3）：22-23.

[121] 李丹. 客户投诉处理的重要性与典型方案 [J]. 中国信用卡，2003（12）：20-22.

[122] 薛伊，麦肯农. 化解冲突高手：在工作中建立充满信任和富有成效的人际关系 [M]. 徐海鸥，译. 北京：经济管理出版社，2003.

[123] 青平. 现代企业的新型管理模式：冲突管理 [J]. 科技进步与对策，2002（10）：51-53.

[124] 马新建. 冲突管理：基本理念与思维方法的研究 [J]. 大连理工大学学报（社会科学版），2002（9）：19-25.

[125] 刘先国. 论同级领导冲突的调适 [J]. 理论探讨，2001（5）：63-64.

[126] 邱益中. 企业组织冲突管理 [M]. 上海：上海财经大学出版社，1998.

[127] 康戴夫. 冲突事务管理：理论与实践 [M]. 何云峰，译. 北京：世界图书出版公司，1998：3-18.

[128] 费希尔，尤瑞. 谈判技巧：礼仪、选择与标准 [M]. 郭序，张秦，译. 北京：北京大学出版社，1992.

[129] 杨瑜. 幽默言语行为的语用策略在交际中的影响 [J]. 琼州学院学报，2009（4）：162-164，167.

[130] 安佳. 冲突对话：让危机变转机的高难度沟通技巧 [M]. 北京：中国铁道出版社，2017.

[131] 田巧萍. 疫情上报第一人：这次把一生的眼泪都流光了 [J]. 党员文摘，2020（4）：

41-43.

[132] 王美鑫. 言语幽默在冲突话语缓和回应策略中的语用探析 [J]. 吉林广播电视大学学报, 2020 (3): 97-98, 107.

[133] 张继先: 新冠肺炎疫情上报"第一人" [J]. 工友, 2022 (5): 12-15.

[134] 巧用幽默化解正面的冲突 [EB/OL]. (2021-08-23) [2024-02-19]. https://www.qinxue365.com/kczx/406402.html.

[135] 米恩教育. 用幽默来化解职场冲突 [EB/OL]. (2020-10-21) [2024-02-20]. https://baijiahao.baidu.com/s?id=1681130042578844852&wfr=spider&for=pc.

[136] 丁春福, 马佩云. "枫桥经验" 60 年: 历史演进、核心意蕴与当代价值 [J]. 大连干部学刊, 2023 (10): 45-51.

[137] 吕雨阶. 民航服务冲突问题探究及对策分析 [J]. 产业创新研究, 2020 (12): 91-92.

[138] 王嘉晨. 民航服务冲突的应急管理问题研究 [D]. 郑州: 郑州大学, 2016.

[139] 魏中许. 航班延误导致群体性冲突的时间产权分析 [J]. 空运商务, 2014 (8): 31-35.

[140] 许红. 我国航班延误纠纷的现状、诱因及对策 [D], 长沙: 湖南大学, 2013.

[141] 王娟娟, 叶纪. 航班延误原因解析 [J]. 中国民用航空, 2012 (3): 36-37.

[142] 袁冬霖. 航班延误的原因分析及对策探讨 [J]. 中国民用航空, 2011 (2): 40-41.

[143] 金艳. 我国民航航班延误引起的相关法律思考 [J]. 法制与社会, 2010 (31): 81.

[144] 姚韵, 朱金福. 处理航班延误旅客冲突的可拓策划 [J]. 中国民航学院学报, 2006 (2): 57-61.

[145] 民航服务中旅客与工作人员发生矛盾冲突的处理方案 [EB/OL]. (2022-06-30) [2024-04-03]. https://max.book118.com/html/2022/0629/6045101241004203.shtm.

[146] 老人被邻座背包误撞头硬要 200 元补偿, 高铁乘务员没办成, 同车厢青年人出手搞掂 [EB/OL]. (2023-10-16) [2024-04-03]. https://baijiahao.baidu.com/s?id=1779924745000135628&wfr=spider&for=pc.

[147] 空姐应对冲突的三个技巧 [EB/OL]. (2017-02-08) [2024-04-03]. https://www.51test.net/show/8138932.html.

[148] 女子怒斥幼童太吵惹众怒, 高铁判官: 正常声音, 你想当巨婴回家当 [EB/OL]. (2024-01-05) [2024-04-03]. https://baijiahao.baidu.com/s?id=1787217572167799268&wfr=spider&for=pc.